中世紋章史

WAPPEN IM MITTELALTER

ゲオルク・シャイベルライター［著］
津山拓也［訳］

八坂書房

序言

実体なき「世界の一体化」の名目で、家族、共同体、民族、宗教、文化など伝統を育む生活の諸要素が解体された結果、努力して境界を消した個人はその只中で次第に交換可能な存在となり、伝統的な意味での自己像やアイデンティティに残された余地は今日ではほとんどない。それとは逆に中世初期の個人は、神秘的な太古の時代から伝わるがゆえに明白である所与の人生観をよすがとし、そしてまたその人生観は広範囲にわたり人を束縛する行動と解釈の模範を生み出した。一人ひとりの人間がこれら様々な伝統と調和せねばならなかった。

それはまず命名により果たされた。人の名前は、その人物がある特定の一族《ジッペ》の一員であることを確認するものだった。アイデンティティ意識にとって次に重要な要素は、特別な標号——すなわち、他人とは一線を画し、身内に効果を発揮する帰属のシンボルである。歴史家は、中世初期におけるアイデンティティの標号を異質な伝承の残骸から推理するしかないことが多い。西洋では一一世紀に現われ始めた社会変動を受けて、取り違えようのない標号がようやく生み出された。それが紋章である。紋章のおかげで一人ひとりの人間は一族の成員たる自覚を抱くと同時に、個人としての威信を持つことができた。こうした点で紋章は西洋人にとって比類なきシンボルとなる。紋章のおかげで社会的な絆は明確になり、その規則性のゆえにでたらめで恣意的な自己呈示は妨げられた。紋章は生活環境と人生観の焦点となり、いわば人間を社会に組み入れつつ、個として際立てるのに役立ったのである。

一二世紀前半に登場する楯と兜の標号は、一三世紀から一五世紀の間に、それぞれの時代を超えた包括的な意味をもつようになった。一六世紀末には装飾過多の豪華な紋章の時代が始まる。この時代の紋章は軍事技術上の理由から戦闘楯に描かれることがなくなり、マニエリスムやバロック様式の画面構成のせいで次第に窒息し、こうして紋章文化は衰退するに至った。今や紋章はイコノグラフィーやアレゴリーの装飾として使用され、最後には思弁的な標章《エンブレム》研究の対象になり果てる。とはいえ、紋章に関する初期の理論的論文が生まれるのもこの時代だった。

したがって本書は、紋章文化に活力があった最盛期を中心に論ずる。紋章制度が生活の一部をなし、現実生活にさまざまな影響を及ぼした時代である。少なからぬ基本事項の解説は避けられないが、この分野の入門書でもなければ、紋章を扱う教科書でもない。とはいえ、ただの絵本でもない。本書が追求する目的は、人間のアイデンティティにかかわる発見と意識が紋章の意匠においていわば明確な形を取ることで、発展し形成された様子を示すことである。その際に主として貴族および宮廷＝騎士社会の紋章制度を取り上げる。なぜなら、それらエリートたちを手掛かりにしてのみ、紋章のもつ本質的な深い意義、生活と社会を形成する力、その象徴的な力を認識し追体験できるからである。本書は紋章の本ではあるが、また社会史、文化史、心性史の枠内におけるひとつの試みでもある。紋章を出発点として、我々西洋人の過去における中世期の本質を把握するには、紋章制度の理解にどれほど高い価値かあるかを記述しようとする試みなのだ。

中世の紋章楯や飾り付兜で実物が現存するものは極めて稀である。数少ない注目すべき品々（ゼードルフの楯、マールブルクのエリーザベト教会に納められた楯、プランク家の兜など）については本文で比較的詳細に論じる。城壁や家屋の外壁、教会・宮殿の表玄関、広間や部屋の壁（〔南チロルの〕ロンコロ城、〔ニュルンベルク東郊〕ラウフ・アン・デア・ペグニッツのヴェンツェル城、チューリヒの穴倉亭《ツム・ロッホ》）、ステンドグラス（シャルトル大聖堂）、墓標、家具、器具類（クヴェードリンブルクの紋章手箱、アーヘンの紋章長持）、さらにあらゆる種類の布地（エプストルフの垂れ幕、ヴィーンハウゼン修道院のトリスタン伝説の綴織）に飾られた紋章もほぼ原物と認定できる。意匠としては印章（多数の婦人用印章を含む）や硬貨、書類（皇帝ルートヴィヒ四世以来の紋章許可書）、写本、印刷物（紋章官が用いる巻物型・書冊型の紋章鑑、また「マネッセ写本」も含む）にも見られる。紋章の描写は挿絵を伴わないテクスト（たとえばヴォルフラム・フォン・エッシェンバッハ作『パルツィヴァール』には重要な紋章象徴学が見出される）にもある。中世から伝わるこれらの紋章は卓越した歴史資料であり、中世史家の学識の基礎をなすものである。

本書を執筆する契機を与えてくれたプリムス出版社の編集者諸氏、とりわけ、真の意味で忍耐強く筆者を励まし、常に理解ある相談相手となってくれたレギーネ・ガム女史に感謝する。

二〇一三年一一月、ウィーン

ゲオルク・シャイベルライター

○本書は、Georg Scheibelreiter, *Wappen im Mittelalter*, Primus Verlag, 2014 の全訳である。
○図版は、原本にあるものは原則としてすべて再録し、ほかに本文理解の助けとなると思われるものを適宜追加した。図版番号末尾に＊印を付したものはすべて追加図版である。
○訳註は〔 〕内、または本文右肩に＊印を付して欄外に添えた。
○紋章学用語のうち、ドイツ語圏での用語が英・仏語圏のそれと大きく異なる場合、既存の邦語文献との照合の便をはかるべく、それらを〔 〕内に補った。

中世紋章史

目次

第1章

紋章の黎明期

1 西洋社会の変貌

一一世紀が進むうちに西洋世界とその社会は変わり始めた。社会生活が静止状態にあることはそれまで誰からも自明の理と思われ、これが人間生活に枠をはめる秩序の前提条件だったが、それでは切迫した外的・内的な要求にはもはや応じられなくなった。農業に従事する住民は法により土地に縛られ、彼らにとっては領主の支配権が及ぶ限界こそが世界の境界だった。

近代的な意味での都市民はまだほとんどいなかった。比較的遠方まで旅して回るのは数少ない商人のみで、彼らは遠隔地交易に伴う危険に太刀打ちできるように武装したお伴を従えていた。貴族ももっぱら領地に留まった。貴族に領地外の世界を体験する機会が与えられるのは、王の出征だった。

総じて社会は自己完結しており、規則正しくも単調極まる日常生活を繰り返していた。その生活の内容は血縁関係で結ばれた集団の社会状況次第であり、原則的には数世紀にわたり通用してきた規範に結び付いていた。

一一世紀後半になると、実生活の諸問題を克服する際には合理的に振舞い、世界を把握する際には知性的に理解するようになる。人口増加に伴い穀物栽培の集中化が求められ、それにはこれまで手付かずだった森林地帯を開墾する必要があった。そのことから平地の入植密度が高まる。だがさらに重要なのは、様々な社会階級の住民で構成される新しいタイプの都市が誕生したことである。そうした都市は法が一様に支配する構造体ではなく、団体に加盟して暮らす都市民は各自が異なる法規範を義務付けられ、やがて市民自身が、あるいは都市領主が固有の法律を作り出すに至った。

十字軍遠征により別世界が開かれた。ビザンツおよびイスラムのオリエント世界は幾つもの新たな経験をもたらし、それは日常的な物質文化から、高邁なる存在の諸現象に向けた微妙に異なる見地にまで及んだ。それ以降、貴族はハイレベルの生活様式を発展させる。世間一般に認知された内容を持ち、義務を課す諸形式を伴うこのヨーロッパ初の世俗文化のおかげで、西洋はひとつの生活共同体になることができたのだ。

とりわけローマ法、すなわち学識法、およびアリストテレスの哲学的思考法が再発見され、後者はキリスト教の世界観にも新たな基礎を提供することになる。硬直した古い秩序構造は、救済史の象徴的な解釈ともども時代遅れになり始めた。もっとも、狭い空間、偏狭な精神はある程度の安定感をも意味したものだが、それがいまや失われたのである。

名のりの変化

そうした合理主義的な秩序の萌芽は、今度は血族の連帯にかんする観念にも入り込み、それにより一人ひとりの自己像が変わった。血族とは緩やかであると同時に見通しのきかない複雑な人間関係であり、そこでは真に厳密な意味での系譜ではなく、恣意的な伝承、主観的な判断、そしてとりわけ、それらを通じて得られる威信が基準となった。しかしそれがいまや直線的で解説が容易な人間関係へと次第に変化してきた。両親、祖父母、曾祖父母を経て直線方向に遡ることのできるラインのみが、一人ひとりの自己像にとって決定的な意味を持つようになったのである。基本的に思惑次第で限界のない一族《ジッペ》という概念はもはや使いものにならず、次第に曖昧になりつつ漠然とした概念として残る。帰属先として物を言うのは、直線的に跡を辿ることができて、父方の血縁を主流としてそこから派生する人間のサークル、すなわち家門のみとなった。アイデンティティの根拠は、父親経由で導き出される生物学的な血縁関係があるという確証なのである。そうした意識の発達は一一世紀に始まったが、欧州各地で同時に一様に進んだわけではなく、母方の一族のほうが社会的観点および共同体内における名声の点で評価が高い場合はなおさらだった。その有名な例がヴェルフ家の系譜である。一〇五五年にヴェルフ三世が没すると同家の男系は絶えた。それ以前に彼の姉クニッァはオベルトの血を引くリグリア辺境伯アッツォのもとに嫁いでいた。しかし二人の間に生まれた次男がふたたびヴェルフ（四世）を名乗り、彼を始祖として改めて古い高家の名で呼ばれる家門（ヴェルフ＝エステ家）*が派生した。同家の名声はそれほど高かったのである。男系血族を中心とする新たな視点、およびそれに結び付いた自己認識に従うならば、それ以降のヴェルフ家はオベルト家あるいはアッツォ家、エステ家（アッツォ家の始祖の城砦に因んで）と呼ばれるはずだった。

一二世紀には、血族間で男系を優先する見解が原則として浸透する。しかし、それがとりあえず主張できるのは、もっぱら現役世代と、おそらく数世代を遡る範囲に限られたらしく、この時代になっても名声ある英雄に由来する伝承が放棄されることはなかった。

＊初代のヴェルフ四世（一〇三五／四〇―一一〇一）はバイエルン公として叙任権闘争でハインリヒ四世と対立、その後も、後出のハインリヒ獅子公（一一二九―一一九五／四一頁以下参照）がフリードリヒ赤髭王と覇を争うなど、つねに帝位を脅かす有力家門として存在感を発揮した。こちらを単に「ヴェルフ家」、九世紀以来の旧家系を「古ヴェルフ家」と呼ぶこともある。

自己像とアイデンティティは一一、一二世紀に社会が変貌を遂げるなかでも、第一に名前と標号を拠り所とした。それに並んで家門の本拠地の名称は外部にとっても明白で識別しやすい特徴であり、彼我を区別し隔てるもうひとつの要素としてますます普及し始めた。当初は、自分たちが所有するどの城砦を家名として採るべきか曖昧な状態が一時期続いた家門もあり、あるいは、従来文書にハインリヒ伯とのみ署名してきた人物にどの城砦の法的所有権を認めるべきか、証書作成者たちが悩むこともあった。古い単名制度ではもはや不十分である。いまや貴族の自己像はこうして成立した二つ目の名前に主たる根をおろし、この名を息子や娘に受け継がせた。もっとも息子はこの名前を保ち続けたが、結婚した娘はその限りではなかった。とはいえ、いまや最初に置かれる名前となった伝統的な名前（後のファーストネーム）はその後も使われ続け、古の価値ある伝承を保持しようとする。これは指導的な立場にある家門のみならず、世間一般にも当てはまった（そしてあちらこちらの社会的には目立たない家族でさえも二〇世紀に至るまで保ち続ける）。ホーエンシュタウフェン家を例に取ろう。同家の人々が優先的に選んだ「ファースト」ネームであるフリードリヒ、ハインリヒ、コンラートは、殊に後のふたつが女系の血族ザリエル家に由来する名であるだけに、** この家門が古い名前の伝統をいまだ引き継いでいることを示唆するものである。これらの名はシュタウフェン家にとっても特徴的な名前となった。それにもかかわらず、同家のアイデンティティは、基本的にはシュヴァーベンのロルヒ近郊にある古い家祖の居城に求められたのである。

＊＊ホーエンシュタウフェン朝初代コンラート三世（在位一一三八—五二）の母は、ザリエル朝の皇帝ハインリヒ四世の娘であった。ちなみに同家の居城、ホーエンシュタウフェン城は一六世紀の農民戦争時に破壊され、現在は遺構のみが残る。

2 バイユーの綴織《タペストリー》

男系の家門意識が浸透したことで、アイデンティティを生み出す象徴的表現は父方の系統に限定された。かつては父方であれ母方であれ、それどころか傍系の遠い血族であれお構いなしに、何らかの誉れ高い過去を示す伝承された標号を受け入れ、自分をそれらと同一視していた。それが今では、系譜上のつながりが明白な男系の祖先に由来するシンボルのもとでなければ、もはや一族が集うことはなかった。だがこうした態度は(新しい)家門の新造された標号に限られ、古くから伝わるシンボルは——しばしば当今風の意味を賦与されて——守られ、使用され続けた。

一九世紀以来、研究が抱えてきた問題のひとつが紋章の誕生である。先述した社会の変容は男系中心の血族共同体である家門を生み出し、その血族共同体は取り違えようのない標号で己を際立たせねばならなかった。その標号には、広く一般に理解されると同時に特別な帰属を明らかにする、象徴的な特徴があらねばならない。紋章とは、こうした社会変化が生んだ結果なのだろうか。一一世紀になるまでそうした標号は見あたらない。この時代の旗印、軍旗《バナー》はほとんど現存せず、文書史料からは家門の標号の先駆けと見

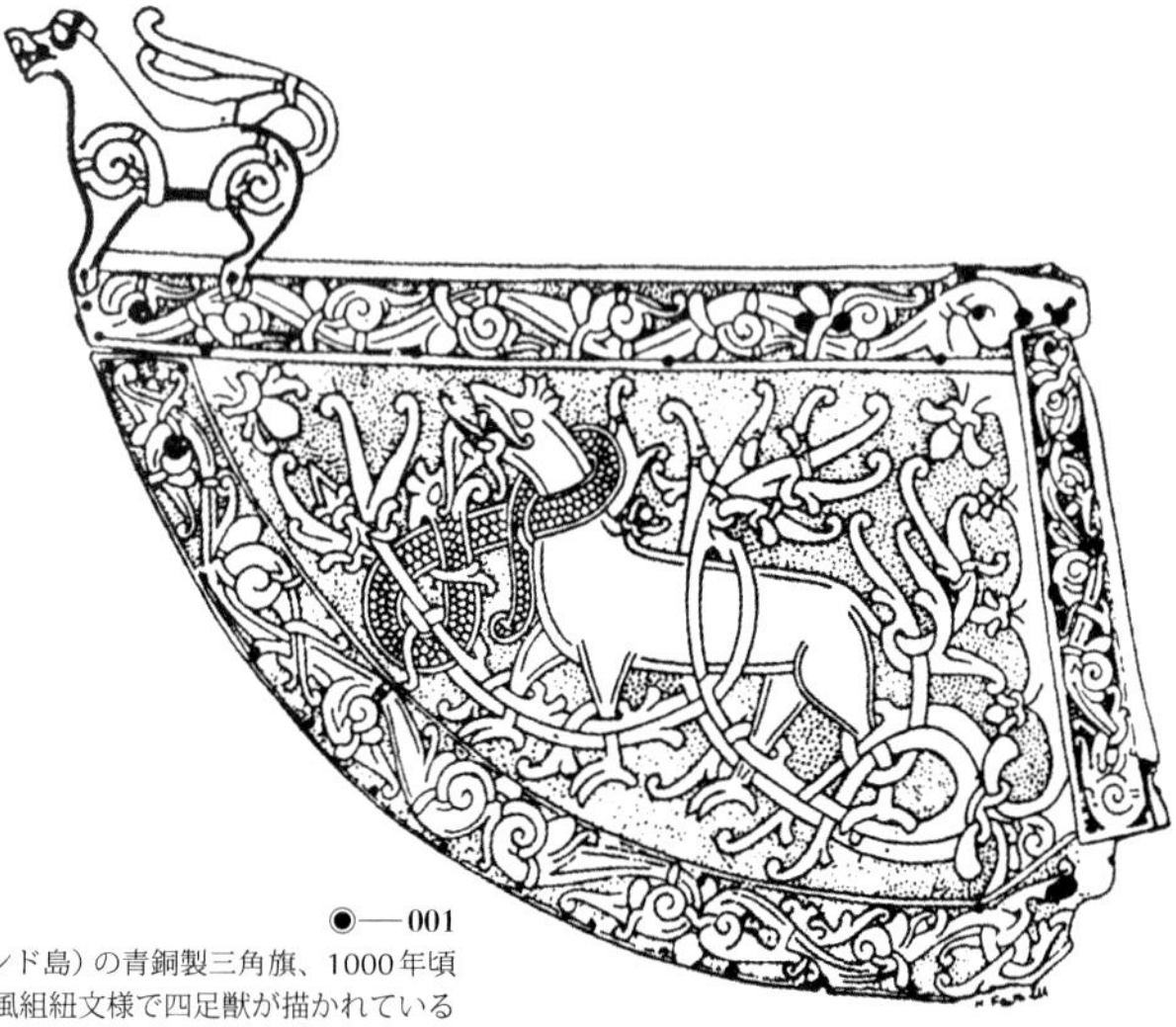

◉—001
ケルンゲ(スウェーデン、ゴットランド島)の青銅製三角旗、1000年頃
頂点にライオンを飾り、ゲルマン風組紐文様で四足獣が描かれている

なせる現象は窺えない。

少なくとも旗印として使用された旗ならば描写がある。三角形あるいは台形の布地に動物が描かれており、その図には災いを防ぐ（厄除けの）効果があると見なされたらしい。スカンディナヴィアでは青銅製（稀に金メッキ）の三角旗が使われ、その表面にはゲルマン風組紐文様で描かれた動物の装飾が施されていた。ライオンを頂く三角旗には国王の旗、いわゆる軍団旗《スタンダード》の役割は認められるだろう。これはこれで一種の公式な主君シンボルではあるが、家門固有の標号とは理解されないようだ。それに対して、グリムスタの青銅製台形旗（ストックホルム近郊、一一世紀初頭）には、手の甲に鷹を乗せた騎士が描かれている。これは十分宮廷風と呼べる主題設定ではあるが、家門のシンボルという観念からは離れているし、あれこれ留保してみても、場景を描いた楯《タルチェ》（一五世紀に「流行」した、丸い切り込みのある楯〔後出57頁以下参照〕）——紋章が発達する過程で生じた副産物——と比較するのがせいぜいだろう。

聖戦の御旗

旗および従来通りにデザインされた旗印はカロリング朝以降、集団を表す効果のみを発揮し、そのように理解されるシンボルだったと思われる。それは戦士に集合地点を示し、戦いの最中は位置を確認するポイントとなり、王の軍旗であれば攻撃・防衛の際に奮起を促すシグナルとなる。本来は多くが一族固有《ジッペ》だった軍旗が、その時々の戦闘部隊のシンボルとなったのだ。

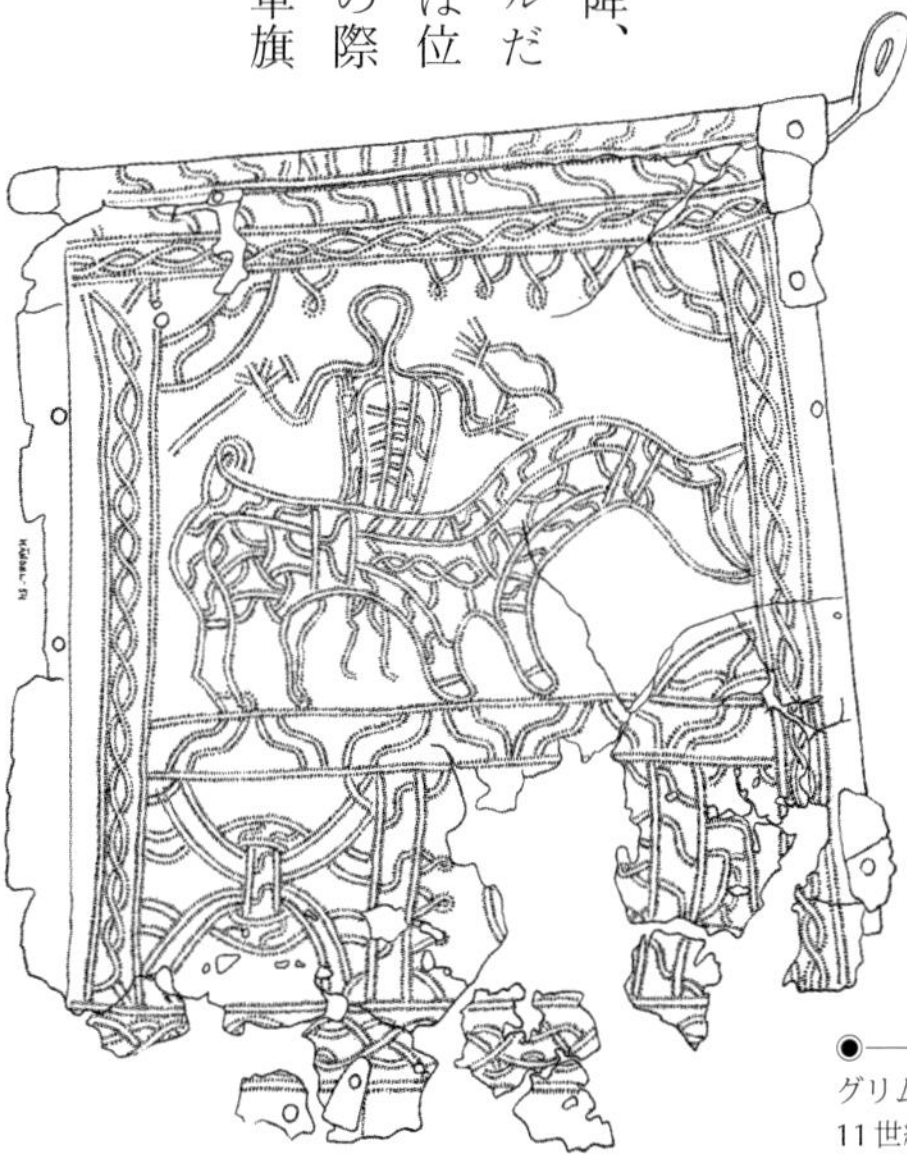

◉—— 002*
グリムスタ（スウェーデン、ストックホルム近郊）の青銅製台形旗
11世紀初頭

しかし、こうした伝統的な態度の枠を超えて、連帯感を表現するさらなる手段に至ることもあった。一〇六六年、ローマ教皇アレクサンデル二世はノルマンディー公ウィリアム一世に十字模様を刺繍した軍旗《バナー》を贈呈した。こうして教皇は、ノルマン人のアングロ・サクソン人に対する攻撃を是認する態度を示そうとしたのだ。アングロ・サクソン人は決して異教徒ではないのだから、この贈呈品には実際のところ政治的な動機が込められていた。

ノルマン人によるイングランド征服がローマ教会とその改革にとって利益となることをアレクサンデル二世が期待したのは疑う余地がない。ノルマン人の教会代表者たちがローマ教会に靡いたのにひきかえ、アングロ・サクソン人の教会は相変わらず保守的で、ローマ教皇の権利主張にほとんど無関心だったからである。

ノルマン人は、そして普段は実に政略的で計算高い征服王ウィリアム自身もおそらく、その十字旗を聖ペトロの御印と解釈したと思われ、進軍の際、とりわけ戦場では旗印とともにこの聖人を先頭に立たせた。聖人はいわば彼らの旗騎士であり、兵士たちはその旗のもとに集合し、攻撃の際は旗の後に続いた。ノルマン人は聖ペトロの従者を自認したのであり、ローマ教皇の従者と思わなかったのは確かだ。十字旗は救いの御印と見なされた。アングロ・サクソン人の掲げる異教の竜、約束を違え偽りの宣誓をするハロルド・ゴドウィンソン〔イングランド王ハロルド二世〕の王軍旗に対する戦いに投入され、勝利を約束する旗だった。十字旗にこうした重要な役割を認めていたことは、バイユーの綴織《タペストリー》に描かれた図を

◉──003
ブローニュ伯ウスタシュ２世（ウィリアム公を指さしている右端の人物）が教皇の軍旗を掲げている
バイユーの綴織、1070–80年頃、バイユー・タペストリー美術館蔵

見れば明らかである。ノルマン人が渡航して以来の重要な場面の多くに十架旗が描かれているが、ウィリアム公の上級旗騎士や下級指揮官が作業を監視する際に指揮権の標号として掲げた十字模様の旗とは見分けがつくように描かれている。もっとも、教皇の軍旗でさえ常にまったく同様に描かれているとは限らない。もっとも目立つのは、ウィリアム公が鼻当付兜《ナーザルヘルム》を少し持ち上げ、自分が死んでいないことを後続の部下たちに知らせる場面である[▼図3]。そこではウィリアム公の前方で馬上のブローニュ伯ウスタシュ二世が旗を掲げている。金糸の刺繍で縁取られた旗は、白地に金色の十字がおさまり、青色あるいは黒色の玉模様が四隅を飾る。さらに不規則な長さの青色の垂れ布が三本加えてある。ウィリアム公の「ノ

ルマン征服に先立つ」ブルターニュ戦役の場面で従者が掲げているる白地に赤色十字の軍旗が教皇の軍旗と同じものなのかは疑わしいようだ。万一そうだとすれば、十字旗は教皇が大公に賜った、戦で常勝を約束する招福の贈物となってしまうだろう。

これは、集団的アイデンティティを示す古くから伝承された表象が十字という新しい素材に転移される例である。ノルマン人はキリスト教徒であり、聖ペトロの標号を託されるほどの特別なお気に入りだ。このことがアングロ・サクソン人との戦いを正当化し、強要さえする。確かに後者もまたキリスト教徒ではあるが、改革に抵抗することでローマ教皇の敵対者と化し、俗人の不浄な諸力に形成・左右される、すでに乗り越えられた時代遅れの教会の代表者と化す。ノルマン人の諸侯《バローネ》がこうした相違点に思いを巡らすことなどまったくなかったと想定される。しかし彼らは旗印に込められた象徴的意味には通じていたし、それに関連する様々な義務も承知していた。それがいまや二重の意味でノルマンディー公と関わり、また諸侯のアイデンティティも拡大されたのである。

しかしその象徴的意味が集団全体を規定することに変わり

はない。系譜上の厳密さを求める傾向が強まり、家門意識と複名制度が誕生する時代にそれではもはや不十分だった。人々は男系血族に心奪われ左右されていたが、その一方で――より正確にはその枠内で――、外に向けて明確な形を取り、他人と一線を画そうとする個人主義的な特徴が現われ始めていた。そのためには軍旗《バナー》、流旗《ゴンファノン》、古くから伝わるお馴染みのデザインの旗印は不適切だったのだ。

ノルマン式の楯

アイデンティティを賦与する、取り違えようのない標号が張り合わせ兜《シュパンゲンヘルム》の鉄板に取り付けられた例はそれまでに幾つかあった。だがこうした特殊な例では身近の従士たちや、接近戦をした敵にしかそれと分からなかったし、肝心の図像が各種金属の光沢のない彩色で仕上げられていればなおさらだった。兜が同じ形状の場合は、項《うなじ》の部分に結んだ色鮮やかなリボンでのみ、当人（たいていは指揮官）の素性を確認できた。

標号を遠くから見ても識別でき、それを飾る者の帰属を明らかにするには、面積が大きな下地が必要だが、一一世紀後半に至るまで武具にそうしたものはなかった。九、一〇世紀の数少ない細密画を見ると、騎馬兵が手にする円形の楯は比較的小さく、さらに表面の大部分を楯芯《ウンボー》（半球形の金属製突起物）が占めている。一一世紀にノルマン人がアーモンド形をした縦長の楯を広め始めた頃になって、比較的大きな図像を描くのにうってつけの下地がようやく現われた。そうした楯はいわゆるバイユーの綴織《タペストリー》で目にすることができる。この織物はリネン生地に毛糸で刺繡を施した絵巻で、長さ約七〇メートル、幅約五〇センチ、一〇七〇年から八〇年頃に作られた。ノルマン人によるイングランド征服（一〇六六年）とそこに至る過程が比類ないほど詳細に描かれているが、「綴織《タペストリー》」の末端部分約七メートルは一七世紀以降失われている。騎乗のノルマン人たちが持つ楯は周縁部に色が塗られ、比較的小さな楯芯がひとつあるのみで、楯表面に

◉── 004*
ブルターニュ戦役に赴くウィリアム公の軍勢
左端の人物が白地に赤十字の軍旗を掲げている
バイユーの綴織

は様々な処理が施されていると分かる。それは当初「真空嫌忌」から生じた、明らかに審美的な需要によるものだった。すなわち頭の大きな鋲を木板の外側から打ち込み、内側に突き出た棒部を折り曲げる。するとたいてい円形をした鋲の頭で特定の模様が出来上がり、それは簡単な縁取りや小さな円を複数並べたものから、比較的複雑なデザインに及ぶ。楯の内側にある持ち手を保護する役割の楯芯がまだ存在するなら、それは鋲の頭で構成された抽象的な形状のデザインに組み込むこともできた。人気のデザインは、規則的な間隔で並ぶ複数の放射線が楯の中央から発して周縁部に至るものだった。これら円形の金具と、とりわけ楯芯を磨き上げておけば太陽の光を受けて輝き、持主に栄誉と名声を授けた。これは戦闘で有利に立てたという意味で、つまり太陽を背にして襲ってくる敵の目をくらますことができたのである。

すなわち鋲打ちは決して無計画・無秩序に行

◉—005
中央の楯芯、金具の模様、周縁部の彩色に統一感のある典型的なノルマン式楯
バイユーの綴織

われたのではなく、美学的な意味とともに戦闘技術上の意義もあったのだ。しかし、金具を打ったこれらの楯はまだアイデンティティを賦与する標号ではなかった。鋲の頭が配置されたスタイルを見て、特定の兵士、または少なくとも特定の一族《ジッペ》の代表者を間違いなく見て取ることができた、などということはとてもありそうにない。楯表面に最初に追加されたのは、ノルマン人戦士や船乗りの表象世界と生活環境に由来する標号であり、古くから厄災除けの役割があった。その役割は戦闘の最中で敵に恐怖心を抱かせ、描かれた怪物の姿で楯の持主の恐るべき戦闘力を見せつけることである。

　敵を威嚇する絵は竜や海の怪物で、ほとんど同じ姿で楯の表面に描かれている。この種の楯を用いたのはノルマン人のみで、アングロ・サクソン人とブリトン人の楯には鋲で模様が描かれ、なかには楯芯から周縁部まで伸びた放射線模様もある。国王の側近で軍団旗《スタンダード》を掲げるアングロ・サクソン兵――ハロルド王の隣に立っている――は、暗色の面に白色の横帯《バルケン》が入った楯で身を護っている。この簡素な楯意匠の類例

◉── 006　楯を持ったアングロ・サクソン人の王軍旗手
楯には黒地に白色の横帯が入り、複数の金具が打たれている
バイユーの綴織

は綴織《タペストリー》には見当たらない。注目すべきことに、ウィリアム公がアングロ・サクソン人との戦いに赴く場面、またはヘイスティングズの戦いの場面で、公自身が楯を持つ姿は一度も描かれていない。公が常に手にしているのは、節くれだった太い枝を思わせる棍棒である。これは一種の司令杖である公算が高い。項《うなじ》に結んだ赤色のリボンと同じく、武装した人物の身分を明らかにする役割があったが、戦いの混乱のなかではほとんど見えなかった。たった一度だけ、ブリトン人の町ディナンを征服した後にその鍵を騎槍で受け取る場面でのみ、公は楯を構えた姿で描かれている。緑色がかった茶色で縁取りをした楯には、楯芯を中心に金色の短い花弁状模様が四つ描かれ、その周囲に計十個の鋲頭があちらこちらに規則的な間隔で配置されている。このような楯が描かれているのは、自軍・敵軍のなかでウィリアム公ただ一人である。しかし、この楯が公と明確に関係づけられているとは言

い難い。公であればこそ、完全武装した騎兵たちの長たることを示す竜やその種の怪物の図が期待されるところだ。楯に描かれた図が楯芯を組み入れた十字状のデザインであることから、十字旗との対応関係が推測できるかもしれない。そうだとすれば、かつて兜に描かれた図形に古来の防御機能があると考えられたように、その役割が楯に割り当てられたとも考えられる。こうした考察が他の手段でも――たとえば文書史料、ウィリアム公や資料編纂官の短いコメントなどで――証明されたならば、我々はそこに過渡期の表象が図像化されたものを目にしていることになるだろう。もっとも綴織《タペストリー》の作者たちが杜撰な仕事をした可能性も考慮せねばならず、征服王ウィリアムが本当に防具に十字を描かせたのか、結局のところ確信は持てない。デザインを選択する余地がまだ乏しいなかで、公が繰返し使われる形状とは一線を画そうとした、いや画する必要があったことは、この図が特別なアイデンティティの標号だったことを示している。しかしそれはまだ急場の間に合わせに過ぎず、世間一般から認められるとは限らないし、戦いの最中に役立つとも限らなかっただろう。さもなくば、項に赤色のリボンを結ぶつける必要もなければ、鼻当付兜《ナーザルヘルム》を持ち上げて顔を見せる必要もなかったはずだ。

バイユーの綴織《タペストリー》は転換期の作品だ。すなわち、兜に描かれた旧来の個人的標号は消えてしまったが、楯はまだ実験対象である。遊びとして、また審美的見地からは多少満足できるが、楯の形状はレパートリーが極めて少なく、職人の能力にも限界がある。己の家門への帰属を意識しつつもすでに群を抜いた個人はいたが、新しい象徴的表現をまだ見つけていなかった。それは彼我を区別し、身内を結束させ、広範囲で迅速かつ容易に特定のアイデンティティを認識させるものでなければなかった。

◉―007
ウィリアム公が征服したブルターニュの町ディナンの鍵を、軍標識である長槍にひっかけて受け取る
公は前紋章時代の典型的な楯をもっている
バイユーの綴織

3 過渡期の楯とその図像

その後数十年間にわたり、楯の持主に関わる何らかのメッセージを伝える象徴的な要素を楯の装飾に加えようと人々がどれほど努力を重ねたか、そして——遥かに専門的な発展を遂げつつある紋章制度を傍目に——表現に関してはどれほど長い間同レベルに留まっていたか、過渡期の形状を見ればそれが分かる。ここで確認すべき重要な点は、その目的に旗印が使われることはなく、一二世紀初頭にはすでに楯のほうが好ましい下地として広く価値を認められていたらしい、ということである。表面積の広いこの防具が、図像でメッセージを伝える専用の下地として定着したのは、バイユーの綴織《タペストリー》が完成した次の世紀であることが最終的に証明されている。

その理想的な例が、他の一四枚の図版とともにフライジング司教オットー『年代記』（一一四三—一一四六）に添えられた一枚のペン画である。この著作は、神聖ローマ皇帝フリードリヒ一世（赤髭王）への献呈本として挿絵を添えたものの写し、いわゆるイェーナ写本（Codex Jenensis Bose q.6）に収められている（fol.91v）。オットーは彼の年代記を一一四〇年代に執筆したが、現在まで伝わるイェーナ写本はその三〇年後に編まれたものらしい。その少し前に図版が時代順に添えられたと思われる。

画の上から下へと流れる川の両岸に、互いに相手に跳びかかろうとする軍団が描かれている。挿絵の上縁部左側には Heinric(us) senior（ヘインリクス父）とあり、右には iunior（子）とのみ記されている。この図は

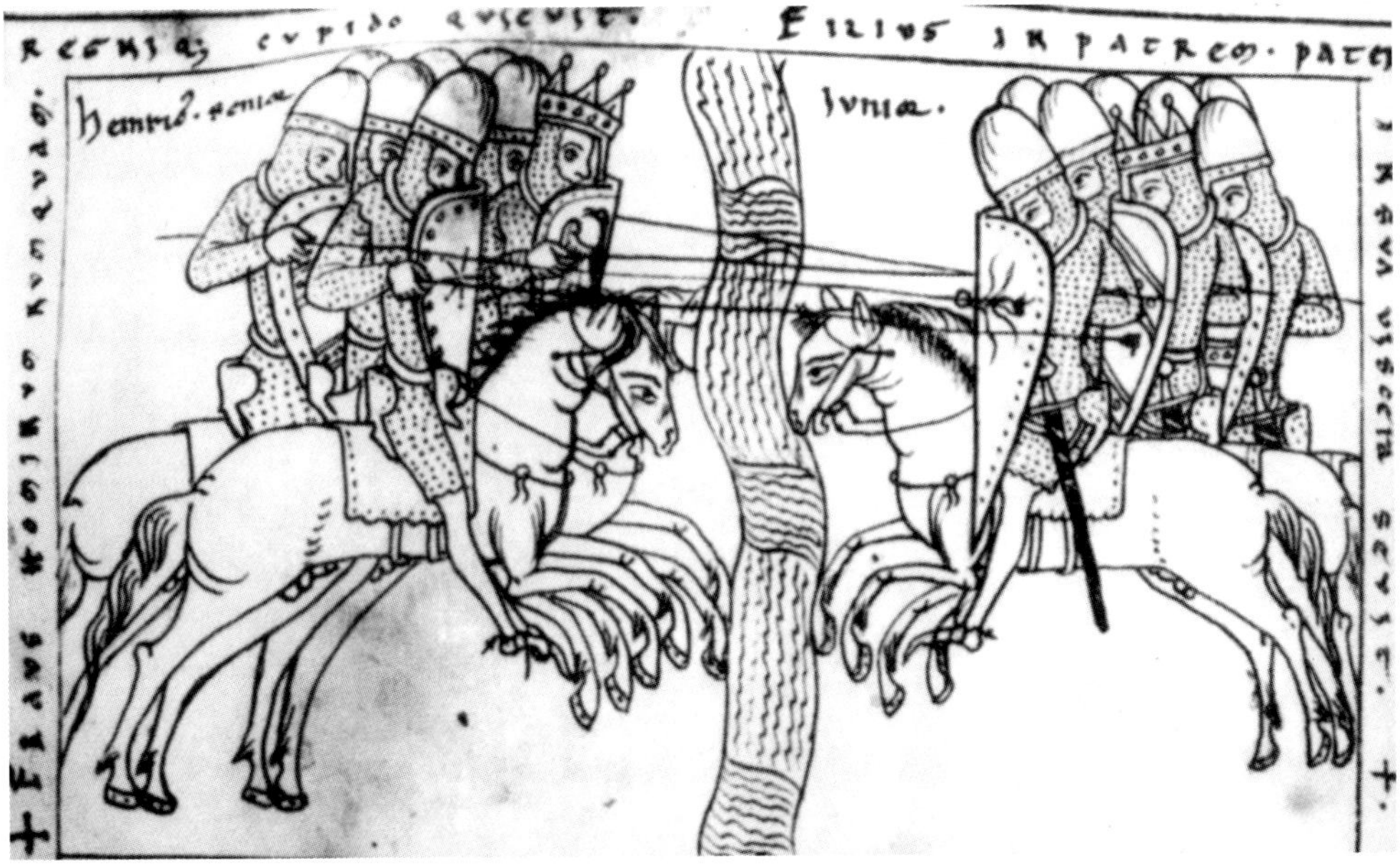

『年代記』第七巻九章のテクストへの挿絵で、第七巻の巻頭に置かれている。鎖帷子と鼻当付兜《ナーザルヘルム》で武装した兵士たちに混じって、どちらの軍勢にも王冠を被った人物がいるのが眼を引く。画の上縁部に示された名前から考えれば、ここには神聖ローマ皇帝ハインリヒ四世と、父に反旗を翻した同名の息子（ハインリヒ五世）の戦いが描かれていることは明らかだ。挿絵に対応するテクストから、ここにはレーゲン川の戦いが描かれていることが窺える。しかし史実では、一一〇五年に父と子は川の両岸に陣を構えたものの、翌日に予定されていた会戦には至らなかった。なぜならオーストリア辺境伯レオポルト三世とその舅ボヘミア公ボリヴォイが夜のうちに皇帝のもとを去ったからである。

すなわちこの戦争絵図は現実の出来事を再現したものではなく、絵全体に象徴的な性質が賦与されているのだ。父と子が互いに生命を奪いあい、王国は二つに割れて没落に瀕している。フライジング司教オットーはこうした悲観的な神学的表象を物語のテクストに織り込み、そのすべてが今度は図像でも表現されることになった。文字

◉—008　1105年、皇帝ハインリヒ4世は息子ハインリヒ5世とレーゲン川（バイエルンの森）で戦う
戦士たちは前紋章時代の象徴的図像が描かれた楯を構えたノルマン風武装で描かれている
フライジング司教オットー『年代記』の挿絵入写本、1170年以降
テューリンゲン大学・州立図書館（イェーナ）蔵（MS. Bos. q. 6, f. 91v）

で記された内容の絵解きとしてではなく、筆者の思想と同等の価値を有する総合命題《ジンテーゼ》として。我々が問題とするのは、この文字と図像の関係からオットーの歴史哲学を読み解くことではない。我々の目標にとって肝心なのは、象徴に隠された楯の持主のアイデンティティを問うことである。

父対子――ハインリヒ四世対ハインリヒ五世

絵の左側、密集した梯陣を組む騎馬軍の先頭に立つ君主ハインリヒ四世は、鎖帷子の頭巾の上に兜代わりに（もっとも鼻当は使っている）鋸歯《ギザギザ》が三本付いた王冠をかぶった姿で見分けられる。このかぶり物だけでも彼の素性を間違わずに際立たせるには十分なはずだが、挿絵画家は皇帝の楯に鷲を描く必要があると考えた。これならハインリヒ四世だとはっきり分かる。因みに楯の周縁部も強調して描かれ、（多分）鋲で装飾が施されている。この楯のデザインは前紋章時代の古い様式だが、その一方で湾曲した翼骨が分かり易く強調された右向きの鷲は、すでに特徴を捉えて描かれた典型的な具象図形となっている。一二世紀初頭に神聖ローマ帝国の皇帝および国王が戦場で鷲を描いた楯を持っていたなど、とうていありえない。それゆえ、このペン画が描かれたと思しき一一六〇―七〇年の紋章制度の状況を考慮しても、我々の眼前にあるのは現実の写し絵ではない。なぜならその当時も君主は鷲の楯を携行しなかったからである。

　この人物がハインリヒ四世であることは添書きで十分示されているはずだが、さらに図像でも類型化しながら説明し強調する必要があった。そこで遥かに進んだ一二世紀の技法が用いられ、それには当然紋章が必要だったのだ。皇帝と並びその手前を馬で進む戦士はまだその影響を受けていないらしい。この戦士が構えているのは古い様式の楯で、周縁部が強調して描かれ、等間隔に配置された鋲が装飾となっている。楯芯の位置には矢形の大釘が打ちこんであり、その根元からは短い放射線が星形に伸びている。紋章がなく、よって楯の持主を特徴付ける象徴表現に欠けた前紋章期の楯。このような楯はこの絵が描かれた時代には、すでに時代遅れと見なされていたに違いない。

最後尾についた騎士の楯も、その一部が見えている。幅広の周縁部全体に鋲が打たれ、表面には縁付きの逆向き斜め帯が二本走り、そこにも鋲が打ってあるらしい。ここでは前紋章時代と紋章時代の要素が、つまり古風な装飾と抽象図形〔99頁以下参照〕がひとつの楯で出会っているのだ。これをいかに評価すべきなのか、よく分からない。おそらくこれらのペン画は過渡期の作なのであろう。家族、それどころか個人を象徴的に表現する新しい象徴として紋章の価値がすでに広く知られてはいるものの、あまねく広まっているわけでもなく、各地の貴族の家門すべてに浸透しているわけでもない時代である。このような一貫性に欠けた挿絵を用いた理由は、描かれた出来事との歴史的な距離を強調する意図が挿絵画家にあったからだ、などという見解は当人の生きた時代には不似合いな観念だ。むしろ、現実にはまだあれこれいろいろなものが共存し、「紋章を帯びたもの」には明瞭な意味があるという意識がまだ万能ではなかったとの印象を受ける。

挿絵の右側を見ると、隊列を組んで戦う騎士たちの構成は左側とまったく同じである。ただし反旗を翻した息子は右側の父王とは違い、軍勢の先頭に立つことなく、従者の騎士たちに囲まれ護られている。その存在を証しする王冠は父ハインリヒ四世のものと（鼻当に至るまで！）寸分の違いもないが、楯は幾何《いくばく》か異なっている。息子の楯には（単色と思しき）縁取りがあり、楯表面には父の軍勢の最後尾にいる騎士と同じ斜め帯が見られる。息子は王冠により身分を示しており、楯によってではない。楯にはすでに紋章が描かれているものの、これは無意味で、ハインリヒ五世の象徴でもなければ、絵が描かれた後代の一二世紀に人々が思い描いたようなザリエル家のものでもない。息子の楯意匠は原始的な抽象図形であり、父ハインリヒ四世の名もなき従者とは帯の向きが違うだけだ。息子の向こう側にいる騎士の楯もその一部が見えるが、こちらの装飾は横帯、鋲、縁取りで構成されている。

　このように楯の意匠が同じなのは、現実に即してもいなければ、紋章に関する挿絵画家の知識を示す確な証拠にもならないが、ハインリヒ五世の手前にいる戦士の楯はそれとは違っている。楯の周縁部をごく簡素に飾る鋲の留具は、敵の場合と同じく前紋章時代のものである。しかし、楯芯の位置からは釘の頭が突き出しているのが認められ、それを中心として短い曲線が複数伸びている。これが短い放射線でないことは疑念の余地がない。放射線とは、相対峙する皇帝側の騎士の楯同様に、本来は楯装飾の前紋章時代的な要素である。図形をぎりぎりで逸れた長槍が楯を貫き、(黒い)穴をあけているため、この楯の装飾要素の解釈はさらに難しくなる。ちなみにオットーはここで「マルコによる福音書」から三章二二―二七節を引用する。ファリサイ派から「あの男はベルゼブルに取り憑かれている」と非難されたイエスが、彼らを呼び寄せ、「国が内輪で争えば、その国は成り立たない」と語る場面である。このテクストを合わせ読み、そしてこれを親子の不和ゆえに没落に瀕している王国と結びつけてはじめて、この楯の奇妙な意匠の意味が分かる。ベルゼブブ〔ベルゼブルはギリシア語形〕とは蠅の王である。反乱を起こした息子の軍隊は、紋章に蠅を描いた騎士に率いられているのだ！　息子はベルゼブブの味方であり、この蠅の王の影響で王国は崩壊する。しかし父ハインリヒ四世にも息子と不和となった責任があり、王国を奈落の縁まで追いやったことから、王の側の騎士にも蠅の紋章を掲げる男がいるのだ。しかし我々は先にこの紋章図形を、矢形の大釘を中心に星形に伸びる短い放射線、時代遅れの楯装飾と記述した。ベルゼブブの比喩を理解できない筆耕が誤解したに過ぎないのか、今となっては答えられない。オットーの筆になる年代記に添えられたこのペン画から我々が読み取れるのは、比喩表現として援用されたのが楯に描かれた図であること、しかし前紋章時代の要素も混在していること、そして象徴表現には（鷲の楯のように）実に分かり易いものもあれば、聖書に通じた者しか理解できないものもあるということだ。そうした様々な齟齬が際立つのが初期紋章時代である。しかもそれは楯に限られていた。

4 ゆらぎと後退

こうした不安定な状況がこの後どれほど長い間影響を及ぼし続けたのか、そして我々が紋章時代と呼ぶ、かの時期の最初の五〇年間にもどれほどの期間そうした状況が見られるのか、それはピエトロ・ダ・エボリの著作を見れば分かる。皇帝ハインリヒ六世がノルマン人支配下にあったイタリア南部を征服した際の出来事を記述した『皇帝の栄誉に捧ぐ書』は一一九五年頃、すなわちこの政治的・軍事的事件と同時進行で、あるいはその直後に記された。いずれにせよピエトロは、シュタウフェン家の宮廷、控えめに見ても皇帝の宰相コンラート・フォン・クヴェアフルトと良好な関係にあった時代の証人と呼べる。しかし同時代の紋章文化となると、同書の図像表現はどれほどの不明瞭さと曖昧さに満ちていることか！ もしこの書が現実を映す鏡だとすれば、一二世紀末には完全に浸透していたはずの紋章装飾についての見解を修正し、少なくとも相対化せねばならないことだろう。

最初に、象徴的標号で強調された皇帝の姿を見てみよう。ここでピエトロ・ダ・エボリは、およそ二〇年前にフライジング司教オットーの『年代記』献呈本に添えられた挿絵の境界線から一歩も外に出ていない。君主を取り囲む唯一無比の身分を示す象徴は、皇帝を図像として殊のほか目立たせ、見る者の眼差しをすぐさま惹きつける役割がある。だがそれらは『年代記』より豊富ではあっても、決して多様ではない。象徴は重荷のような効果を及ぼし、この人物が皇帝であると疑念の余地なく知らしめるのだ。ハインリヒ六世も兜の上に王冠をかぶっている。だがそれでは十分ではない。王冠には鷲の意匠が刻まれ、さらに軍馬の馬衣(二箇所)と楯にも描かれている。これらの鷲の図はすべて、誰がこの軍勢を率いて戦いに赴いているのかを明示する。どの位置からでも、どの視点からでも皇帝の姿は万人にはっきりと見える。王冠の鷲は、標号により個人を特徴付けるというすでに時代遅れの段階を示している。兜にシンボルを取り付けるのは、紋章制度が進んだ時期の武具にはもはやふさわしくないのだ。標号による象徴表現に満ち溢れたこの絵が現実の写し絵だと推測してはならない。実際の戦場でハインリヒ六世にこれほど注目を集めれば、非常に大きな危険に晒してしまうことだろう。出来事を図像的に解釈したこの絵では、その内容を伝えることと――作品は皇帝に献呈されるのだから――誰もが理解できると同時に美的に優れた分かり易い描き方をすることが重要なのである。そうすればハインリヒ六世はすぐに自分を見つけられる。そのためには個性と威厳を明白に示す標号が必要であり、挿絵画家は衣裳と武具の空いたスペースすべてに黒鷲を描いた。一二世紀も末になってようやく紋章の流行と規則を渋々ながら受け入れようとしていた南イタリア地方の出身であるがゆえに、画家はおそらくピエトロ同様に紋章の規則には疎かったのだろう。

『歓喜の園』

この時代の絵画作品では、楯に紋章をあしらうのが決して当たり前でなかったことは、一一八〇年から

◉── 009
軍隊を引き連れた皇帝ハインリヒ6世は前紋章時代の象徴表現である鷲を描いた楯を携えている
ピエトロ・ダ・エボリ『皇帝の栄誉に捧ぐ書』、1195年頃、ベルン市立図書館蔵(Codex 120 II, f.109r)

Boemii
Imperator et duces.
Colonienses

九〇年に成立した『歓喜の園』の模範的な挿絵が証明している。同書はエルザスの女子大修道院長であるヘルラート・フォン・ランツベルクが教育に用いる目的で編纂させた百科事典である。戦闘や騎馬槍試合の場景（そのほとんどは寓意的あるいは聖書に関する内容である）には、時代に即した武具を身に着けた騎士の姿が描かれている。すなわち脚部までも覆う鎖帷子、先端がやや前方に傾いた円錐形の鼻当付兜《ナーザルヘルム》（上部が丸い兜も幾つかある）、そして湾曲した大型の楯である。だがその楯は単色で意匠はなく、装飾があってもせいぜい直線模様だ。それでも鋲模様やすでに時代遅れとなった楯芯はなくなり、金属帯が楯周縁部を強調・補強しておらず、装飾用の付属品については言うまでもない。その一方で紋章の意匠は捜しても見つからない。一二世紀最後の四半世紀ともなれば、エルザス地方の騎士階級は紋章を有してしかるべきなのだが。

もっともこれらの図像表現を評価する際には、『歓喜の園』の百科事典としての性質も考慮すべきである。まず、これらの挿絵には一一八〇―九〇年当時の現実を反映させることが求められた。現実には前紋章時代の楯もあっただろうが、伝統的スタイルである湾曲した単色の楯はなかった。他方、紋章は家門のアイデンティティに結び付くので、抽象的＝普遍的内容を指向する百科事典では避けざるをえなかった。特徴を示して詳細に描くのは旧約聖書の人物に限られている。もっとも中世末期の習慣とは異なり、これらの人物に架空紋章〔第Ⅵ章参照〕を割り当ててはいない。その点では写実主義的だ。たとえばゴリアテは中世風の武具を身に着けており、その楯のみが一二世紀末の人々の想像と思しき遥かな先史時代の産物である。小ぶりで丸く、歩兵の楯に相当するが、伝承によればゴリアテはまさに歩兵だったのだ。

ヘルラート・フォン・ランツベルクの教本に描かれた楯は、たとえ一一世紀に普及したような古風な装飾が施されているにしても、あるいはもはや楯芯がまったく見当たらないにしても、ことごとく前紋章時代の楯と呼ばざるを得ない。同書の挿絵を見ると、武具製作技術の状況を反映しているかのような印象を

●—010*
ヘルラート・フォン・ランツベルク『歓喜の園』（1190年頃）より
戦闘場面の挿絵（19世紀の模写）
左上に中世の歩兵風の「ゴリアテ」
左下の「城の攻囲」の場面では、騎士たちはノルマン兜を被り、
「単彩の」、つまり無地で図柄がない単色のノルマン式楯を構えている

1.

Goliat
Arcũ
tela
ꝛpha
retra

2.

Stella
Caspar
Melchior
Baltasar

3.

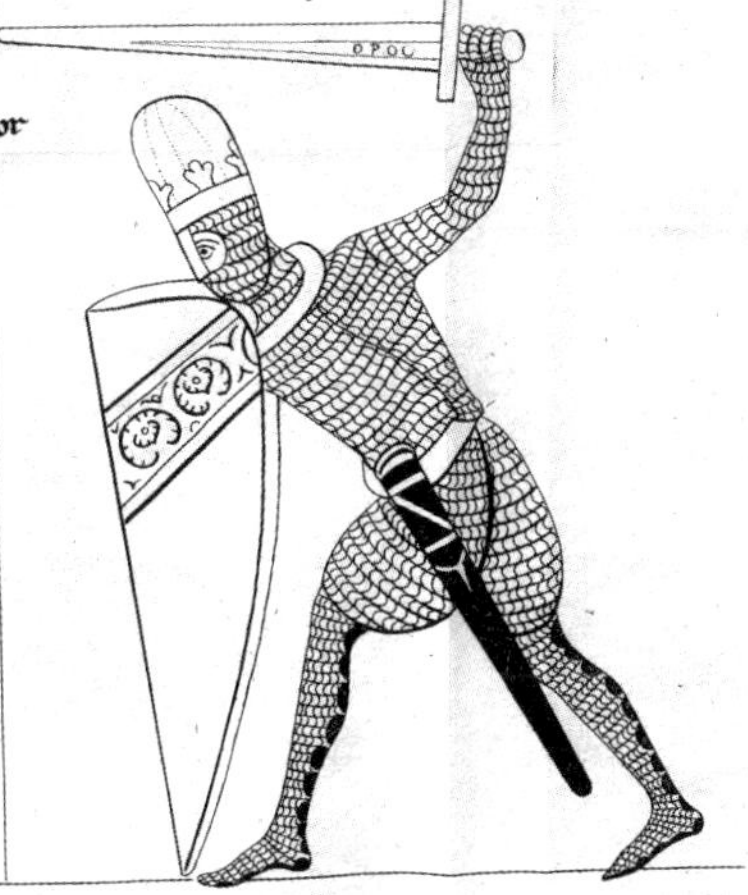

4.

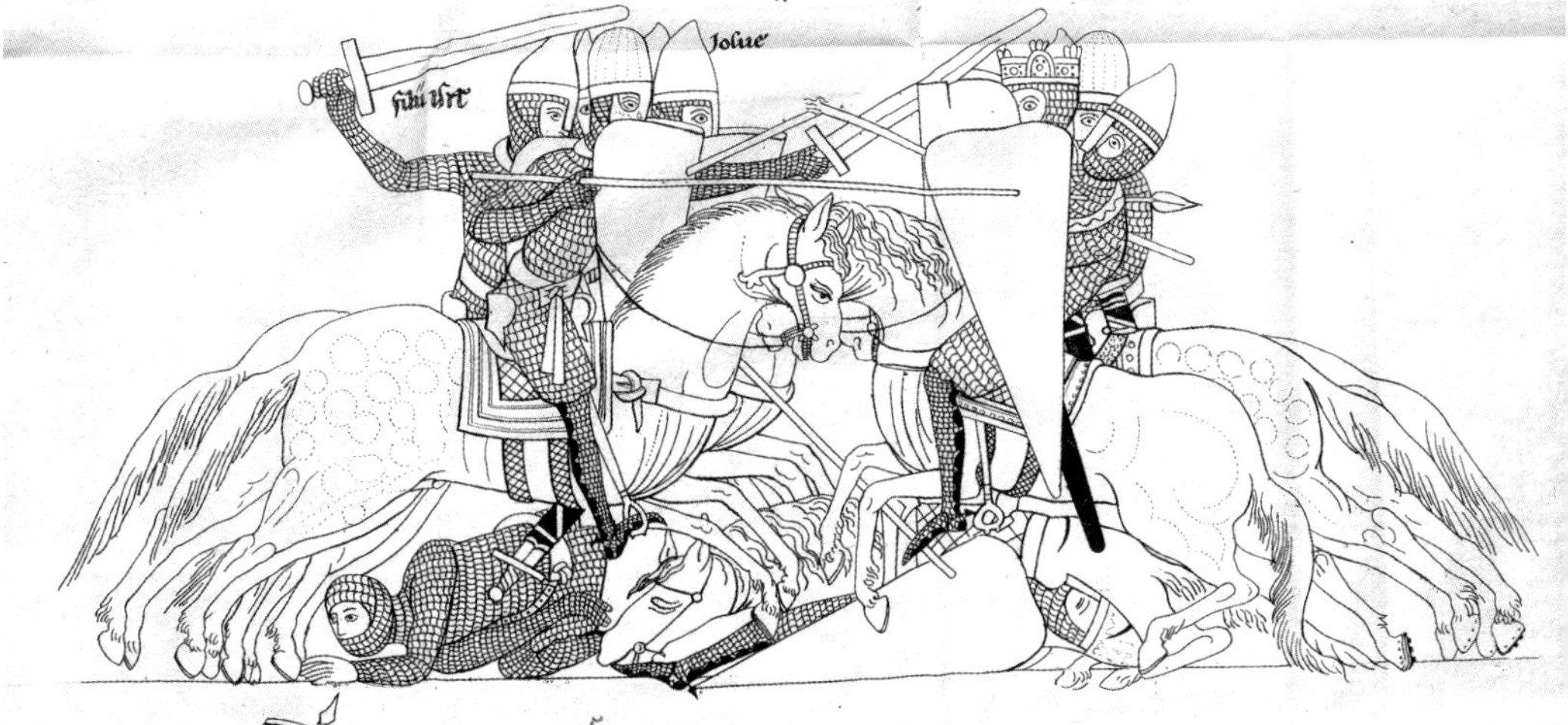
Josue
filii isrl

5.

Dan civitas

6.

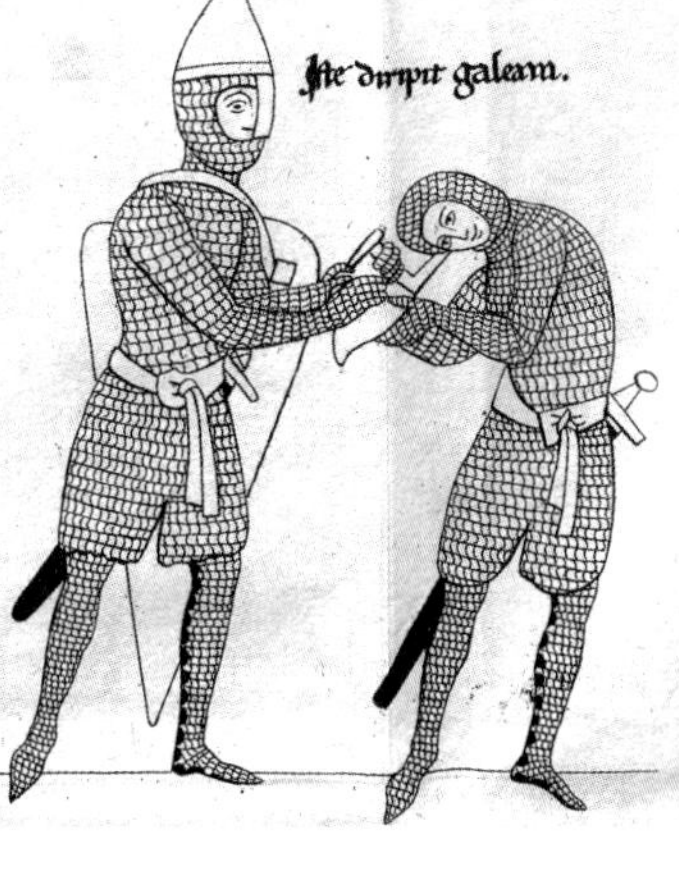
Iste dirripit galeam.

受ける。鈍重な旧式の装飾はとうに排除されたものの、紋章楯は騎士の武具のなかで一般に認められた妥当な流行にはまだなっていないらしい、そうした状況である。

『皇帝の栄誉に捧ぐ書』および『歓喜の園』の挿絵はどちらも一二世紀最後の四半世紀、むしろ末期の作だが、紋章楯が登場して以来三十年ないし四十年が経過しながらも、依然として各地で万人に受け入れられたわけでなく、より古い形状が保たれていたことを示す例である。一一六〇年代には、紋章で飾られ

◉—011
3人の兵士
衣装、武装、武器は騎士らしくなく、
前紋章時代的である
聖パトロクルス教会（ゾースト）の
ステンドグラス、1166年以前

た楯はむしろヨーロッパの一部の地域や、上流貴族の一部のメンバーに限定されていたのかもしれない。それゆえ楯を巡る事情や実際の戦争に疎い挿絵画家や画家は楯の新しいデザインについてまったくの無知であるか、ほんの大雑把な知識しかなかった。そうではなかったにしても、紋章楯を再現するのは幾つかある手段のひとつでしかなく、しかも極めて難しく贅沢な手段だったのかもしれない。さらに、紋章の再現に使う下地を考慮する必要があった。たとえば一二世紀のステンドグラスは、細かな差異がありディテールが精密な楯の図像を表現するにはあまり適さなかった。

そうしたなか武装兵士を文句なしに再現したのが、ヴェストファーレン地方のゾーストにある聖パトロクルス教会を飾る一枚のステンドグラスである。一二世紀ドイツのもっとも重要な文化財と見なされる二九枚のうちの一枚だ。現存するステンドグラス（六一・七×二八・二センチ）の作製時期は一一六〇年から六六年の間に限定される。一六世紀に青色ガラスが交換されたが色自体に変更はなく、一八七五年頃に兵士たちの頭部に修正が施されたが、これも我々の問題設定には影響がない。

前進する三兵士のテーマは明らかにゲッセマネにおけるイエスの捕縛と関連付けるべきだろう。この推測が楯の解釈には重要となる。兵士の装備は一二世紀前半の典型的な装備ではない。鉄兜《アイゼンハウベ》をかぶり（ふたりは円錐形、ひとりは円形）、それ以外には顔当ても鎧兜も身に着けていない。すなわち武装したこの三人は騎士でも騎馬兵士でもなく、福音書の記述によれば傭兵、イェルサレム衆議所の捕吏、あるいはよくてもせいぜい歩兵であり、それゆえ身分の低い武具運搬係の装備で描かれているのだ。キリスト捕縛を命じられた貧弱な武装の従者たちが楯を携えなかったのは明らかだ。戦いに赴くわけではないのだから当然である。それにもかかわらずステンドグラスに描かれた傭兵たちは、付け足しの武装ながらも、全身が見える場合には楯を持たされている。だから身体が半分隠れた三人目には楯がない。しかしそれが騎士でなくとも、また中世盛期の軍隊用語で言う歩兵でさえないとしても、武装兵という表象が楯で武装することを求めたのである。

それはともかく、色鮮やかなステンドグラスに描かれたこれらの防具は、いかに時代錯誤的で、どれほど現実からかけ離れていることだろう。一番手前の武装兵はアーモンド形の楯を構えているが、これはむしろ、当時紋章制度が十分に浸透していなかったヨーロッパ南部でのみ使われていたものだ。楯の中央に石の色をした楯芯を据えるのはほとんど現実に即していなかっただろう。楯を赤―青―赤に水平分割したのは明らかに紋章学の色彩規則に反しているが、この場合はステンドグラスの定評ある彩色技術を優先せねばならなかった。楯表面に重ねて（いわば第二レベルに）金色のダマスク風模様が入った黒色の横帯が二本置かれている。この楯は、社会的にも精神的にも騎士道とは縁遠いうえにキリスト捕縛に参加した下級兵士を、騎士らしからぬと同時に否定的な表現で特徴付けるモノになっているのだ

同じことは二人目の傭兵にも当てはまる。彼の楯は緑一色で、強調して描かれた黒色の周縁部には小さな緑の球が並んでいる。楯表面からは（一部しか見えないが）茶色の楯芯が突き出ている。ここでステンドグラスの作者は楯を描くのにやや古いモデルを選び、さらにそれを小さなパーツの組み合わせでデザインしたため、統一性はすっかり失われてしまった。武装技術としては拙い組み合わせだ。それに加えて色の選択である。すなわち、むしろネガティヴな評価を受ける緑色を黒色と組み合わせるのは「規則違反」であり、しかもその中央にとうに時代遅れで紋章楯とは無縁の楯芯を配置し、これをくすんだ、紋章らしからぬ色で彩色している。こうしたことから、この武装兵は同時代の人々の目にはひどく無作法で、社会的身分が低く、アイデンティティ意識が皆無の人物と映った。ゾーストにある聖パトロクルス教会のステンドグラスに描かれたこれら二枚の楯は、楯を持つ人物の価値を意図的に貶めるモノになっており、示威的

な効果を与える貴族の家門の標号とは対極にあるものと評価できるだろう。この楯はステンドグラスの作者が紋章制度に無知だった証拠にはならない。むしろ貴族＝騎士＝宮廷の生活文化においてアイデンティティを賦与する、華やかな彩色と形状の要素である紋章に通じていることが前提となっているのだ。

騎馬印章

ヨーロッパの紋章の最も古い時代にかかわる史料は主として印章である。すなわち、楯を携える貴族を描いた騎馬印章である。ここでもまた、紋章時代の最初の五〇年間には、不安定な状況が続き、因習と流行が共存する様が見られる。

ハインリヒ獅子公については、一一四五年から一一九〇年代までの間に七個の騎馬印章が残されている。そのなかで一一七四年まで使われた円形印章はニーダーザクセンで鋳造されたと思われ、とりわけ堂々たる姿で公を描いている。「神の恵みによりバヴァリアおよびサクソニアの公たるハインリヒ」（印章の周囲に彫られた文字）は馬にまたがり右向きに進んでいる。図の獅子公は長い鎖帷子を纏い、やや平たい鼻当付兜《ナーザルヘルム》をかぶり、首に大きな楯を吊るしている。そうする必要があったのは、垂れ布が三本付いた並はずれて大きな軍旗を左手で掲げているからである。その楯がノルマン式楯なのか、はやくも三角楯になっているのか、明確な結論は出せない。すなわち見る者には楯の表面が向けられているので、前紋章時代の伝統的な楯のように強調された周縁部しか見分けがつかない。放射線の中心にある楯芯もはや時代遅れに見える。蜜蠟に押印されているので、補強の鋲で構成された旧式の模様なのか、それに由来する紋章図形カーバンクル（中央の小さな円から等間隔で伸びる複数の放射線〔53頁参照〕）なのかは、はっきりと確認できない。もし後者だとすれば、この楯には紋章の性質が賦与されていることになろう。

年代順では、この印章はハインリヒ公が用いた七個の騎馬印章の六個目に当たる。注目すべきは、公がこれ以前の五個の印章では、獅子公という別名、ブラウンシュヴァイク城のライオン像とブラクテアート(片面のみ刻印した硬貨)に合わせて、楯にライオンの意匠を入れていたことである。それに対して、ここで取り上げた印章は同時代の彫刻芸術の傑作ながらも構成要素は古風で、ハインリヒ公のアイデンティティと関連付けるのが容易ではない。公が携える防具は楯デザインの点でとうの昔に時代遅れの代物であり、公自身についてもその家門についても何も伝えず、公が愛用した象徴表現であるライオンを無視している。それに加えて、これは公のために新たに彫られた印章像であり、先祖代々の品ではない。楯意匠としてのカーバンクルにしても——もっともそれが楯の中央の突起物から発す

◉—012
ハインリヒ獅子公の円形印章、1174年以前
卓越した出来栄えだが、楯の意匠は紋章学的には時代遅れである

る装飾用の金具でなければの話だが——公自身の標号としてもヴェルフ家の標号としても理解できない。ハインリヒ公とは特別な関係のないごく一般的な図形で、輝く太陽を連想させるのではないかとの説があるが、これは憶測の域に留まり、裏付けとなる史料も他にない。おそらくこれはニーダーザクセンの印章彫刻師が、何らかの変更不可能な条件の枠内で自由に創作したデザインと考えざるをえない。一一四〇年代初頭で紋章楯の知識がまだほとんどなく、二国を治める公の威光は放射線モチーフを使えば適切に表現できると考えたのだろう。残念なことに、時代遅れの要素を帯びたカーバンクル紋の楯をハインリヒ公本人がどのように解釈し自分と結びつけたのかは分からない。この若い領主には、意気揚々と前進する騎手がアイデンティティを賦与する表現として十分だったのかもしれない。しかし紛うことなき図像で公の現前を書類に記録する印章の押印は、騎手像よりもむしろ周囲の刻銘により果たされ、文字が読めない者は、文書の発行者を申し分なく象徴化する「馬上の貴族」の意匠で満足せねばならなかった。ハインリヒ獅子公のこの騎馬印章を見ても分かるように、一二世紀を三分の二過ぎた時代になっても無紋章時代あるいは前紋章時代の楯が十分に受け入れられており、そしてアイデンティティを象徴する表現はまだ個人専用に固定された標号には限られていなかったのである。

5 標号を帯びる墓碑

一二世紀における紋章の発生と発展は、当時の重要な墓碑からも読み取れる。それらは印章と並んで——

それよりも数は遥かに少ない代わりに実物である――同時代の楯の形状とデザインを示す唯一の実物資料《レアリエン》なのである。

ザクセンのグロイチュ伯であり、短期間マイセン辺境伯および下ラウジッツ辺境伯でもあったヴィプレヒト二世は、一一二四年に自分が創設したペーガウの修道院で没した。その墓板の複製が今日ニュルンベルクのゲルマン国立博物館に所蔵されている。横たわる伯の像は没後間もなく作られたと思われるが、まだ紋章学の要素とはまったく無縁である。軍衣と外套を纏った貴族は、人物像と比べると小さすぎるノルマン式楯で身を支えている。その楯は実戦に役立つ防具というよりも、装飾パーツのような印象を与える。

◉—013
前紋章時代の装飾を施した豪華な楯
グロイチュ伯ヴィプレヒト2世（1124年没）の墓碑
ゲルマン国立博物館蔵

軍衣の胸には金の台座に留めた宝石が十字状に取り付けられており、楯の装飾はむしろそちらに合わせてある。宝石に似た装飾が楯の強調された周縁部に配置されているのだ。楯芯は楯表面の真に中心的な構成要素というよりも、その存在が仄めかされているのみである。中央部が膨らんだ円盤のような様子で、実用よりも装飾としての要素が強い。花飾り状の金色の紐を配してクローバーめいたパーツに繋げることで「真空嫌忌」に貢献している。全体としては装飾楯のような印象を受ける——実戦への投入を想定していない楯はすでに古代ローマ軍にもあり、こうした楯は近世に「儀式用の楯」と呼ばれることになった。

グロイチュ伯の楯は、彼の社会的地位と共同体内での威信の象徴として考案されている。補強された周縁部と装飾風に奇妙にデザインされた楯芯を別にしても、伯の楯は現実の戦争とはかけ離れた産物であり、本来なら僅かに装飾めいて見える楯の補強が過度に強調してある。しかし、一一二〇年代に使用されたような楯には表面のデザインを選択する余地がほとんどなく、この点は写実的だと想定できる。墓碑の芸術的に造形された部分は唯一の規範に基づいており、それが楯芯と強調された周縁部である。この楯は個人の標号とは見なせるものの、それは故人が貴族ならば誰であれ同様だっただろう。楯は識別の標号には使えず、家門のシンボルとしてはなおさらである。むしろ豪華な装飾を施された楯のほうが一般的な意味で社会から高い評価を受けた標号であり、修道院の創設者にまさにふさわしい。しかしこの楯には、埋葬された人物の家門をすぐさま識別できる直接の関連付けが何もない。ここに埋葬されているのは権勢ある貴族、指導層の代表者、郷土の偉人のひとりではあるが、特定の家門に属する取り違えようのないひとりでは決してない。前紋章時代の品々にもアイデンティティを認識できる標号が見られることがあるが、この楯にはそれが皆無なのだ。

ギヨーム・クリトン

グロイチュ伯ヴィプレヒト二世の楯が実戦で使用される武器をベースにしながらも、まだ紋章学の影響が見受けられない工芸品だとすれば、それとほぼ同時期のフランドル伯ギヨーム・クリトン（征服王ウィリアム一世の孫、一一二八年没）の墓像は、確かに基本的には前紋章時代に属しているものの、楯表面のデザインにはすでに紋章学の萌芽が認められる。フランドルは早い時期に貴族たちが紋章に目を向けた地方のひとつである。サントメールの聖ベルタン修道院教会にあった墓碑は残念ながら今日現存しないので、死者の武装を描写するには一六三九年の模写に頼らねばならない。手法としては議論の余地があるかもしれないが、スケッチそのものには高い史料価値が認められる。この図は石像の騎士の武装を一二世紀初頭の実物通りに正確に再現している。正確さを主眼とする模写であり、一七世紀の挿絵画家や画家が歴史的な衣装や武装、武器や防具に関する実にいい加減な知識に基づいて中世の騎士を自由に描いた図とは根本的に異なるのだ。

聖ベルタンの逸名画家はまさに史的考証に忠実な姿勢で、一二世紀の伯の姿を実に精確に再現している。鼻当付兜《ナーザルヘルム》（やや図式化されている）と鎖帷子、剣はこの時代の実戦仕様に一致している。とりわけ正確なのが楯の描写である。縦長三角形のノルマン式楯で、楯芯は五弁の花に変化している。そこから八本の放射線が鋸歯状に伸びて、補強された周縁部に至る。さらに放射線と放射線の間には短い棘模様が八個ある。

◉—014*
ギヨーム・クリトンの墓碑
17世紀の模写

このように楯の表面に殊のほか規則的な処置が施してある点はすでに紋章図形を思わせる、だが、これはまだ至極美学的に仕上げた楯の補強に過ぎず、その効果で見かけだけは図形や意匠のような印象を与えているのだ。それでもここで楯の装飾へ一歩踏み出したとも言える。あと足りないのは、貴族の家門を示す無比のシンボルへと、図形に深みをもたせる作業である。ギョーム・クリトンの楯は高度なフランドル工芸の成果だが、楯の意匠にはまだ装飾的な性質が認められ、その持主と家門をすぐさま推測させることはできない。戦場の混乱や騎馬槍試合の際にフランドル伯を特定する助けにはならないのだ。この楯もまた第一義的には、死者の高い社会的地位と一流家門間での名声をごく一般に示すものであり、伯個人のことは考えられていない。この楯は流儀や事由に縛られない貴族の自意識の証しではあるものの、不動の標号に反映されることが不可欠で、高い象徴力を発する新しい自己像、という最終形にはまだ至っていないのである。

アンジュー伯ジョフロワ四世のライオン

紋章楯への境界が踏み越えられたのは、アンジュー伯ジョフロワ四世（一一五一年没）の墓碑においてである。ル・マン司教座聖堂に置かれていた墓碑は、今では同市の博物館に保存されている。イングランド国王ヘンリー二世の父親であるアンジュー伯の像は彩色エマーユで一一六〇—六五年頃に制作された。伯は青い衣の上に緑の衣を纏い、どちらも短い金色の帯が水平に走っている。毛皮の裏地は様式化されており、これは後の紋章時代に見られる毛皮模様《ヴェア》に相当する。それに加えてつま先の尖った靴を履き、頭髪と髭は流行の巻き毛である。武装に関する品は何も見られないが、ジョフロワ伯を戦争とまったく無縁の姿で描くことなど不可能だったのだろう。王位を示す表章を帯びて描かれる国王でもなければ無理な話である。そこでアンジュー伯は直立した剣を右手に持ち、やや前方に傾いた（だが鼻当はない）ノルマン式兜を被っている。身体の左側はかなり縦長の湾曲したノルマン式楯で覆われ、その肩紐は右肩に架かっている。

　紋章制度の起源に関する論考で、このル・マンの墓碑が取り上げられないことはまずない。ほぼ同時代の伯を描いた図像は、初期紋章表現に関する無比の実例である。だが、楯が象徴的標号専用の新しい下地となることはまだ最終的に確定してはいない。楯の意匠であるライオンはまだ兜にも描かれ、さらに墓像の靴にさえ見られる。これは旧式のアイデンティティ表象を示す古風な特徴であり、一二世紀全期にわたりあちこちで姿を見せ、しかもそれは最盛期を迎えた紋章の影響が弱い地域に限らなかった。紋章獣であるライオンは万物を圧倒する象徴力をもち、複数描かれていることは暗にこれを強調する。それらは縦長のノルマン式楯に見られ、その形はおそらく現実にはありえないほど極端に湾曲している。鋸歯《ギザギザ》の付いた輪から鐘状の楯芯が盛り上がり、その先端は結び目になっている。これは古い様式であり、楯芯を中心とする金属補強が必要となる。しかし、この楯にはその補強がない。その代わりにこの楯芯は楯の図形を規則的に配置する際の基準点になっている。楯芯の上に金色のライオンが二頭、楯芯の下に一頭、さらにその下にもう一頭おり、すべて青地に描かれている。決定的に重要なのはそのライオンたちの姿勢である。すなわち直立して、前足二本と後足一本を上方に突き出している。これはすでに紋章風に様式化された姿勢であり、おそらく楯が縦長なのでスペース上の理由でこうなったのだろう。それでも、この猛獣が取る自然な姿勢として誰もが思い浮かべるものではない。すでにアンジュー伯の墓碑には、有名な「ライオン・ランパント」という古典的な姿勢〔114頁など参照〕でライオンが描かれていることになる。後代にイングランドのライオンが取らなかったまさにその姿勢である。兜のライオンはやや身を起こしただけの姿勢で、

◉—015
紋章としてのライオンが描かれたノルマン式楯
〔図では確認しづらいが〕兜および靴にもライオンがあしらわれている
アンジュー伯ジョフロワ4世（1151年没）の墓碑板、1160-65年頃

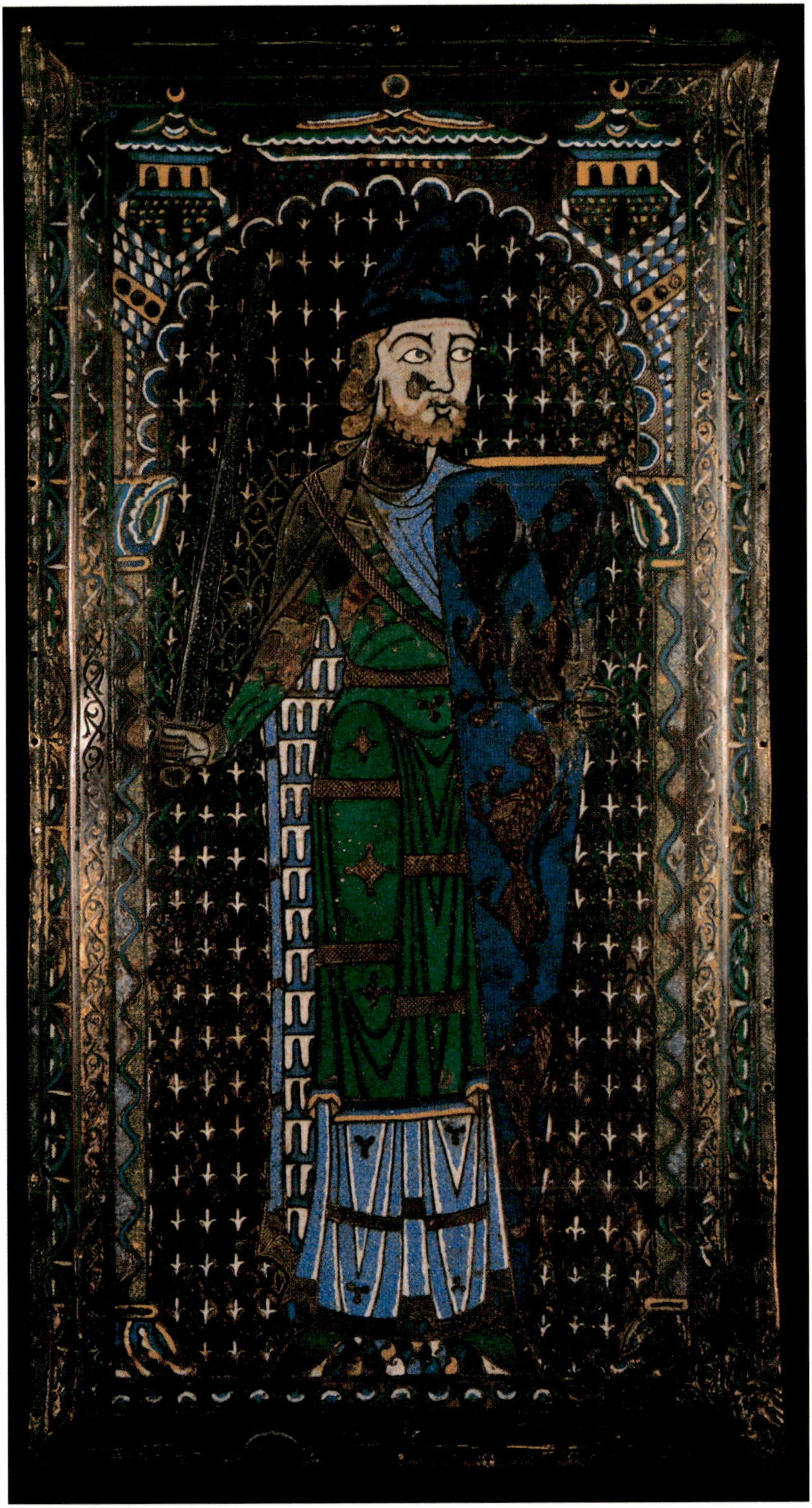

楯のライオンとは逆方向を向いている。これは兜の表面積が楯より小さいのが主な理由だろう。さらに軽量の靴も小さな金色のライオンで飾られている。

これほど初期の紋章図像でもシンメトリーの原則は守られていると仮定できるので、楯の見えない側にも同じ配置（二頭・一頭・一頭）で四頭のライオンが描かれていると推測される。その結果、アンジュー伯ジョフロワは八頭のライオンが、しかも後代の典型となる立ち上がった姿で描かれた楯を構えていることになろう。このライオン楯はジャン・ド・マルムティエが編纂した伯の評伝でも言及されているが、それはかなり早い時期の出来事に関わる。それによれば、一一二七年、イングランド国王ヘンリー一世は自分の娘で神聖ローマ皇帝［ハインリヒ五世］の寡婦マティルダとジョフロワの婚礼の際に、ライオンが描かれた楯を義理の息子の首にかけたとある。この記事が正しければ、紋章楯について明確に言及した最初期のものとなろう。しかしジャン・ド・マルムティエがその歴史書を執筆したのは一一六五年になってからであり、ル・マンにあるアンジュー伯ジョフロワの墓碑をすでに目にしていた可能性もある。そうだとすれば、見落としようのないライオンの楯を賜ったのを、いわば遡って婚礼の時期と推定したのかもしれない。紋章制度の起源にとって実に重要な出来事ではあるものの、年代に関して異論の余地のない確実性を認めることはいずれにせよできない。

それでも、前紋章時代の楯の要素の名残がまだ窺えるとはいえ、ル・マンの墓碑に描かれた楯は、それより三十年から四十年前のグロイチュ伯ヴィプレヒト二世やフランドル伯ギヨーム・クリトンの墓碑の楯と違い、すでに紋章楯と見なすことができよう。突き出た楯芯は、古典古代にまで遡る実戦用楯のパーツである。画面構成の致命的な障害にはならないにせよ、ル・マンの例を見れば明らかなように、楯表面に絵を描く際には邪魔である。しかし一一六〇―六五年頃に楯芯がすでに過去の遺物と見なされていたことは、その本来の役割を忘れさせ、むしろ新しい楯の意匠に組み込もうとする極端な彩色と様式化された形状からも分かる。もはやただの装飾パーツなのである。アンジュー伯ジョフロワの墓碑では極端に湾曲した異常なサイズで描かれたタイプのノルマン式楯もまた、紋章を描く下地としてはほんの数十年しかもたなかった。滑らかで平らな表面を備えた三角楯が一二世紀末の数年間に浸透し、こちらのほうが紋章の意匠には遥かに適していたのだ。ライオンの描かれた靴がいわばアンジュー伯の総体的な「獅子のごとき豪胆ぶり」を告げ知らせる一方で、兜にライオンの図が描かれたことから証明されるように古い諸原則はいまだ活きており、アンジュー家を象徴する動物であるライオンとの関連が、武装に含まれるパーツに無差別に取り付けられたのである。すなわち、アイデンティティを賦与し、他人に告げ知らせる標号を唯一担う楯という表象は、まだ完全には浸透していなかったのだ。

第II章

紋章の普及と定着

1 紋章を帯びる楯

最初期の騎馬印章で確認できるように、紋章の起源が楯の発展および変化と関連していることは異論の余地がない。楯は古来より防具として使用され、かなり早い時期から武器技術上の有効性とは別に、一般的な美的装飾、あるいは楯の持主に関わる装飾が施されてきた。

本来ゲルマン民族は単色の楯を用いたと思われ、これは個々の一族《ジッペ》特有、まして家族特有というより、帰属する部族を明らかにするものだった。現代まで伝わっているのは、ハリイー人の黒い楯、ラインフランク人の白い楯であり、これらの場合楯の表面全体が一色で覆われていることから、後代に「単彩《レーディヒ》」（原義は「空の」）という紋章用語が登場した。

楯中央部の外側には防御パーツとして突起物（楯芯《ウンボー》）を、その内側には持ち手を配したが、これをゲルマン民族は古代ローマ人のもとで学んだ。ローマ人と逆にゲルマン民族は、楯芯の先端を尖らせることが多かった。金属の膨らみである楯芯は念入りに磨き上げて輝かせる。たいていは銅色に輝き、楯の表面が白ければとりわけ効果が大きかったと報告されている。ビザンツ皇帝の娘で歴史家アンナ・コムネナ（一〇八三―一一五三）も、第一回十字軍の兵士たちがコンスタンティノープルに行進してくる様子を記述した際に、この楯の輝きが生み出す強烈な印象について書き留めた。同時にこのテクストは一一〇〇年直前にヨーロッパ人がまだ紋章楯を知らなかったことを示す証拠でもある。

我々のテーマにとって重要なのは、バイユーの綴織《タペストリー》に描かれたタイプのノルマン式楯である［▼図5・6］。

ノルマン式楯は縦に長く、兵士の目から脛まで覆うことができた。上部は丸みを帯び、下に向かって細くなる。後代の楯に比べて極度に湾曲していたため、向かってくる敵から斜めの攻撃を受けた場合でも、兵士の身体をある程度防御できた。楯のサイズからして、兵士は革紐で肩に掛ける必要があった。ノルマン式楯は紋章時代の真只中にも使われたので、紋章史から見れば過渡的形状と言える。バイユーの綴織に描かれた楯には、金属の留具や楯芯といった前紋章時代に典型的な要素がまだ見受けられる。楯芯については、アンジュー伯ジョフロワ四世の墓碑［▼図15］に見られるように一二世紀半ばまでも維持された。しかしそれと同時に、この頃から八頭のライオンがすっかり紋章風に様式化されたデザインで楯を飾っている。

ノルマン式楯は明らかに一三世紀まで実用に供されていたと思われるので、前紋章時代的と呼ぶべきではない。決してヨーロッパ全土というわけではないが広い地域で実に長期にわたり使用されており、規則性のあるデザインで感銘を与える新しい家門標号である紋章の誕生にも深く関与するほどだった。印章には一三世紀の二〇年代までこのタイプの楯が描かれているものの、これは同時代に使用されていた証拠にはならない。なぜなら印章は先祖伝来の品が多く、必ずしも当世の武装を反映させてはいないからだ。

ノルマン式楯は、美的な感銘を与える規則的な配置の留金具を紋章の世界に持ち込み、これはさらに作り変えられて紋章学の抽象図形（フランスで言う幾何学図形《ピエス》）となった（99頁以下参照）。しかしネッセルブラット（イラクサの葉）やカーバンクル（槍花車）など複雑な具象図形のデザインのなかにも、楯の留金具をその原型とするものがある。

◉—016*
紋章楯を飾る「具象図形」としての
「カーバンクル（槍花車）」（左）と「ネッセルブラット（イラクサの葉）」（右）

◉——017
逃げる騎士と、〔13世紀風の〕三角楯と壺型兜を装備してそれと追う騎士
〔フランク王国分裂の契機となった〕フォントノワの戦い(841年)を描いた場面
『フランス大年代記』(1280年頃)、サント・ジュヌヴィエーヴ図書館(パリ)蔵(MS. 0782, f. 187)

三角楯

武装がさらに発展し、楯に紋章を描く習慣が普及するにつれて、ノルマン式楯は次第に使われなくなった。一三世紀には三角楯が誕生する。両辺が外向きにやや湾曲し、下部は先端が尖った形で、先行のノルマン式楯よりはるかに小ぶりで扱いやすかった。兜が密閉形態に発展したおかげで、兵士は飛んでくる矢や投げ槍から楯で頭部を護る必要がなくなった。当初は三角楯も幅がかなり狭い作りで、そのため大きな紋章図形や多彩な模様を描くのにも限界があった。一三世紀中葉以降は楯を作る際に縦横の長さをある程度等しくするようになり、これは紋章を描くのに好都合だった。上縁部が内側にやや湾曲したタイプもあったが、これは武器技術上の利点にもならなければ、また紋章装飾を描き易くなるわけでもなかった。

三角楯は古典的な紋章楯へと発展し、紋章鑑で紋章のコレクションを表示する際に使われるようになる。フランスでは「小さな楯（Petit Écu）」と呼ばれ、中世末期まで戦闘や騎馬槍試合で使用され続けた。

この楯のヴァリエーションのひとつがいわゆる半円形楯であり、下方が尖らずU字形にデザインされていた。この形状はさらに紋章が描き易くなり、楯を四分割したい場合はなおさらである。このヴァリエーションは本来三角楯よりも古いらしく、すでに一二世紀のスペインに現われている［▼図50］。半円形楯は一三世紀後半のフランスに受け継がれたが、下方の湾曲部は尖らせるようになった。ドイツとヨーロッパ北西部にはようやく一四世紀に登場したが、ヨーロッパ東部ではさらに遅れ、のちにも稀にしか見られないままだった。半円形楯もまた紋章鑑の類では紋地としてよく登場する。

タルチェ

新しい形状の楯にいわゆるタルチェ（Tartsche）――槍試合用楯《シュテッヒシルト》とも呼ばれる――があり、一四世紀後半に現われた。比較的小ぶりで、左辺と、たいてい上辺も外向きに湾曲し、右側には大きな丸い切り込みがある。これは槍受け《ブーシュ》と呼ばれ、この窪みで長い突槍を支えたり、そこから突き出したりするのに使い、長いだけに重量もある武器を構える騎士の負担を軽減した。こうして攻撃と防御が実に簡単かつ効果的な方法で結びついたにもかかわらず、当初タルチェは騎馬槍試合、一騎打ち《チョスト》でのみ用いられた。もっとも一五世紀になるとヨーロッパ全土でその価値を認められ、より頻繁に実戦で使用されるようになった。この一風変わった楯の名称は、ゲルマン語の「縁」を意味する語 targo から派生してフランス語 targe を経由する。その形状はイタリアあるいはドイツに由来するのだが、同時代人はアジア地方産の野蛮人の武器をハンガリー人が持ち込んだものと考えた。この楯の名称と由来をスペインに帰する説もあり、アラビア産の原形が存在したと称している。それゆえタルチェという語もアラビア語に由来する、と。しかしゲルマン語起源説のほうが本当らしく思える。

◉──018
楯（タルチェ）と槍試合用兜で武装して騎馬槍試合（一騎打ち）に臨む二人の騎士
サー・トマス・ホーム『軍紋章鑑』（ロンドン、1447年頃）

すなわち、タルチェという名称はゲルマン語の「縁（targo）」に由来し、これは楯そのものを指した。中高ドイツ語でもrant〔縁〕のみで楯そのものを表現することがよくあった。一四〇〇年以降、タルチェは大きくなり、角を持つタイプも現われる。紋章には楯の一部のみが割り当てられ、空いたスペースは補助的な図案（樹木、また装飾模様も）を描くのに使われた。

この楯から派生した置き楯（Setztartsche）ははるかに大きく、イタリア北部のパヴィーア市に因みパヴェーゼ（Pavese）とも呼ばれる。ロンバルディア州にあるこの都市は中世には楯工房で有名だった。そのため、置き楯の特別な役割と見事に一致するにもかかわらず、この大楯の名称の語源をフランス語pavois「掩蔽」に求める試みは失敗したようだ。もっともこれは歩兵隊の典型的な防具であり、騎士の楯ではない。楯の下部に取り付けられた一、二本のスパイクで地面にしっかり固定すれば、パヴェーゼを並べて可動式の砦を作れる。その内側にいれば弓兵や弩兵は騎

◉—019*
右：ヘッセン方伯のタルチェ（Renntartsche）、1450年頃
左：ショーンガウ市（バイエルン）のパヴェーゼ（置き楯）、1450年頃

兵の攻撃からある程度身を護ることができた。諸都市の分遣隊、あるいはまたフス派も、置き楯を並べた防壁で身を護りながら騎馬隊と戦ったのである。

紋章に関してパヴェーゼには特別な点がある。そこに描かれたのは兵士個人の紋章ではなく、各都市の紋章だった。パヴェーゼは個人の所有物ではなく共同体《コミューン》の備品であり、兵器庫に保管されて危急の場合に闘志満々の市民たちに配られたのだ。だが楯にはさらに他の紋章も描かれていた。すなわち同盟を結んだ相手、同じ党派の支持者、主従関係にある領主の紋章がはっきりと掲げられた。その他に大楯には場景も描かれ、こちらは別種の象徴表現がなされる。その図像は解説を加える標語、あるいは暗に仄めかす標語で強調された。こうした場合、楯の持主の素性について何も語らない紋章は、たいてい技巧を尽くして仕上げられた絵を前にしてすっかり影が薄い。それらの絵は祭壇画を本職とする画家の手になる作が多かったと思われ、宗教的な画題（聖ゲオルギウスなど）を巧みに大楯に転用したのである。この点はウィーン製のパヴェーゼについて証明済である。そのようなわけで事情によってはこうした方法で特定の個人を指す、往々にして文学風に婉曲表現されたヒントが見出されることもある。ほとんどの場合はそれが誰なのか今日ではもはや分からないにしても、同時代の人々にとっては立派な手がかりだったのだ。

馬面楯と菱形楯

中世末期、ルネッサンス期の特徴を先取りして、ほぼイタリアでしか使用されなかったのがいわゆる馬面楯（Rosstirnschild）である。これは鎧を装着した馬の頭部（正面図）の輪郭を楯の形状に置き換えたものである。しかし、幅広の上辺が湾曲し、下方が狭まるこの楯にもはや軍事的な意味はなかった。むしろパレード用武具、総じて絵に描かれたり石に刻まれたりした記念碑や所有印の役割しかなかった。馬鎧の形状をベースにして複数の球を配したメディチ家の紋章は今日に至るまで有名である。
いわゆる婦人用紋章のカテゴリーに含まれたのが、中世末期では菱形楯（Rautenschild）である。角部を下に向けた菱形《ロンバス》として描かれ、図像および解説の機能しかなく、防具としては一度も使われなかった。菱形楯は未婚女性および寡婦専用であり、未婚女性の場合はそこに父親の紋章を描いた。寡婦の場合は楯を垂直二分割し、前方〔向かって左側〕に亡き夫の紋章を、後方〔向かって右側〕に自分〔つまり実家〕の紋章を配した。菱形紋章が四分割された稀なケースもあるが、それではスペースが狭すぎるため、四種類の紋章を描いてもたいてい不満を残す結果となった。だが実際に描かれたのは二種類の〔亡夫と父親の〕紋章のみで、亡夫の紋章を第一と第四区画〔向かって左上と右下〕に、父親の紋章を第二と第三区画〔右上と左下〕に配した。

　中世末期に登場した馬面楯と菱形楯をもって、宮廷＝騎士生活の現実で、そして所有者の紋章意匠を描く下地として高い意義があった楯のカテゴリーから離れることになる。ノルマン式楯は前紋章時代から紋章時代への過渡期の産物だが、一二世紀になると過渡的形状であることがさらに明らかになる。この楯はほぼ実戦用で、騎馬槍試合に使われることは決してなかった。騎馬槍試合、とりわけ一騎打ちの際にしばしば

◉—020
教皇レオ9世（在位1513-1521、俗名ジョヴァンニ・デ・メディチ）の紋章
メディチ家の紋章を描いた馬面楯
浮彫、ローマ、1520年頃

見られるのは、同時代の騎士用の楯とはまったく無縁な独自の形状をした楯だった。それはたいてい小型で円形か楕円形をしており、先祖返りとして一種の楯芯を備えていたが、もっとも先端は細いものが多くなった。なまくらな武器相手にしか身を守れない、この種の決闘用楯はほとんどが単色で、紋章学にとっては何の意味もない。もっとも重要な紋章楯は三角楯である。防具技術上の長所と紋章学上の長所を一体化した無比の楯だからだ。複雑な紋章さえ描く可能性がある点では半円形楯のほうが優れているものの、そちらは実戦用の楯としてはまず使われない。それに対してタルチェには実戦向きの長所が幾つもあるが、これも狭い意味での紋章楯からは外れている。それでも一五世紀は、実践的にも紋章の観点からもタルチェの時代だったのだが。

「楯（Schild）」という語は「（縦に）割る・裂く」を意味する語に由来し、それが指すのは、規則的に並べた複数の板をニカワや釘で張り合わせたものに他ならなかった。すなわちこの防具は木製で、より軽い種類の木材が好まれた。硬材だと楯のサイズともなれば不釣り合いなほど重くなり、肩紐で支えるにせよ戦

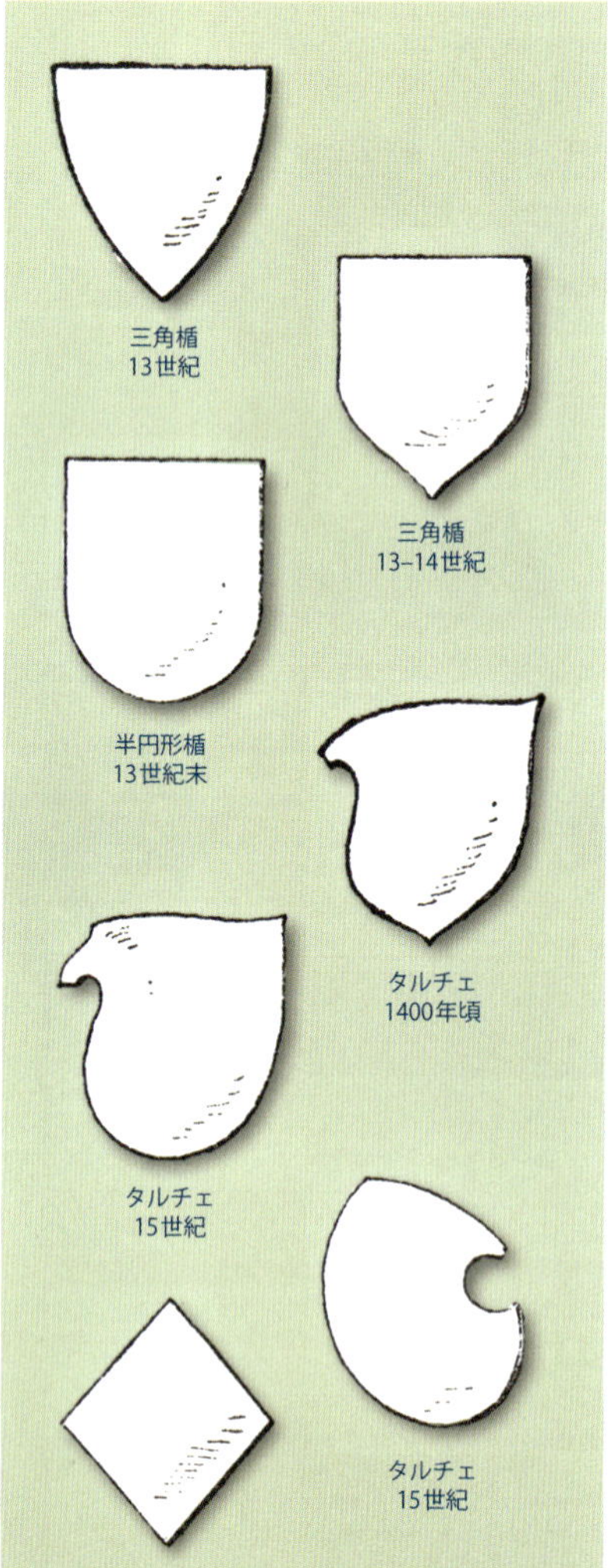

◉—021 中世の主要な（紋章）楯とその形状

闘一回分の間も使えないだろう。そのような楯を構えた腕（しかも利き腕ではない方）を上げ、下げ、向きを変え、さらに馬も太腿の圧迫のみで御するわけにはいかないとなれば、どれほど勇ましい英雄であっても錯綜した乱戦の中で持ちこたえるのは無理だったと思われる。

前紋章時代には、並べた木板を留金具（たいていは鋲のみだった）で補強したが、やがてこの留金具もある種の装飾の需要に応えて好みの形に配置するようになった。剣や斧の打撃にもっとも頻繁かつ強烈に晒される楯の周縁部にはたいてい金属の枠が取り付けられた。以前は木の表面に革や羊皮紙を張り、これに絵を描くこともできた。紋章時代になっても楯の製造法は変わらないが、ただ今度は白墨やニカワで強化した白い亜麻布が好まれるようになった。この下地に幾何学図形や具象図形を色付きで描くか、楯に型押ししてから彩色を施した。紋章時代、とりわけ一三世紀以降は、防御力があり、かつ宮廷社会の美学に適う楯を仕上げるこの仕事は楯職人の専門となり、彼らは同業組合《ツンフト》めいた組織を運営した。それ以前は、実戦用の楯は貴族の宮廷に仕える専門家が個々に作成していたのである。

中世盛期の楯の実物はほとんど現存していない。すでに幾度も言及したアンジュー伯ジョフロワ四世の墓碑［▼図15］の楯はノルマン式楯だが、同時代のものとはいえ彫刻に過ぎない。有名な「ゼードルフの楯」（アールガウ州）は実際

◉──022*
「ゼードルフの楯」
ゼードルフ修道院（ウーリ州）の設立者、
アルノルト・フォン・ブリエンツ（1225年没）の楯
1197年、スイス国立博物館（チューリヒ）蔵

◉── 023
ドイツ騎士団総長コンラート・フォン・テューリンゲンの楯、1230年頃
やや丸みを帯びた三角楯に、紋章の直立したライオンが描かれている
マールブルク大学文化史博物館蔵

の戦闘に使われた楯で、時代は一三世紀最初の四半世紀頃、所有者はブリエンツの代官たちと目されている。だがこれも完全にオリジナルの状態ではない。本来ノルマン式楯だったものを当世風の三角楯に作り変えようとして上部が切り取られているのだ。そうした楯ならばマールブルク大学文化史博物館でも何点か見られる。そのひとつは聖エリーザベトの義弟で後にドイツ騎士団総長となったコンラート・フォン・テューリンゲンの楯で、ひとつはヘッセン方伯ハインリヒ一世、その他は彼らの従士たちのものである。もともとはマールブルクの聖エリーザベト教会で聖歌隊席の壁に吊るされ、本物の実戦用楯であるにもかかわらず、忌中紋章《ハッチメント》の代理を務めていた。コンラートの楯は両面とも革張りで、絵を描く下地として白墨が塗られている。そこに描かれたテューリンゲンのライオンは本来金箔の王冠を頂いていたが、今日では消えてしまった。注目すべきは楯の裏側の絵である。騎士と貴婦人が立ち並び、もうひとり馬上の騎士がおぼろげながらまだ認識できる。

軍衣と馬衣

騎士の楯に描かれた紋章は、一二世紀後半以降に貴族が甲冑の上に羽織るようになった軍衣《クルジット》でも繰り返される。当初は鎖帷子を雨から護る役割を与えられたのが、この袖なしで膝丈の衣装だった。さらに甲冑を纏う兵士をおおいに消耗させる直射日光の影響を和らげる効果も期待されたことだろう。馬に乗る際に身体を締め付けたり、動作の邪魔になったりしないように、軍衣の両脇にはスリットが入っていた。紋章はたいてい規則的な配置で布地に縫い取られ、万一楯が失われた場合でも騎士の素性について疑問が生ることはなかった。軍衣は恋愛奉仕をしてくれる男性に貴婦人が贈る人気のプレゼントであり、同じ紋章入

りの衣装とはいえ、紋章官が着る（主君の紋章入り）官服《タバード》と混同してはならない。
　これと似た役割を果たしたのが、騎馬槍試合で馬に着せる外被《クヴェルチュール》、すなわち馬衣だった。これを使用するのは原則として、個々人の素性を正確に識別することがとりわけ必要とされる騎馬槍試合に限定された。騎士が実戦で馬衣を用いることはまずなかった。丈が長いため一騎打ちで直線的に駆け寄るのには適していただろうが、接近戦の混乱の中で軍馬を縦横無尽に動かすには不向きだったのだ。戦場で馬衣はまさに致命的な障害になったことだろう。

◉—024
貴婦人に贈られた武装に身を包む騎士（「紋章式盛装」で描かれている）
騎士の軍馬は紋章が縫い込まれた馬衣を纏い、頭には騎士の兜飾りに相当する、いわゆる飾り円板をかぶっている
「ラトレル詩篇」、1320年頃、大英図書館蔵（Add. MS. 42130, f. 202v）

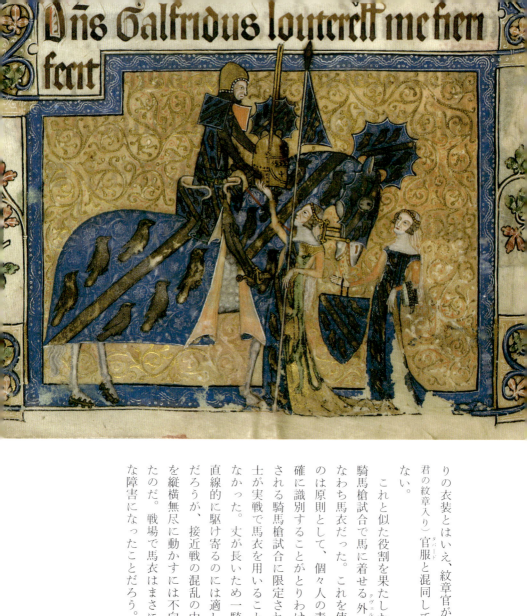

2 兜とその付属品

伝統的には、アイデンティティの標号を取り付ける下地としては兜のほうが古かった。しかし紋章時代になると、楯に対して兜は二軍に退く。すでに楯に紋章が描かれ始めた頃、兜にはまだ識別標号がないか、簡素な絵で飾られていた。楯との調整、それどころか統一などとはまだ程遠く、そうした考え方は一二世紀、さらに一三世紀になってもまだかなり長い間現われなかったのである。複雑多肢な紋章図像を受け入れられるような、楯に匹敵する広い平面が兜にはなかったこともあり、事態はさらに困難になったようだ。ところが『皇帝の栄誉に捧ぐ書』(一一九五/九六年)には、楯と一致する図像が描かれた兜をかぶる騎士たちが登場する[▼図9]。紋章の発展とは相当縁の薄いイタリア南部の著者、あるいは彼の挿絵画家(たち)がどれほど現実を反映したのか、あるいは兜と楯の持主の識別をより容易にしたかっただけなのか、その答えは出せない。実際のところ一二世紀の九〇年代、イタリア南部にあるノルマン人の国は紋章という観点では遅れていた。他方、完全に統一された武装という観念は、ごく一般的に言ってこの時代には場違いである。まさにこの数十年間は武装に関して過渡期にあったのだ。

前紋章時代のものでありながら紋章時代になってもまだ長い間使われたのが、いわゆるノルマン式兜である[▼図3-7]。いわば鉄の頭巾のように頭にぴったり密着し、頭頂部は円錐状に尖り、本体から下に伸びた鼻当が付いていた。それゆえ鼻当付兜《ナーザルヘルム》と呼ぶべきだろう。「ノルマン」の名称は、同時代の湾曲した縦長楯の場合と同じ意味で使われている。出征とあらば至る所にこの兜を持ち込んだのはノルマン人だった公算が高い。その兜はバイユーの綴織《タペストリー》に描かれた多彩な図像にも見られる。鼻当付兜の先端が尖った形状は、頭に向けられた剣の打撃を受け流すのに適していた。メロヴィング朝時代以降、打撃武器としては長剣が使われ、刺突武器は戦場ではもはや使用されなかった。しかし幅の狭い鼻当でも、戦闘中に兜の主が識別できなくなるのに十分だったことは、バイユーの綴織で征服王ウィリアムが身体の向きを変えて兜を押し上げている姿を見ても分かる[▼図3]。こうでもしなければ、自分がまだ生きていることを味方の兵士たちに証明できなかったのだ。それに対して鼻当付兜の短所は、長距離兵器からはほとんど身を護れなかったことである。この点でも有名な綴織が実例を示している。ハロルド王は矢で目を射抜かれ、その後地面に倒れて絶命するのだ。

◉—025
ハロルド王が自分に致命傷を与えた矢を引き抜こうとしている——王がかぶる鼻当付兜もよく見えるバイユーの綴織

壺型兜と桶型兜

頭部全体を防御する兜が、一二〇〇年頃に登場する壺型兜《トプフヘルム》である。簡単に頭にかぶるだけの兜で、スリット状の覗き穴がふたつと——たいていは側面に——小さな孔が幾つか空いているだけで、ここから呼吸のために僅かに空気が流れ込んだ。四枚の堅牢な鉄板を鋲接した壺型兜は、頭部を狙った弓矢、弩の矢、投げ槍から持主を護れるようになった。ところがこの兜には、接近戦で剣や戦斧の打撃を受け流す効果はなかった。一三、一四世紀の挿絵には、唸りをあげて勢いよく振り下ろされた剣が兜を真っ二つに割り、血が噴き出す様子が多数描かれている。兜は頭頂部が平らだったので（それゆえ壺型と呼ばれる）、剣の勢いを受け止めるには素材に頼るしかなかった。頭部の防具を砕きはせずとも頭蓋骨に激しい衝撃

◉—026
騎士をかたどった洗手用水差し——入念に再現された壺型兜をかぶっている
フランス、1250年頃、デンマーク国立博物館（コペンハーゲン）蔵

を加えれば、当人は意識が朦朧として重大な結果を招くことだろう。そうした事態を避けるために、兜の下に補助帽《ベッケンハウベ》をかぶり、さらに衝撃を和らげるためのクッション(革、布、綿など)を詰めた。

前方しか見えない壺型兜は、騎士道精神に従い二つの軍勢が真正面からぶつかりあう実戦専用であり、側面からの奇襲という騎士らしからぬ戦術に対しては、戦闘隊形に整列した軍勢はほとんどなす術がなかった。戦闘の押し合いへし合いの中で馬の向きを変えることなどまず不可能だったからだ。

その一方で、壺型兜は頭頂部が平らなので、中世ではそれまで知られていなかった新種の装飾を取り付けることができた。それが兜飾りであり、兜の高さを著しく増し、騎士をさらに力強く見せることができた。こうして魔除けの機能と美的機能を一体化し、突出した自己像をいわば具象化できたのである。そうした兜飾りの現代に伝わる最古の例はフランドル伯ボードゥアン九世の一一九七年の印章に見られる。印章に再現されたそれは小さく不鮮明だが、兜の中央に歩くライオンの姿が見える。この兜飾りは、様式的に発展した中世末期の兜飾り《ツイミア》よりも、むしろ民族大移動期の兜を飾る彫像を思わせる。ネーデルラントあるいはイングランドで誕生した兜飾りの流行は、紋章時代のヨーロッパにたちまち広まった。

一三世紀は壺型兜の時代であり、そのことは比較的多数現存する騎馬印章でも裏付けられる。印章の伝統的な使用法では、書類への押印から証明される日付と印章の図像が彫られた年代は必ずしも一致しないことを考慮しても、壺型兜は極めて長い期間使用されたと想定できる。そして一四世紀に新しいタイプが誕生したのは、兜の変化と実践的な需要が理由でデザインが変更されたためだった。前頭部の鉄板はすで

◉—027*
フランドル伯ボーデュアン9世の兜飾り印章(1197年)の模写

に一三世紀後半からやや湾曲し、傾斜した形を取るようになった。これもまた剣の攻撃を受け流すことが目的である。やがて側頭部と後頭部の鉄板が延長されて肩にしっかり乗るようになると、頭部は兜の重量から解放され、それに加えて胴部の甲冑に隙間なく繋げることができた。兜に飾りを乗せられる見込みは、壺型兜の平らな頭頂部ほど容易ではなくなったが、この新しい兜にも飾りを装着するスペースはあった。要するにこの桶型兜《キューベルヘルム》は、角ばった重そうな様子からある程度不格好な点は否定できず、あまり美しくない代物となった。さらに覗き穴のフレームとなる金属の補強と、鉄板を接合する金属帯も不格好ぶりに拍車をかける。こうなると呼吸はさらに苦しくなったが、鉄六キロの重量を戦士の両肩にかけられるようになったのは、ひとつの利点である。たとえば鼻当付兜は騎馬で出兵する時点でかぶったが、桶型兜は開戦直前にかぶればよい。先行の壺型兜と同じように、桶型兜も普通ふたつの開口部に分かれた覗き穴から前方しか見られなかった。

一四世紀に主流となったこのタイプの兜は実物が数点現存している。たとえばイングランド王エドワード三世の息子にしてリチャード二世の父親であるエドワード黒太子（一三七六年没）の兜はカンタベリーに保管されている。長く尾を垂らしたライオンが兜飾りなので、兜のデザインは競技用兜のように見える。桶型兜の

◉—028*
エドワード黒太子（1376年没）の楯と兜
カンタベリー大聖堂

とりわけ見事な実例がプランク家のシュタイアーマルク領主《フライヘル》アルブレヒト三世（一三四九―一三九五）の兜で、今日ではウィーン美術史美術館の武具コレクションに収められている［▼図30］。左頬の内側が補強されていることから、これも競技用兜だと分かる。騎槍に突かれて負傷するのを防ぐための措置なのだ。プランク兜の飾りも同じく現存しているが、もっともこれは一五世紀最後の四半世紀になって取り付けられており、おそらく一度として実戦には投入されなかったらしいが、桶型兜の息の長さを裏付けている。いずれにせよ金属部に傷や亀裂は見つかっていない。しかしながら、時として戦闘中でも飾りを兜に乗せた実例は幾つかある。たとえば一三三九年、ベルン市民はフライブルク市民に対するラウペンの戦いでいわゆる「冠付」兜を八十個捕獲した。その持主は打ち殺されるか捕虜にされたのだが、これは都市間の戦争に参加した貴族の兜飾りでしかありえない。

実戦用兜と競技用兜への分離

一五世紀以降、実戦用兜と競技用兜はそれぞれ別個の発展を遂げた。鉢型兜《バシネット》、帽子型兜《アイゼンフート》、時化帽型兜《シャレル》は戦闘の際にかぶり、当然飾りは付いていなかった。紋章付きの兜はますます騎馬槍試合でのみ使用されるようになる。一四〇〇年以前、いわばより優雅なヴァリエーションとして桶型兜から発展したのが槍試合用《シュテッヒヘ》兜《ルム》である。名称から分かるように、一騎打ち《チョスト》や団体騎馬《ブーフルト》競技で用いられた。先行する兜と同じく覗き穴の

◉―― 029*
時化帽型兜（シャレル――ザラーデ、シャレットなどとも）
帽子型兜（アイゼンフート）に較べ、後側のつばのみ広くとっているのが特徴
15世紀半ばの武具のスケッチ

スリットがひとつあるが、それが横に伸びて、視野がより広くなった。兜の上部パーツは着用者の頭蓋の形に合わせて曲線を描き、下部パーツは剣先を寝かしたV字形で、上部パーツより延長された結果、尖端が前に突き出る形となった。この突起部を延長すれば「顎鬚《バルト》」と呼ばれる顎当にもなった。延長が過ぎれ

●―030
プランク家の領主
アルブレヒト3世の桶型兜
1350年頃、総重量6.21kg
美術史美術館（ウィーン）蔵
兜飾りは15世紀末頃に付加

ば「狐犬面《フンツグーゲル》」と呼ばれる特殊な形状の兜となり、これは一五世紀初頭の甲冑に見られる、尖った先端が長すぎる鉄靴と様式的にはマッチした。時化帽型兜、帽子型兜などが顔面のみを覆う場合、「顎鬚」を甲冑のほうから延長して顎当にすることもあった。現代人がこの時代の兜ファッションを見れば、奇異の感を抱くであろうし、複数の騎士が騎馬槍試合で槍試合用兜《シュテッヒヘルム》をかぶって立ち会えば、我々の目には奇妙な光景と映るだろう。

その数十年後に縦格子兜《シュパンゲンヘルム》が生まれた。同じく頭部が丸く、前部が首回りのラインを忠実に再現した頭部防具である。開口部をより広くするために覗き孔のスリットをなくしたので、これはいわゆる開放式兜となる。顔面を保護するには、鉄から切り出した金属棒《シュパンゲ》を開口部に縦に渡すか、あるいは特注したパーツを兜に鋲接することもできた。金属棒は外向きにやや湾曲しており、中世末期には湾曲がますます強くなり、見事な円蓋を形成するに至る。かなり大きくなった開口部を保護するため、金属棒を横向きに追加した場合は網格子兜《ロストヘルム》と呼ばれ、実際に格子となった部分が奇抜な形状を取ることもあった。縦格子兜の首にリボンや鎖を巻いて首飾り〔硬貨、メダル等〕を吊るす者もいた。本来この首飾りは個人的な栄誉の印、あるいは兜の着用者が騎馬槍試合同友会で特定のグループに所属することを示すものだったが、次第に不可欠の装備となる。

縦格子兜や網格子兜はどちらも騎馬槍試合専用に作られた。ただし「槍試合」と言ってもこれらはいわゆる棍棒騎馬試合の通常装備であり、それは相手を騎槍で突いて落馬させるのではなく、鉄棍で相手の兜飾りを叩き落す試合だった。ここで騎馬槍試合および試合一般の制度はスポーツあるいは遊戯的な性格と

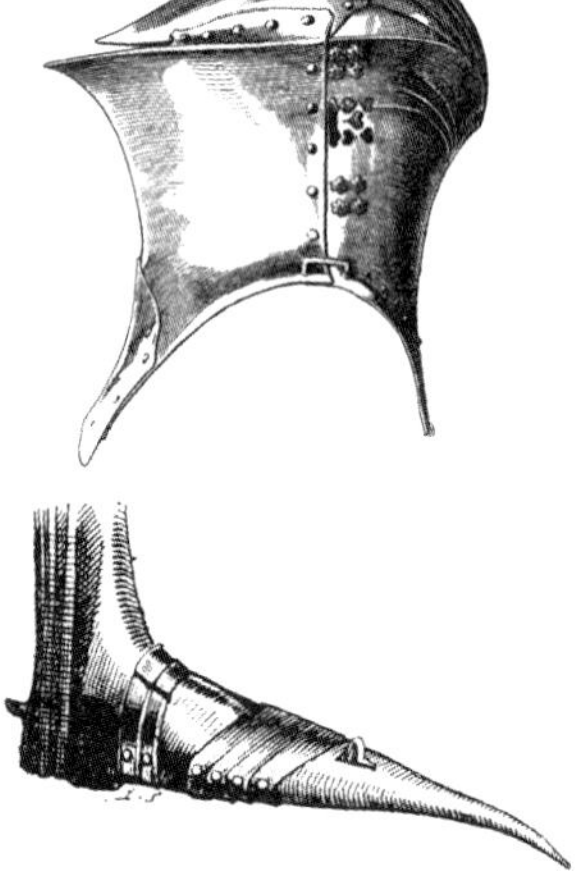

◉—031
槍試合用兜（シュティッヒヘルム）と鉄靴
15世紀の武具のスケッチ

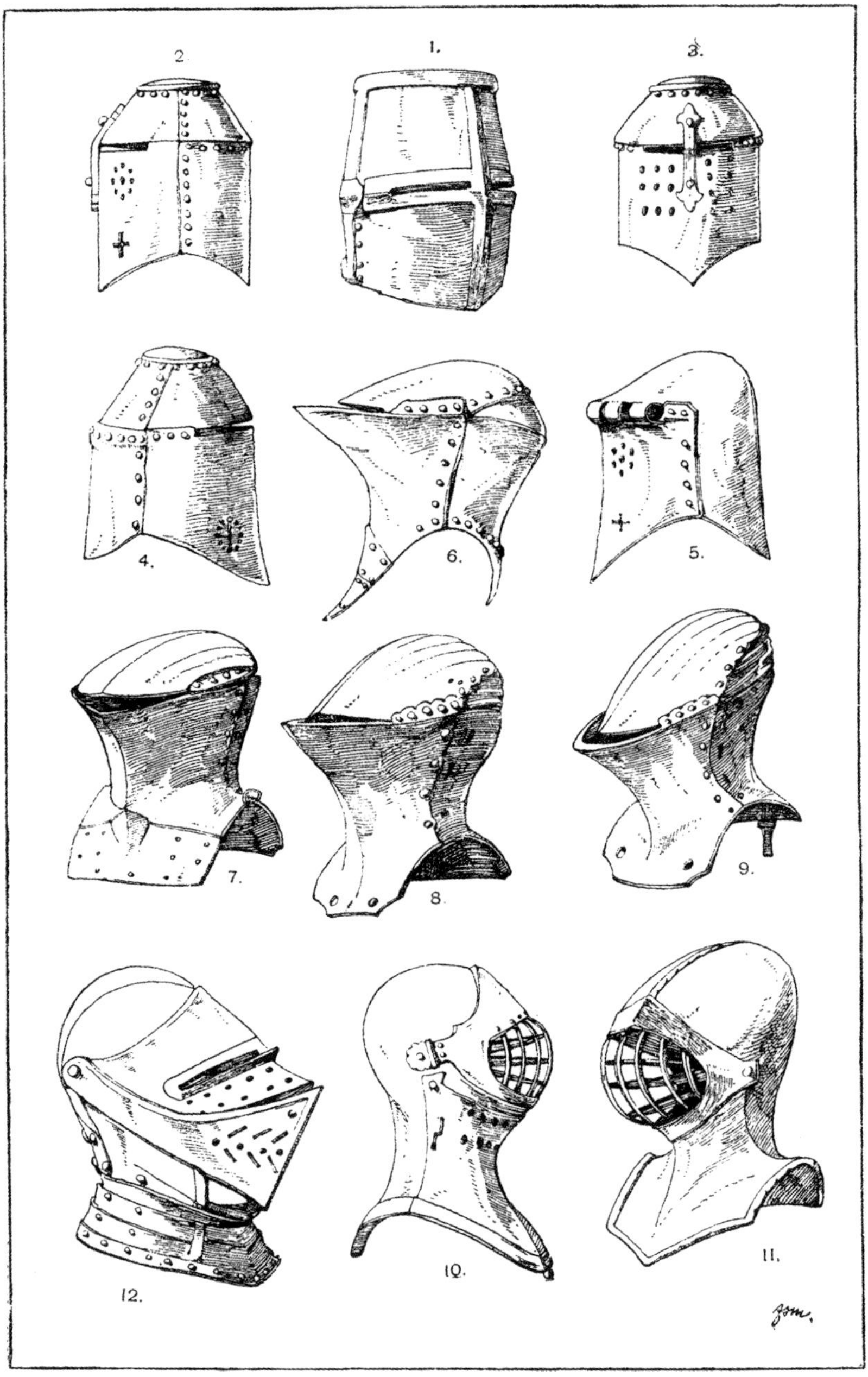

◉──032
中世の兜
1-3:壺型兜（トプフヘルム）、4-5:桶型兜（キューベルヘルム）、6-9:槍試合用兜（シュテッヒヘルム、6は「顎鬚」付）、10-11:網格子兜（ロストヘルム）、12:面頬付兜（ヴィジェールヘルム）

なるに至るのだが、貴族位記や紋章許可書（近世以降）でもっとも広まったのがこの兜だった。

実戦時に着用された兜は紋章の兜には含まれない。実戦用兜はすでに形状からして条件が整ってないため兜飾りがなく、そして紋章兜の飾りもまたトーナメントでしか役割を果たさなかったからだ。

実戦用兜と競技用兜は桶型兜が主流でなくなった後にそれぞれ独自の発展を遂げたが、どちらも貴族の男性のみが着用し、それゆえ兜で飾られたのは彼らの紋章のみだった。聖職者、女性、都市は原則として楯に兜を描くことができなかった。都市に対しては領邦君主が兜付の楯を貸与したケースもある。聖職者は――顕職者に限り――兜に代えて司教冠《ミトラ》を用いた。豊かな色彩と房飾り《フィオッキ》の数を特徴とする有名な高位聖職者の冠が登場するのはようやく近世後期になってからである。既婚女性と寡婦は夫および父親の兜を楯に描き、ドイツでは兜飾りを付けることも稀ではなかった。

紋章学との関連では、兜の意義を過小評価してはならない。楯には一歩譲るものの、飾り付の兜はまもなく重要性を増し、兜の持主のアイデンティティを象徴する役割を果たすまでになった。兜飾りは本来個人の専用ではなく、その場限りで変更もできたという事実は、これと矛盾するものではない。当初、兜飾りとは機会ごとに解釈し直すべき私的標号に他ならなかったのだ。兜飾りが個人に固定され相続されるようになると、総じて兜はアイデンティティを賦与する要素として楯と同一視されるようになる。それが明確になったのは、紋章を帯びる者の多くが紋章の兜を識別の標号として印章の印面に組み入れるようになった頃だった。

兜の付属品

当初は兜の平凡な付属品でありながら、最終的には紋章学上の独自性と意義を帯びるようになったのが兜覆い《ヘルムデッケ》「マント」である。桶型兜にかぶせた布は当初は一種の日除けとして考案された。日光が鉄を直接照射して生じる熱は戦闘中の着用者にとって絶え難いに違いなく、この熱を軽減させるのが目的だった。陽光が密閉式の兜を照らして生じる熱に麻痺効果があることを、騎士たちはとりわけ十字軍遠征で体験する。しかし兜と胸甲の密着度が高まり金属が一体化すると熱気は全身に行き渡らざるを得ず、すると戦闘中に力が衰弱するばかりか、意識の混濁や失神に至る可能性さえあった。

こうした危険への対抗手段が一枚の布だった。それに加えて、騎士がギャロップで馬を駆るや否や、重量感のある角ばった兜に付いた布が軽やかにはためき、騎士は美的感覚に訴える印象を残すことができた。だが一三世紀にはそれはまだ無理だっただろう。なぜなら、後代に兜覆いとなる短い布はまだ兜にぴったり張られていたので、そうした効果を発揮できなかったのだ。しかし、まもなく兜覆いが「マントと呼ばれて」兜の紋章に統合された結果、たとえば兜飾りが人物像の場合は衣裳が兜覆いと一体化されたのである。

桶型兜とともにこの日除け布も大型化し、こうして本来の意味での兜覆いとなった。この丈夫な布——たいていは糊で固くした亜麻布——は今や二重の役割を果たした。馬で疾駆する騎士の項《うなじ》でひるがえる布は冷気を送り、甲冑が過度に暑くなるのを防ぐ。とりわけこの保護布は印象的な光景を生み出した。美的要素が機能的要素を犠牲にしてでも、まずまず前景へと押し出される。そう

◉—033*
中世の紋章の兜と兜覆い、兜飾り、その他の付属品
ゲルレ『紋章鑑』、14世紀後半、ベルギー国立図書館（ブリュッセル）蔵

なると四角い布という簡素な形状ではもはや物足りない。末端が幅広になるよう布を切り出し、そこに房飾りや鈴を吊り下げたのだ。そしてこの品に騎士の自己像に相応しい説明が付け加えられた。騎馬槍試合を繰り返し――おそらく実戦の例は少ないだろう――兜覆いがズタズタになってもそのまま使われ続けた。それは騎士らしい剛毅ぶりを示す明白な証拠であり、他の人々、とりわけ観客の貴婦人たちの注目と感嘆を集めずにはおかなかったからだ。槍試合用兜《シュテッヒヘルム》や網格子兜《ロストヘルム》の兜覆いは、最終的に縁が鋸歯状《ギザギザ》になった、あるいは巧みに木の葉状に切り裂いた状態となり、これがエスカレートしてルネッサンス期の図像表現では楯の半分を覆い隠す葉型飾りと化した。その有名な例がデューラーの銅版画「死の紋章」(一五〇三年)である。兜覆いの色はもともと恣意的に選択することが許され、一四世紀に入っても長い間そうだった。その後ようやく紋章学の色彩と関連付けられるようになり、最終的には色彩規則に従うことになった。

　兜覆いは紋章のもっとも重要な色彩を繰り返す決まりで、その際は紋章学の色彩規則を絶対に考慮せねばならない。表と裏は区別され、これは造形デザインでは著しく芸術的に構想・デザインされることが多

●—034*
アルブレヒト・デューラー
「死の紋章」

かった。表を原色で、裏を金属色で彩色した。この規則は紋章が実用に供されていた時代には厳密に守られることはまずなく、〔一六世紀以降に政治目的の〕官房紋章学が起こってようやく必須要素となったのだが、この違いはすでに一四世紀中頃から紋章鑑の類に見られる。

兜飾りは優美さに欠ける方法で兜の頂点に取り付けられていたので――綱、針金、細長い木材などが使われ、飾り立てられた大型防具の全体的印象を損なう醜い外観を呈した――、固定箇所をできるだけ華やかな飾りで覆い隠そうとしたのである。貴族の兜はそのために冠を使った。これは装飾と遮蔽の役割を兼ねており、決して位階を表すものではなかった。本来は王族のみが兜に冠を掲げたが、それでは戦場の王

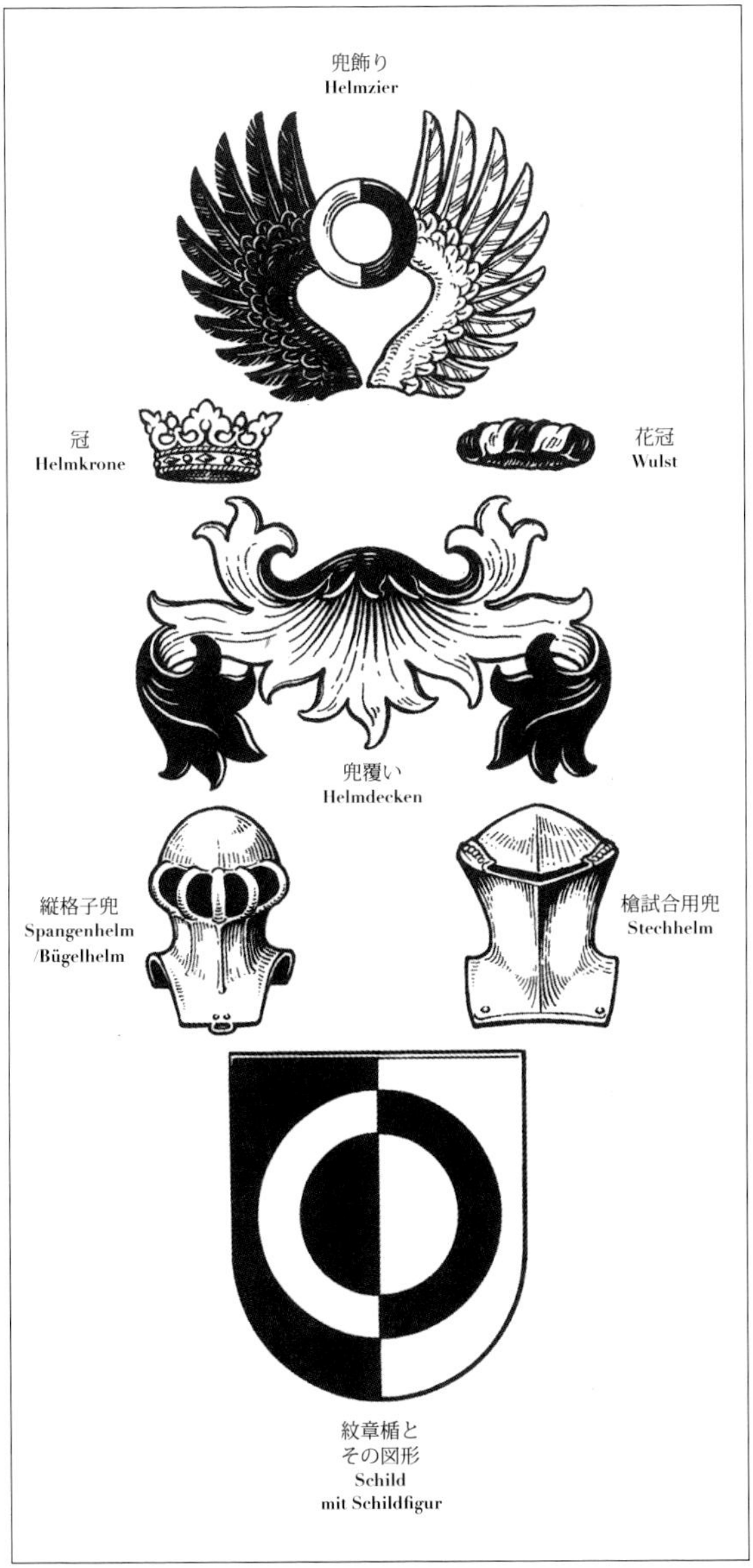

◉―035* 紋章の基本構成
（HEROLD (Hrsg.), *Handbuch der Heraldik*, 19. Aufl., Hamburg, 2007より転載）

があまりにも分かり易い標的となり敵の攻撃に晒されかねない。そうした冠は前紋章時代の代物で、後代の兜冠とは無関係である。後者は貴族が桶型兜にかぶせたもので、頭部を取り巻いて兜飾りの固定部を隠した。壺型兜の場合、こうした冠はほんの稀にしか見られない。一四世紀以降に頻繁に見られるようになるのは、本来の役割を果たす他に、鈍重な桶型兜に優雅なアクセントを添えるからだった。兜冠は金色の輪から鋸歯状《ギザギザ》の飾りが五本伸びており、それは葉（あるいは紋章の百合の花）三本と真珠を頂く叉二本が交互に並んでいた。必須要素ではなかったにもかかわらず、兜冠は中世末期頃にはほぼすべての貴族の紋章兜に行きわたった。

兜飾りの固定部を覆い隠すもうひとつの手段は、いわゆる花冠《ヴルスト》［リース］を使うことだった。これは着用者の楯の色を反映する二本のリボンを捩じり合わせたもので、（稀に）リボンの端部を二本の房にして後ろに垂らした。このタイプは――bourlet と呼ばれ――とりわけフランスで人気があった。ほとんどの花冠は布製の冠のように見え、その色彩は兜着用者の紋章色を繰り返すことになっていた。中世後期になっても花冠は帝国紋章学において市民階級の兜の目印であり、紋章鑑や図案集では槍試合用兜《シュテッヒヘルム》にのみ描かれた。それに対してイングランドでは花冠は図像表現で兜の代用品となり、単独で大紋章の楯の上に描くことができた。

花冠や紋章の兜冠よりも古いのがクッションである。四隅すべてに房飾りが付いた長方形あるいは正方形で、兜の上に乗せて本来の兜飾りの受け台にした。楯と同じ紋章色で染めたクッションは兜飾りを取り付けるのにたいそう便利だったに違いないものの、兜をかぶった騎士の印象を著しく損なったかもしれない。

◉— 036*
兜と兜飾りの間に「クッション」が敷かれている例
ヘルヴァルト家（アウクスブルク）の紋章、19世紀

3 その他の構成要素——アクセサリー

中世の紋章で二番目に重要な構成要素である兜は、総じて華やかな紋章であるがゆえにトーナメントと祝祭行事の領域へ後退してしまう。戦争の世界では簡素で飾り気のない形状の壺型兜と桶型兜のみが基本的にその座を守り続けたが、これらを着用者個人に関連付けることはまったくできなかった。戦場では紋章を描いた楯が武装した戦士についての情報を提供し、時には戦衣や馬衣が、場合によっては携行した戦旗も役立った。

兜は騎馬槍試合の前にその法的および紋章学的適性を審査された。原則的に楯の意匠のほうが兜飾りよりはるかに重要であり、印章の所有者を特定するのにもおおいに役立ったにもかかわらず、印章には楯を使わず兜のみを描くことがあった。そこにも兜の重要な意義が示されている。

近世になると、図像として表現される紋章は紋章学複合体と呼ぶべき様相をおび、識別や自己像という本来の意図や関心事を大幅に超えてしまう。中世には楯と兜が貴族の家門とその成員のシンボルだったが、すでに一五世紀の中頃には、紋章所有者の特徴をますます詳細かつディテール豊かに描き出すことが重要になった。この時代にいわゆるアクセサリーが登場し、本来の紋章との関連は皮相的になりつつも、累積的な意義を持つに至った。楯持ち《シルトハルター》、標語《デヴィーゼ》、位階章や騎士団の大綬・頸章は狭義の紋章とは基本的にまったく無関係である。それらは紋章を補完あるいは拡張する品ではなく、単なる付属品に過ぎず、当初紋章の世界とは無縁だった。それらが登場したのは最終段階になって、すなわち楯が戦争行為における意義を失って最終的には完全に消え去り、紋章兜をかぶる機会がますます騎馬槍試合に限定され、紋章が分かり易く旧来通りの関連で登場しなくなってからだった。

まずは紋章画家と挿絵画家のアーティファクトとして、その他の標号要素が紋章に付け加えられた。それらが兜と楯を取り囲み、素朴な楯をベースにしながら、変化に富み、しばしば見通しのきかない全体像が生み出されたのである。

副紋章

副紋章《ビルトデヴィーゼ》〔絵の標語〕はほとんどの伝統に見られる。すなわち、二義的な識別標号と見なせる、派閥、政治的支持、社会的帰属などに関連した図像表現のことである。今日でも有名なのは、一五世紀後半のイングランド支配を巡る戦いで使われた白い薔薇と赤い薔薇の副紋章であり、それぞれヨーク家とランカスター家の血族や支持者が身に着けた。戦争の結果一四八五年に誕生したテューダー朝はこの事実を、赤薔薇と白薔薇を組み合わせた副紋章で示している。すなわちランカスター家の新王ヘンリー七世はヨーク家のエリザベスと結婚して両家を統合することで、両派の対立を解消したのだが、こうした事情のすべてが、二色の薔薇の花びらに象徴されているわけである。イングランドではそのような副紋章は「記章《バッジ》」と呼ばれ、紋章楯のどこかに配されるが、その横に独立して置かれることが多い。このような記章がどれほど非紋章的であったかは、以下の事実でも示される。すなわち、紋章上の結びつき、あるいは地域にさえ左右されることなく、従者、支持者、それどころか召使いの衣裳にすら単独でこの標号を着けることができた

◉── 037
テューダー・ローズ
赤薔薇（ランカスター家）と白薔薇（ヨーク家）を一体化した副紋章で、
国王ヘンリー７世治下のイングランドを寓意的に描いた図
テューダー朝の発祥に相応しく、ウェールズの紋章獣として、
赤色の竜とグレイハウンドが門塔を挟んで立っている
1516年、大英図書館蔵（Royal MS. 11 E XI., f. 2）

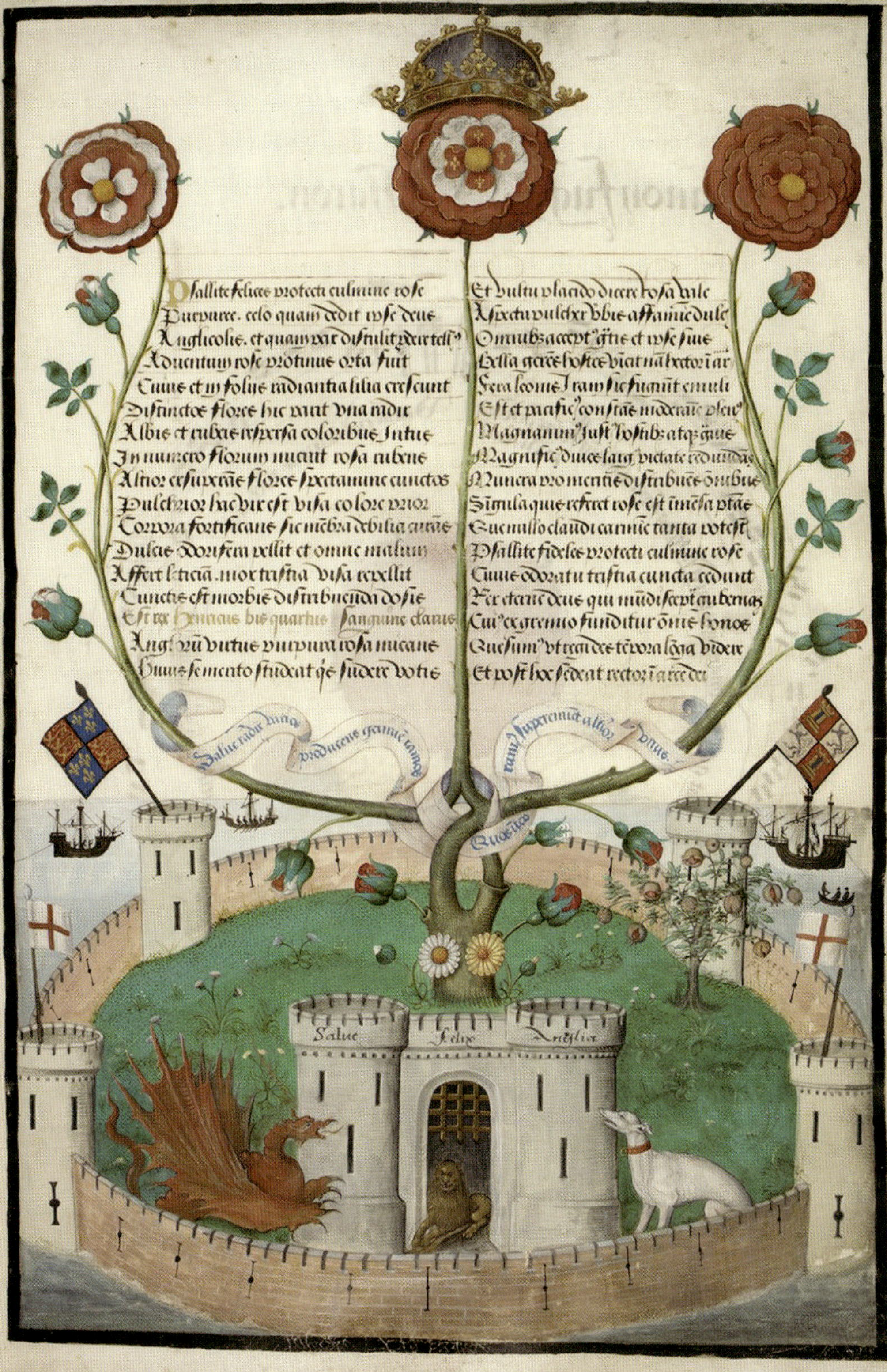
Psallite felices protecti culmine rose
Purpuree. celo quam dedit ipse deus
Anglicolis. et quam pater distulit ydere tellus
Adventum rose protinus orta fuit
Cuius et in foliis radiantia lilia crescunt
Distinctos flores hic parit vna radix
Albis et rubeis respersa coloribus Intus
In numero florum micuit rosa rubens
Altior exsuperans flores spectamine cunctos
Pulchrior hac vir est visa colore prior
Corpora fortificans sic membra debilia curans
Dulcis odorifera pellit et omne malum
Affert leticiam. mortis tristia visa repellit
Cunctis est morbis distribuenda dosis
Est rex Henricus bis quartus sanguine clarus
Angl. cui vultus purpurea rosa micans
Huius semento studeat qui se fundere votis
Et vultu placido dicere rosa vale
Aspectu pulcher verbis affamine dulcis
Omnibus acceptus gratus et ipse suis
Bella gerens hostes vicat nam rector in ar
Fera leonis Iram sic fugiunt emuli
Est et pacificus constans moderamine plenus
Magnanimus Iustus hostibus atque gravis
Magnificus dives largus pietate redundans
Munera pro meritis distribuens omnibus
Singula que refert rose est immensa potestas
Que nullo claudi carmine tanta potest
Psallite fideles protecti culmine rose
Cuius odoratu tristia cuncta cedunt
Rex eterne deus qui mundi sceptra gubernas
Cuius ex gremio funditur omnis honos
Quesumus ut regem des tempora longa videre
Et post hoc sedeat rector in arce dei
Salue Felix Anglia

のである。このようにして紋章的な象徴から所有印への道が踏み出されたのだ。

標語

実質的にそれより古いのが、標語《ヴォルトデヴィーゼ》「モットー」で、格言あるいは紋章所有者が好んだ座右銘を楯の下にある巻物《スクロール》に書き込んだ。一六世紀にはわざと謎めかせてほんの数文字で簡潔に書くこともよくあった。それにより標語は、紋章の伝統が長いとは限らない人文主義的サークル間に広まった。こうした形の標語はルネサンス期のイタリアで「標語入り図案《インプレーサ》」として最盛期を迎える。意味深長な内容を要点を押さえて暗示するに留めた紋章標語には、たとえば「プルス・ウルトラ（Plus oultre）」がある。「それを越えてさらに先へ」、すなわちヘラクレスの柱（ヨーロッパの境界としてのジブラルタル海峡）を越えて、という意味で、スペイン国王となった神聖ローマ皇帝カール五世が選んだ標語である。さらに古いのが、皇帝フリードリヒ三世の有名な標語、ドイツ語の母音五つをアルファベット順に並べたAEIOUである。この標語の意味については謎を解こうとおおいに努力が払われ、今も昔もラテン語やドイツ語による解釈が数多くある。たとえばAustria erit in orbe ultimo「オーストリアはもっとも長く地上に（あるいは世界の終焉まで）存続するであろう」、Alles Erdreich ist Österreich untertan「全世界がオーストリアにひれ伏す」などである。

◉—038*
カール5世の紋章
『金羊毛騎士団の書』（BSB cod. icon. 285）
16世紀末、ネーデルラント、バイエルン州立図書蔵蔵後者はのちにフリードリヒ三世の曾孫であるカール五世の世界王国を予言した言葉と解釈され、その場合「オーストリア」とはオーストリア家、すなわちハプスブルク家と理解された。もっともこの手の神秘化を好んだフリードリヒ三世が、一般に使われる文字列を狭い意味での所有を示すマークとして使ったに過ぎないという公算が高い。フリードリヒ三世の紋章には兜と楯の上にAEIOUが書かれている[▼図40]。

標語には軍隊のスローガン、戦場での掛け声、いわゆる「関の声(cri d'armes)」も含まれる。現実的な状況から生じ、紋章との関連でいわば不滅のものとなった意味深い語句である。関の声は、本来旗騎士、あるいは一般に軍司令官が合言葉として発した言葉であり、戦場で敵味方を区別する合言葉となり、また戦闘中の激励、位置の確認、戦闘後の集合などにも役立った。合言葉が敵に知られれば、混乱が生じたり、敵の待ち伏せをくらったりする可能性もあった。この種の標語で有名なものに「ローマ、ローマ」や「キリスト、キリスト」がある。これは一二七八年にハプスブルク家のルドルフ一世が、ボヘミア王プシェミスル・オタカル二世との戦いの前にデュルンクルト市近郊で発した言

◉—039*
ヘンリー8世の紋章
19世紀の紋章鑑より
(Thomas Willement, *Regal Heraldary*, 1821)

葉であり、対するボヘミア王は自軍に「プラハ、プラハ」と言うよう命じた。その場限りで考案されたこれらの合言葉は短い単語の繰り返しに過ぎないため、紋章に書かれるには至らなかった。その一方、もともと似たような鬨の声だったにもかかわらず、獅子心王リチャードの「神と我が権利(Dieu et mon droit)」[▼図39]、フランス王の「我が喜び聖ドニ(Mont-joie Saint Denis)」はやがて首尾よく紋章図像に定着するに至った。こうした標語も楯の下——ごく稀に楯の上や周囲——に置かれた巻物に記されて、紋章の意匠に受け入れられた。しかし同じくデュルンクルトの戦いで歌われたと伝えられる戦歌は標語としては考慮されない。ハプスブルク家の軍隊が「聖マリアよ、母にして処女よ、我らが苦難を御身に嘆き奉る」と歌えば、それに対してボヘミアの精鋭部隊(オタカル二世の軍にはブランデンブルク、ザクセン、マイセンの軍もいた)は「主よ、我らを憐みたまえ」で答えた。こうした歌は公共財産なので、個人を示す標号には使えなかったのだ。

◉—040
新旧オーストリアおよび
「ラント・オプ・デア・エンス(上オーストリア)」
の紋章
その上に皇帝フリードリヒ3世の標語
AEIOUが見える
1446年、帝室・宮廷・国家文書館(ウィーン)蔵

騎士団の大綬および頸章

中世後期に楯や兜と組み合わされたアクセサリーのカテゴリーには、大綬および頸章も含まれた。それらは領主が騎士の功績を讃えて（後代には政治的な理由もあって）自分が創設した、あるいは引き継いだ世俗騎士団に受け入れる際に授与するものである。大部分の領主はそうすることで自領の、時には自領外の指導的立場にある影響力の大きな貴族との結びつきをより深め、特別な義務を負わせようとした。

こうした有資格の騎士団を創設するきっかけは、たいていの場合、尋常でない出来事（たとえばエドワード三世が婦人の落した靴下留《ガーター》を拾い上げた事件であり、ガーター騎士団の標語「Honnit soit qui mal y pense（思い邪なる者に禍あれ）」はこれに由来する）、あるいは特定の目的で（たとえば異教徒やイスラム教徒との戦い）闘争能力に優れたメンバーを集合させる決意だった。

そうした組織のメンバーとなることにどれほどの意義があったかは、たとえば以下の例でよく分かる。アラゴン王フェルナンド二世（在位一四七九―一五一六）はカスティーリャ王位継承者イサベルの夫になった当初、カスティーリャの貴族階級と対立関係にあった。王が首尾よくスペインの三大騎士修道会（カラトラバ騎士団、アルカンタラ騎士団、サンティアゴ騎士団）の団長に納まってはじめて、国内の代表的な貴族はアラゴン

◉—041*
コンラート・グリューネンベルクの紋章
楯の（向かって）右上に「聖ゲオルギウス騎士団」、左上に「水差しとグリフィン騎士団」の頸章
コンラート・グリューネンベルク『紋章鑑』、1483年

王に忠誠心を抱いたのである。

中世の有名な世俗騎士団は、イングランドのガーター騎士団（一三四九年設立）、アラゴンの水差しとグリフィン騎士団（一四一〇年設立）【▼図41】、ハンガリー王ジギスムントの竜騎士団（一四一八年設立）、ブルゴーニュ公の金羊毛騎士団（一四三〇年設立、一四七七年以降はハプスブルク家が継承）、フランスの聖ミカエル騎士団（一四六〇年設立）、デンマークの象騎士団（一四六四年設立）などがある。この種の騎士団設立は王侯貴族に始まり、やがて流行となって比較的身分の低い貴族も設立熱に駆られた。本来は政治的、軍事的な動機があったのだが、騎士団はやがて中世末期特有の社会現象に転じる。騎士団の衣裳、騎士団の戒律、華やかな集会、入団の儀式、埋葬式は連帯感を生み出し、個人的なアイデンティティの少なからぬ部分を占めた。それゆえにこうしたエリート集団のメンバーであることを示す外的な記号、すなわち頸章が、重要な構成要素でないとはいえ、紋章に組み込まれるに至ったのだ。

三大騎士修道会（聖ヨハネ騎士団、テンプル騎士団、ドイツ騎士団）の標号である十字については、当初楯の中の楯《インエスカッシャン》として紋章楯に描くか、楯表面の一区画を割り当てていたが、最終的には小さな楯をメインの紋章楯の左上に置き鎖でつなぐようになった。世俗騎士団の鎖はこれとは違った。当初は（とはいえ稀だったが）首飾りとして縦格子兜《シュパンゲンヘルム》の頸部に巻いたが、その後近世に至るまで楯を囲むように置いた。複数の騎士団に所属していることを紋章で示したい場合は、楯の周

●――042* 世俗騎士団の頸章
（左より：竜騎士団、ガーター騎士団、象騎士団、金羊毛騎士団）

囲に平行に配置し、その際にもっとも重要な、あるいは名誉ある騎士団は一番下に置いた。

アクセサリーには含まれないが、女性が時に自分の楯を囲む綱を「愛の綱《リーベスザイル》」と呼ぶ。これは既婚婦人および寡婦にのみ許され、紋章学でも認められている。綱は奇妙に縺れており、多数の紋章学者の見解によれば、これはフランシスコ会修道士が腰に巻く荒縄を真似たことを暗示しているらしい。しかしその説よりも、これは紋章を所有する女性の愛情表現であり、曲がりくねった綱という特殊な装飾がそれにぴったりだったとする説のほうが本当らしく思える。結局は特殊な種類の副紋章であり、通人にしか理解できないものだった。既婚女性にしか許されなかった「愛の結び目《ラック・ダムール》」も後者の説を裏付ける。これらは紋章学において個人的な感情が象徴で再現された唯一の例だが、やはり紋章学の規則体系に従い、同時に楯の所有者である女性の法的および社会的立場を示した。

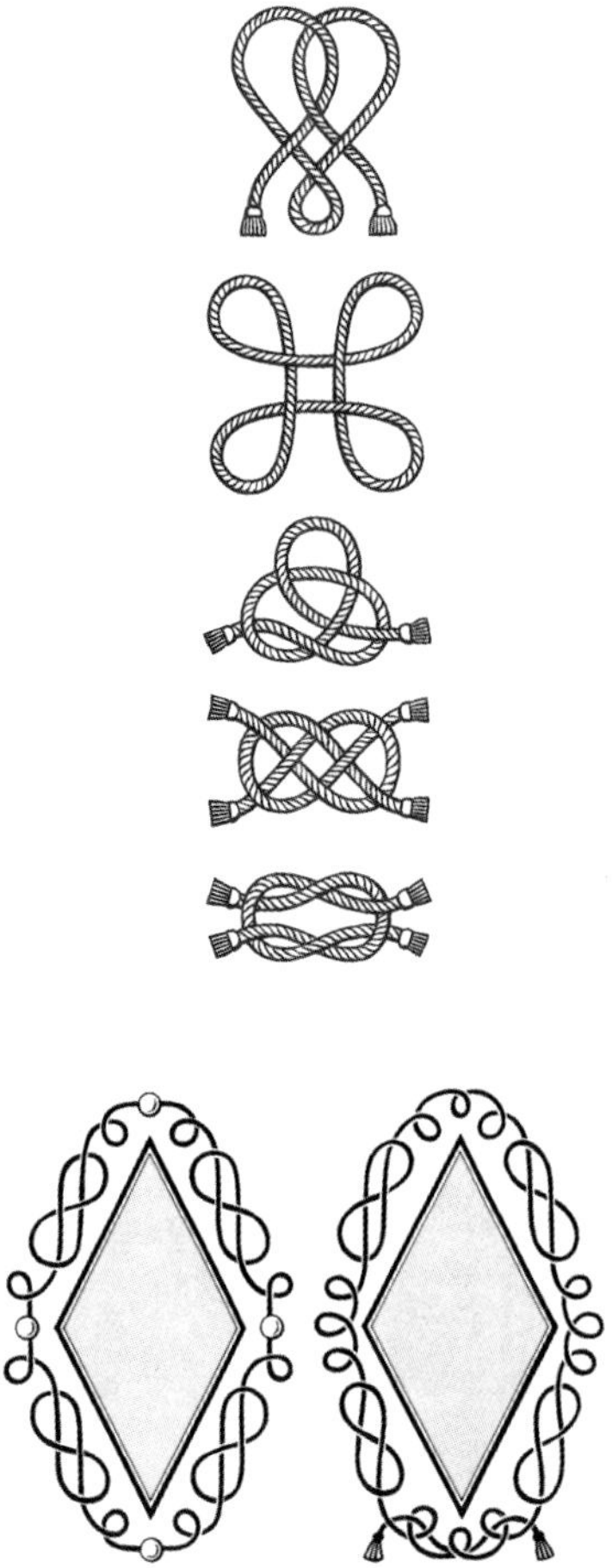

●── 043*
各種の「愛の結び目」（上5種）と、
楯を囲む「愛の綱」（下2種）

◉—044
教皇ユリウス2世（在位1503-1513年、俗名ジュリアーノ・デッラ・ローヴェレ）の紋章
楯の背後に位階章として「聖ペトロの鍵」を掲げている
ブルゴ・デ・オスマの教会（カスティーリャ）、外壁レリーフ、1551年

位階章

位階章は一五世紀以降、紋章楯に組み入れられるようになった。教皇はいわゆる聖ペトロの鍵を自分個人の楯の背後に、司教や司教冠をかぶる資格のある高位聖職者は司教杖の背後に掲げた。選帝侯たちは、宮内官職を象徴する品を楯の外に置くのが当初慣例になっていた。たとえば、大膳頭であるライン宮中伯は帝国宝珠、侍従長であるブランデンブルク辺境伯は笏、式部長であるザクセン公は剣（あるいは十字に組み合わせた剣）、献酌侍従長であるボヘミア王は盃だった［▼図46］。『マネッセ写本（大ハイデルベルク歌謡写本）』（一三〇〇年以降）では、玉座のヴェンツェル二世が従者の捧げる盃に手を伸ばす様子が描かれている［▼図116］。とはいえ紋章楯との関係はまだなかったのだが、ようやく近世になって、こうした位階章は——新たな選帝侯により数が増えた——楯のフィールド内に、あるいは楯の中の楯《インエスカッシャン》として取り入られるようになった。

楯持ち

すでに中世に数例が散見されながら、近世紋章学の現象と呼べるもうひとつの要素が楯持ち《シルトハルター》［サポーター］である。騎馬槍試合の際に騎士が戦闘準備を整える間に、騎士を手伝い兜や楯を掲げた従者あるいは近習に由来するとの説は証明できない。おそらく楯持ちの表象は、墓碑や教会の壁面で死者の紋章楯を両手に持つ天使たちに由来するのだろう。あるいは楯の見栄えをさらに良くする追加の美的要素という可能性もある。最古の有名な例はジル・ド・トラズニーの印章図（一一

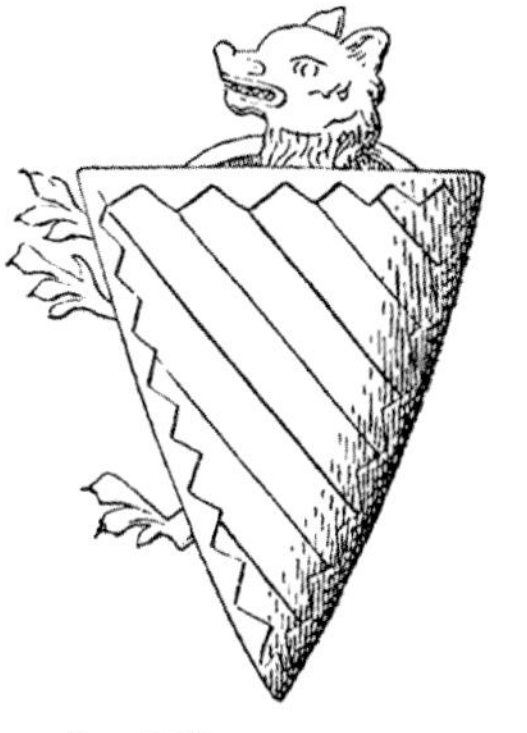

◉—— 045*
「楯持ち」の熊
ジル・ド・トラズニーの印章図

中下段には、同身分の諸侯が四家一組で示されている（Quartenion）――趣向を凝らした「楯持ち」たちにも注目
中段；左より、四辺境伯、四公（壇上）、四城伯、四方伯／下段；左より、四自由騎士、四騎士、四伯

◉── 046* 「神聖ローマ皇帝並びに帝国諸侯の図」 ハルトマン・シェーデル『世界年代記』、ニュルンベルク、1493年
上段：（中央の皇帝の両脇に）七選帝侯（左よりトリーア大司教、ケルン大司教、マインツ大司教、ボヘミア王、ライン宮中伯、ザクセン公、ブランデンブルク辺境伯──ただし位階章は本文89頁の記述とはやや異なっている）

九五年）であり、楯を背後から掲げる熊が描かれている。

一三世紀にそうした印章図が増えていく。当時はたいてい楯を背後から掲げ、しばしば両手にひとつずつ紋章を持つこともあった。印章以外で楯持ちが見られるようになったのは中世末期である。それらは本来の楯の添え物だったので規制するルールはなく、紋章所有者は楯を掲げる図形をいくらでも変えることができた。楯の片側、あるいは両側にただ置かれていたのが、すでに一五世紀には圧倒的多数の例が楯に触れるようになった。

中世には紋章風に様式化された人間や動物の楯持ちが見られる［▼図46］。人間の例では甲冑に身を固めた男性、あるいは野人（すなわち布や花輪を腰に巻いた裸体）の男性、同じ姿の女性、他にも人魚、傭兵、天使などがあり、天使は一五世紀になるとしばしば宙に浮かぶ姿で描かれた。動物ではライオン、熊、犬、雄牛、馬、鹿、あるいは竜、グリフィン、一角獣などの怪物が特に好まれた。ルネサンス期まで動物の楯持ちは紋章風のデザインを見せる。小型の鳥はほとんど用を為さなかった。小さな鉤爪や水かきの付いた足では楯持ちの役目を果たせないからである。たとえば鷲もまた、頭部と胴体を様式化された姿では楯持ちに求められる横から見た姿勢を取ることが不可能だった。楯持ちを任意に決定・変更できたので、楯の左右に同じ人物像を二体置いても、別の動物を置いても、それは重要ではなかった。ルネサンス期には紋章風の様式化がすべて駆逐されて自然に近いデザインが求められた。その卓越した、とはいえ孤立した例がマルゾッコである。フィレンツェ市の紋章を前足で持つ写実的なライオンの坐像は、最初の作が一四一六年にドナテッロにより

◉— 047*
「楯持ち」のライオン
ジャン・ダクセルの印章、フランドル、1226年

作られた。
　人間像はたいてい片手のみで楯を摑まねばならず、もう一方の手は軍旗《バナー》か武器を掲げていた。動物は前足で楯を摑むか、伸ばした前足の蹄で楯を押さえた。本来楯持ちと紋章はまったく無関係だったが、紋章複合体に組み入れることになった際に楯の彩色を用いるようになり、あるいは兜飾りの上半身像を全身像にして楯持ちとして取り入れることもあった。

◉―048
フィレンツェの大理石ライオン像（マルゾッコ）
紋章的ではない写実的な姿で、市の紋章である「細密な（つまり実物に近い）百合」を前足で掲げている
ドナテッロ作、1416年

◉— 049*
エリザベス2世の「大紋章」
兜飾り、王冠、マント、バッジ、モットー、（ガーター騎士団の）大綬、サポーターなど、本章で紹介されている主なアクセサリーが一通り配されている

第Ⅲ章

楯意匠と兜飾り

——紋章の主要モチーフをめぐって

1 楯を飾る——分割・抽象図形・具象図形

武装した人物の素性を表す唯一無二の新しいシンボルとして紋章学で主要な要素となるのが、楯に描かれる意匠であり、兜に取り付けられる飾りである。こうした意味で楯に置かれた図像は兜飾りより古い。兜飾りにも楯の意匠およびその前形態以前に遡る起原があるにしても、紋章学においてはおよそ二世代遅れており、その発端が確認できるのはようやく一二世紀最後の数年間になってからである。

楯表面の分割

楯には具体的な事物をかたどった図像（具象図形）や抽象的で幾何学的な模様を描き、あるいは簡単な分割線で表面を区切り様々な彩色を施した。後者は色彩の組合せのみで効果を出すとりわけ簡易に作られた紋章であり、その単純さにもかかわらず、紋章学的な意味では決して楯に施された最古の彩色ではないと想定されている。楯の彩色には、板を繋いだ楯を麻布や羊皮紙で覆うことが前提だからだろう。そうしてはじめて楯の表面を規則的に分割する線が引けるようになる。この分割線はフランスの専門用語では「分割図形（partitions）」と呼び、ドイツ語では幾何学的な模様とひとまとめにして「抽象図形（Heroldstücke）」と呼ぶ。

楯の表面を簡単に分割するだけでも、はるかに豊かな表現ができるようになり、その結果二色のみの彩色から解放された。確かに各区画の彩色は紋章学の色彩規則に従うのだが、全体として見れば楯表面はま

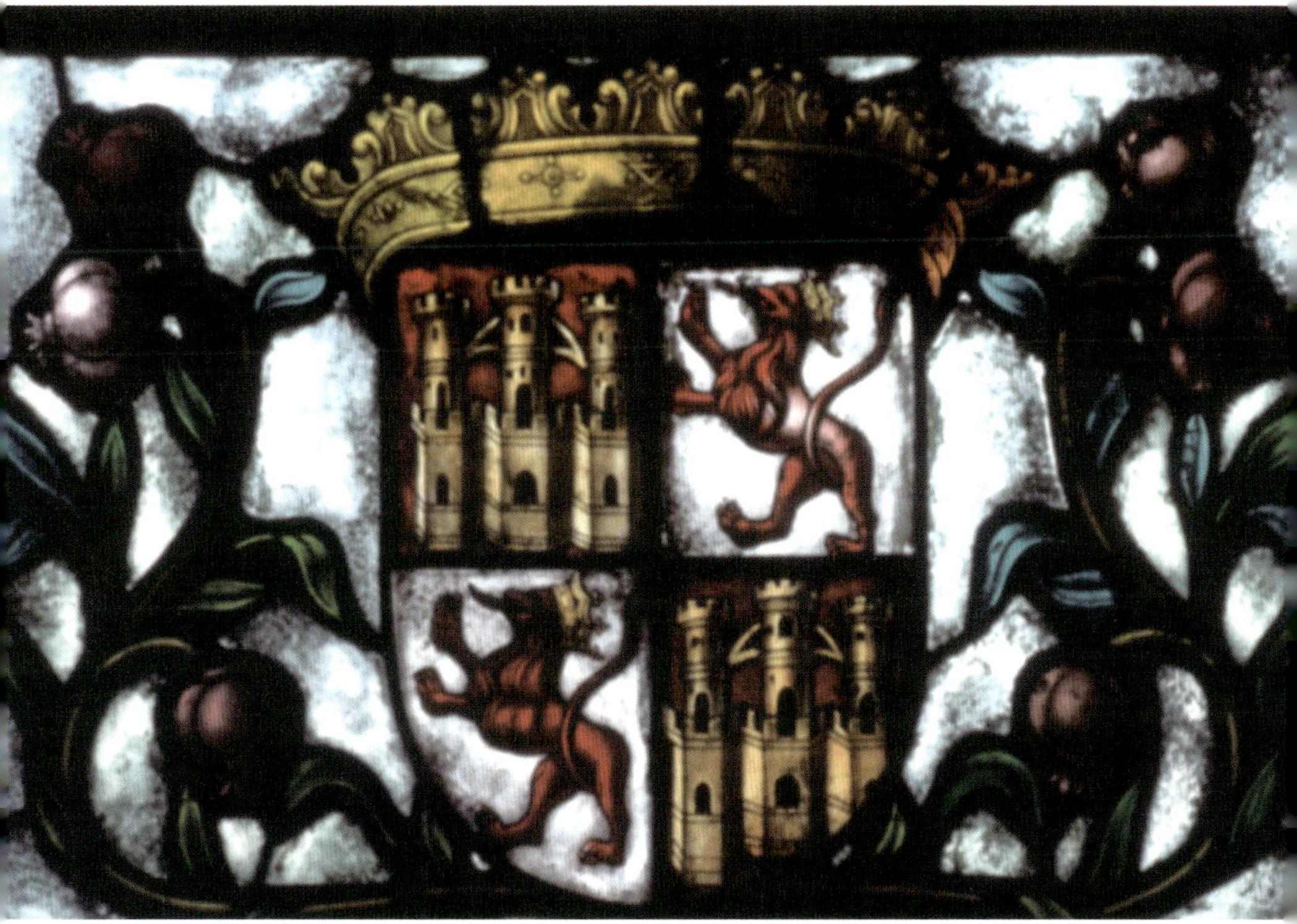

◉—050
カスティーリャ＝レオン王国の紋章
十字四分割された楯のおそらく（今日まで伝わる）最古の実例で、
第1・第4区画と第2・第3区画に同じ紋章が描かれている
ステンドグラス、12世紀、セゴビアのアルカサル城さに色とりどりとなった。(図像を使わずに)Y字図形《ダイクセル》あるいは逆Y字図形《ゲーベル》に分割するだけでも区画が三つとなり、それぞれに様々な色を塗れた。しかし三分割は中世では長い間使われず、楯表面の十字四分割のほうがイングランドでは多分一二〇〇年頃に、スペインではことによるとそれより早く導入された。第一と第四区画(向かって左上と右下)および第二と第三区画(同じく右上と左下)にそれぞれ同じ図柄を描く方式が生まれたのはスペインらしく、その有名な例がカスティーリャ＝レオン王国の紋章に見られる[▼図50]。十字四分割の場合は異なる彩色を施された区画を相並べることで実質的に分割されているのであり、幾何学的な図形による分割ではないので、紋章記述の際にドイツ語では名詞「四分割(Vierung)」ではなく形容詞「四分割された(geviert)」を用いる。* 楯の内部を様々なサイズに区切った(たいていは方形の)スペースは後に独自の名称が付けられるが(左上部四分の一がフライフィアテル[英語ではクォーター]、左右上部約九分の一がオーバーエック[カントン]、中央上部約九分の一がオルト)、中世にはおそらくイングランドを例外としてむしろ散発的にしか登場しない。楯表面を小スペースに分割すれば、(想定上の)分割線の軸、およびそこから生じる幾何学図形に従って形容詞の名称(チェック模様の、菱形チェック模様の、縦長菱形斜めチェック模様の、など)が付いた様々な意匠が生じるに至る。こうした魅力的な楯面はすでに中世にも見られ、おそらくその中には前紋章時代に遡るものもあ

＊右二者が「逆Y字」「Y字」という「図形」(99頁参照)による楯表面の三分割、と解されるのに対し、左図の場合は「十字」という図形による分割ではなく、四つの区画を均等に並べた結果と解され、その配置により「四分割された」と形容詞(分詞)的に表現される、ということであろう。

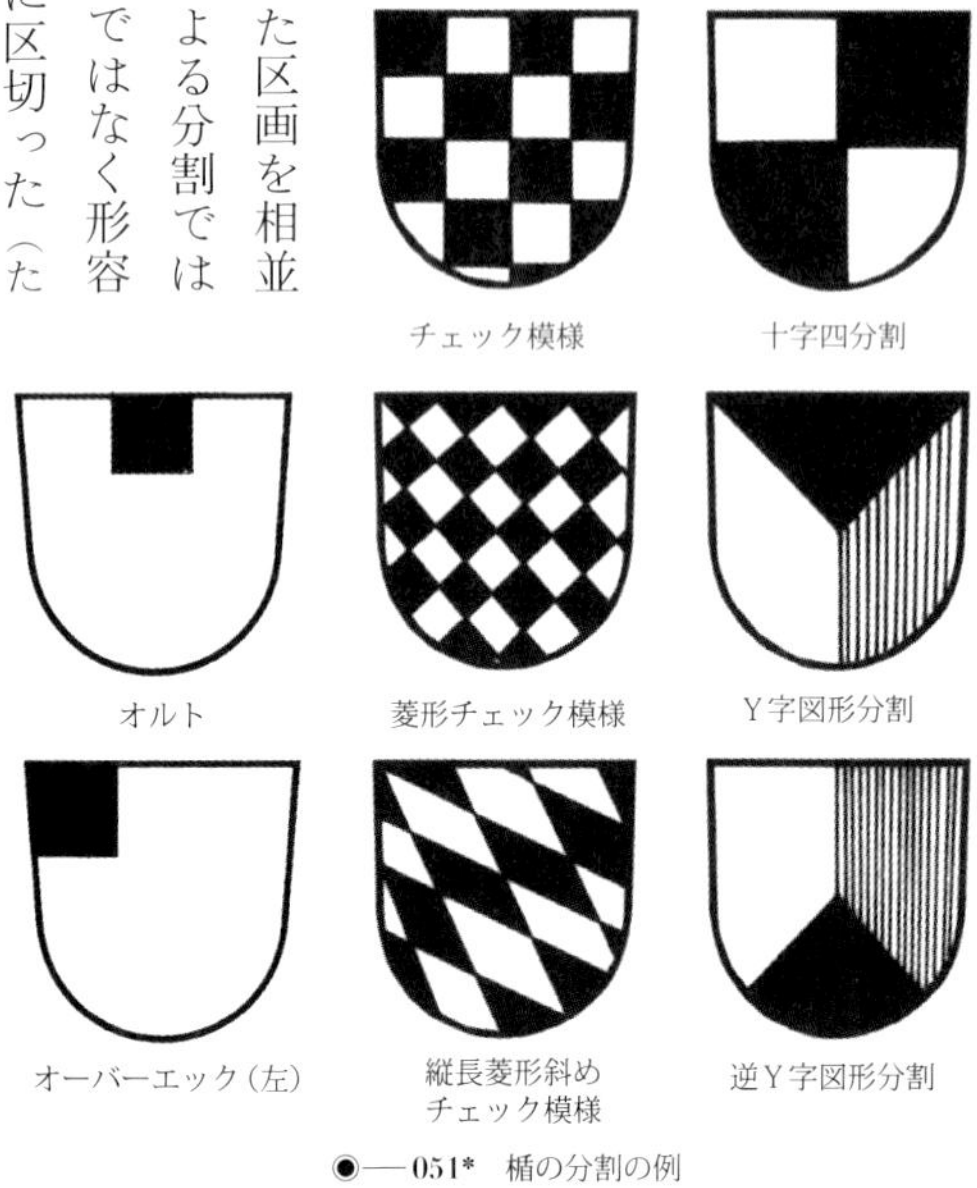

◉—051* 楯の分割の例

るだろう。楯の表面を単純に直線で二分割した場合やそうして生じた幾何学図形の場合はその限りではないが、それでもその種のデザインが楯に描く図像にも応用された可能性はある。

抽象図形

縦帯《プファール》［ペイル］、横帯《バルケン》［フェス］、それらより幅の細い細縦帯《シュタップ》［パレット］、極細横帯《ファーデン》［バーリュレット］などの幾何学図形はもっとも簡単な基本的楯意匠である。注目すべきは、縦帯《プファール》や横帯《バルケン》が様々な描かれ方をして、サイズとしてはむしろ細縦帯《シュタップ》や極細横帯《ファーデン》である場合も、ほとんど常に縦帯《プファール》、横帯《バルケン》と呼ばれる点である。楯の上縁と平行に（そして上縁に接して）わたる横帯は上帯《シルトハウプト》［チーフ］と呼ばれ、下縁（または先端）を「満たす部分」は下帯《シルトフース》［ベース］と呼ばれる。これらすべてに加えて、山形帯《シュパレン》［シェヴラン］、逆Y字図形《ゲーベル》［ポール・リヴァースト］、Y字図形《ダイクセル》［ポール］、楔形図形《カイル》［パイル］、三角図形《シュピッツェ》［パイル・リヴァースト］、ならびに放射八分割した楯の左上の小三角図形《シュテンダー》［ジャイロン］、（楯の三分の一幅の）側部《フランケ》［フランク］、縁帯《ボルト》［ボーデュア］などはフランス語で pièces（幾何学図形《ピエス》）と呼ばれる。その原形は、楯表面に規則的な配列で鋲留して作

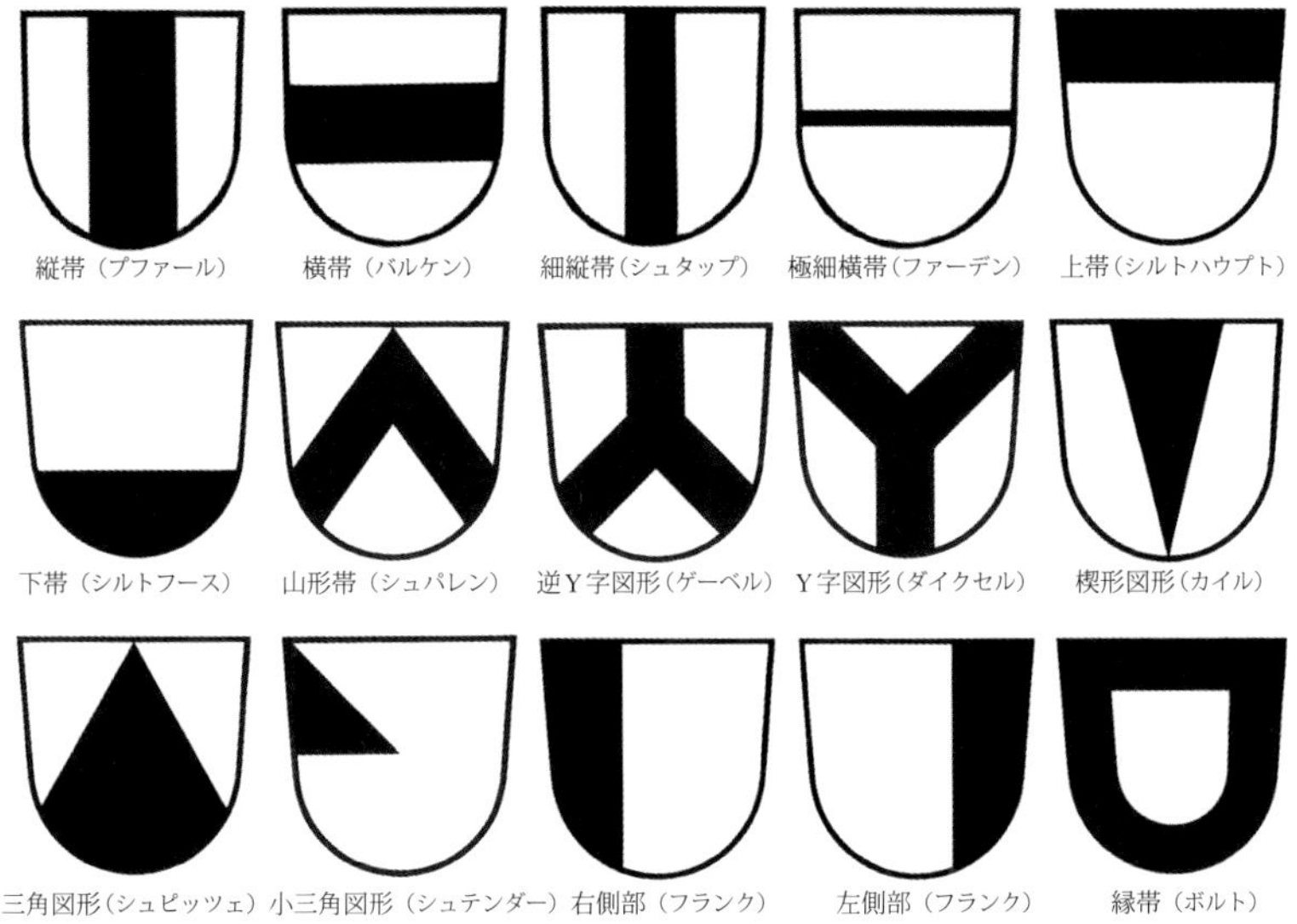

◉—052* 抽象図形の例

った抽象的な図形だったと推測される。それらが古来存在した装飾への需要から生じた成果であることは疑いなく、より固い素材を使うことで防御力を高めるという考えと結び付いていた。それを無規則に楯に取り付けたのである。当初は固定した図柄だったが、紋章図形になると必ずしも原形のままではなかった。斜めや楯の左側に配置することもあり、もっとも今日ならそれを「紋章記述で述べ」ねばならないが、そうしたことは中世にはほとんど行われなかった。楯表面に異例な配置がされていても、その詳細な陳述は中世の紋章記述ではほとんど配慮されない。たとえば抽象図形のサイズ比が異常でもそれは同じだった。すなわち中世には説明を付加する役割の形容詞がないのである。一二世紀がそうであり、一三世紀もほとんど変わらなかったが、一四世紀後半から一五、一六世紀になると、そうした点でより詳細な紋章記述がなされるようになった。だがそれらを今日の紋章学で理解できるように翻訳するのは容易でないことが多い。そこで使われている状態や方向を示す用語が、現代のドイツ語ではほとんど使われない言葉、あるいはそもそも死語になった言葉だからである。すなわち幾何学図形《ピエス》には基本的に前紋章時代的な性質があるが、それらを正確かつ明瞭に命名する形式があったおかげで抽象図形となり、やがては紋章になれたのだ。素材の単純な強化から生まれた幾何学図形《ピエス》の形状を初期の楯デザインの要素と見なし、それと同時に紋章官たちがこれら恣意的に取り付けられた補強パーツの形態に秩序ある体系をもたらし、他と間違えようのない名称を与えたことを認めれば、幾何学図形《ピエス》の誕生と、それが紋章図形として定着する過程の真実に迫ることになるだろう。

　一三世紀中頃から一四世紀最初の四半世紀頃に至るアングロ・ノルマン人の紋章楯目録全体に目を通すと、楯表面に描かれた意匠のほとんどが幾何学的表現に含まれると断定せざるをえない。縦帯、横帯、細横帯、菱形が極めて頻繁に登場し、それは基本形式に留まらず様々な仕様と組合せで使用されている。これらの幾何学図形《ピエス》が前紋章時代のノルマン人の伝統に従っていることを考えれば、それは驚くに値しない。アングロ・サクソン人についてはそうしたモチーフは伝わっていない。それに対してノルマン人たちの間にはライオンとメルレッテ（143頁参照）を除けば動物の例は少なく、道具類は実に稀である。そこで紋章学の見地からはとりあえずネーデルラントにも影響を及ぼすアングロ・ノルマン人の文化圏を抽象図形が優勢な地域と呼ぶことができる。

◉──053　ザクセン公の紋章
黒と金で10分割され、そのうえに葉で飾られた緑の斜め帯がかかっている（アーチ形にたわんだ緑色の花輪があしらわれることもある）
選帝侯レリーフ群、砂岩レリーフ、マインツ、1330年

具象図形

あらゆる種類の具象的なモチーフは「具象図形」（Gemeine Figuren）と呼ばれる。幾何学的な図形はその数ではなく形状を通じて一家のアイデンティティや系譜上の関連を明瞭に示すことができるが、意図的な象徴表現についてはほとんど何も語らない。それに対してある種の具象図形は、様々な文化史現象、精神史現象を遡って推理することができる。今日、とりわけ紋章学が世界規模で広がって以来、具象図形のレパートリーはほぼ無尽蔵になったのに比べると、中世にはまだはるかにつつましいストックしかなかった。

これまでに見てきた通り、前紋章時代に具象図形は兜、武器、棒（それに固定される平らな素材次第で軍団旗、旗印、旗などと呼ばれる）に描かれた。それは個人あるいは集団のアイデンティティを表すシンボルであり、人間の自己像と密接に関わり、その自己像もまた神話的、宗教的な概念や依存関係に基づいていた。予示されていた社会の変容が実際に起こり、一族の連帯がはっきりした輪郭を取るようになり、出自が明確になり始めると、外と内に向けてアイデンティティを明瞭にする標号が必要とされた。誰にでも確認し同定できる人物、動物、植物、自然現象、さらに人間が造った品々のほうが抽象的な図形よりも効果的に、当該する標号を担う所有者が望む連想を抱かせることができたからである。

多くの家門が、古の時代から伝承されてきたシンボルを自覚し、アイデンティティをもたらす新しい標号として受け入れた。そうした標号が忘れ去られた場合、何の重要性もない場合、あるいは中世初期の縺れ過ぎた系譜で大勢の競争相手がいる場合は、家門、所有地、職能のために新たなシンボルを選ぶ必要があった。そしてそれは騎士階級の世界、もっと正確に言えば、十字軍、宮廷文学、キリスト教的＝戦士的美徳に規定される騎士階級の世界観から選ばれた。または評価の高い生物——ほとんどはある特定の動物——、あるいは貴族特有の品——ほとんどは武具——を連想させる家門名を同じ方法で使用した。たいていはようやく中世末期になってから、紋章の意匠を鮮明かつ理解しやすくするために、家門に伝わる出来事に由来した紋章を選ぶようになる。そうした紋章にまつわる伝説は当該家門の栄誉と評判を高め、自尊心を強めることになり、それこそが貴族間の闘争において大きな意義を有した。

詳細まで理解した新たなアイデンティティを示す、意図的に探し求めた、あるいは意図せずに受け継いだこれらの図形をベースにして、一二世紀前半には紋章の世界が次第に明確な形を取り始める。もっとも、はっきりした輪郭や不可侵の規則が同時に生まれたわけでもなく、受け継がれた表象が即座に失われることもなかった。そしてまたこの変化がヨーロッパ各地で同時に進行したわけでもなかったのだ。

2 紋章に描かれた人間

図案化された人間は紋章においてことさら重要な役割を演じるわけではない。紋章所有者の価値について表現できることはほとんどなく、識別に役立つのみだった。防具や武具で身を固めて登場するにしても、特別な模範的特性が人物像で具象化されることはほとんどなかった。人間が楯に現われる場合はたいていが全体像である。しかし貴族の紋章にそうした図像はほぼ見られない。時に立ち姿や歩き姿の人物像が描かれるとすれば、ようやく中世末期になって誕生した都市、修道院、司教座の紋章だった。衣装や識別を容易にする特定の品で特徴付けられ、たとえば都市や修道院の守護聖人、聖人本人などは持たされた象徴《アトリビュ》物《ート》ですぐさま判別できた。こうした人物像の背後にあるのは、脈々と存在する系譜上のアイデンティティや宮廷＝騎士風に変容して現われた伝統的なアイデンティティではなく、個人の自己像には限定的にしか役立たない集団的シンボルであり、それが必要とするのは紋章学的な解釈ではなく、むしろ図像学的解釈、あるいはキリスト教による寓意的解釈だった。

手・腕・脚など

実践的な紋章学で人物の全体像より頻繁に見られるのが、個々の部位である。頭部、胸部、腕と手、脚部と足が、時には動物的な要素と奇妙に組み合わされて登場する。色は淡紅色が主流で、稀に銀色があり、黒色もよくある。これは肌の目に見える部分の話であり、個々のケースでは髭、肌、目、毛髪がおしなべて黒色だが、もっともその場合は図像があまり目立たずに識別度が著しく低下してしまう。頭部像そのものが楯に見られるのは実に稀だが。それに対して服を着た腕と、人差し指と中指を揃って立てた手はよく見られる。いわゆる「誓いの手」なのだが、無理もないことながら、そのポーズから祝福の身ぶりとも誤解されがちである。それに対して、下向きにひろげた手、また頻繁に見られるものでは楯の中央に置かれて人差し指と中指を水平に伸ばした手が「祝福の手」であり、これは単に「誓いの手」の紋章学的な対照物として意図的に命名されたのかもしれない。すなわち祝福の自然な手振りというものは存在しないが、雲の間から現われ、あるいは後光に包まれていわば祝福を与える「神の手」で代用したというわけである。

婦人の腕　祝福の手　誓いの手

◉—054*　手の紋章3種

腕部がない「誓いの手」だけでも意匠としては有効である。それより頻繁に見られるのが、剣や戦斧、長槍、鉄棍などの武器を手に握り、肘を曲げた（多くは鎧われた）腕である。「婦人の腕」は人気の紋章図像で、宮廷風のゆったりした袖から伸びた華奢な腕が輪や花輪、王冠を摑んでいる。親指と人差し指で指輪や花を抓んでいれば、図像の印象はさらに優美になる。アングロ・ノルマン人の紋章ではゆったりした袖を極度に様式化したので、手を省略すると装飾品、あるいは作為的にデザインしたアルファベットにしか見えない。そうした紋章意匠は一見して見分けにくいが、異例の処置というわけではない。なぜなら、紋章学の様式は（根本的にとりわけ動物の前足の場合）装飾的になる傾向があるからだ。とはいうものの、手と組み合わせていない袖はまずそれと分かり難いので、様式化されるとますます謎めいて見える。脚部は通常鎧われているが、それに続く足部はその限りではない。すでに古典古代期に広く知られシンボルと解

◉──055
架空紋章〔第VI章参照〕2種
どちらも縦に二分割して組み合わせた紋章であり、向かって左側には半身の黒鷲が描かれている
楯の向かって右側には、左の紋章では鎧われた腕が下向きの剣を握り、右の紋章では剣をまっすぐ上に向けている
コンラート・グリューネンベルク『紋章鑑』、1483年、バイエルン州立図書館蔵（Cgm.145）

釈された三脚巴《トリスケル》（あるいはトリケトラ）がこれを取り込んで独自の紋章図形となった。むき出しの、あるいは拍車付の鉄靴を履いて鎧われた三本の脚が等間隔で腰に繋がっているように見える図形である。一本の足が常に立った（＝垂直な）位置にあるので、この図形はなにものによっても決して地に投げ倒されることがない能力を象徴している。

●—056* 三脚巴（トリスケル／トリケトラ）

頭部像と胸像

頭部像と胸像（胴体）はしばしば兜飾りに用いられ、胸像は兜覆いの上部を纏うことが多い。こうした表現（本来は立体物）には美学的な理由もあるだろう。伝統的に兜飾りは攻撃的な外見で敵を脅かす像なので、往々にして限度を越えて醜悪な姿に、さらにエスカレートして馬鹿げた姿になることもあった。そうした図像は家門の伝統とも、その伝統を宮廷風に順応させることとも無関係であり、アイデンティティを賦与するわけでもないのだから、それを一家門が末代まで楯に残そうと望んだなどありそうにない。本来兜飾りとは、たとえば騎馬槍試合など短期間使用する目的で選んだ識別記号である。破棄しても、交換しても、時々の好みに応じて修正してもよかった。少なくとも兜飾りの初期、すなわち実際には一三世紀初頭がそうだったのだが、後にドイツでは世襲となり、フランスでは廃れ始めた。

注目すべきことに、兜飾りとしての頭部と胸像は——胸像には胴体の一部も含まれ、その名称の正確な線引きは実際にはできない——根本的にはほんの僅かな基本型に還元されるように思える。

群を抜いて頻繁に登場するのが、髭を生やした長髪の老人の頭部（胸像）である。稀に髭や毛髪に結び

目があり、二色の場合もある。その男性はしばしば狩猟帽、とんがり帽子をかぶり、時には帽子の上に球が載ったり、あるいは帽子が巻貝のように湾曲したり、また巨大な羽根が付くこともある。人気が高かったのがいわゆる二角帽で、先の尖った背高帽に羽根や花束などの飾り、あるいは違う色の折り返しなどが付いていた。平たい（枢機卿の）帽子は比較的珍しく、ユダヤ帽はよく見られる。それ以外のかぶり物は、ベレー帽、花冠、（薔薇の）シャペル（頭飾り）、あるいは簡素な鉢巻であり、またたなびくリボン付の綺麗な鉢巻《トルティヨン》のこともよくある。奇妙なヴァリエーションが、花の愕や炎から生えた、片腕を高く掲げた胸像である。グロテスクな例では動物の耳や角が人間の頭から突き出ている。髭を生やした二人の男性の頭部が輪をはめた長すぎる首の上に乗っている図はとりわけ不快感を抱かせる。髭の老人のヴァリエーションには、長髪とは限らないが髭の生えた王様の図がある。

◉—057
（上）テューリンゲン方伯の紋章
兜飾りは、つばの曲がったとんがり帽子をかぶった、髪の長い男性の胸像
（下）ロイヒテンブルク方伯の紋章
兜飾りは、折り返しのある帽子をかぶり、辮髪と髭のある男性の胸像
コンラート・グリューネンベルク『紋章鑑』、1483年

乙女

別のタイプとして乙女の頭部像あるいは胸像があり、束ねられていない毛髪が特徴である。とんがり帽子をかぶった例もあるが、これは典型的とはいえず、薔薇のシャペル（頭飾り）のほうが乙女にはふさわしい。こちらにもグロテスクなデザインがあり、頭に角やロバの耳が生えている。女性を表現したその他の兜飾りは主に女王を表現している。典型的なタイプは王冠を頂いた上品な服装の胸像だが、帽子をかぶった女王もいて、豪華な耳飾りが目を引く。ユニークな例ではとんがり帽子をかぶり孔雀の羽根で飾った長髪の女王がある。女王といえども醜悪化は免れず、腕の代わりに羽根や魚が生えた女王像もある。シュヴァーベン風シャンデリア女性像（Lüsterweibchen）は近世初期になってから兜飾りとして広まった。ムーア人女性はタイプとしては白人女性の肌を黒色にした変種に過ぎない。その頭部像・胸像が兜飾りになると辮髪や羽根飾り、薔薇のシャペルがつき、珍しい例では金髪や白髪のカツラをかぶり、グロテスクな例ではロバの耳が生えている。

ムーア人

ミュンヒェン＝フライジング司教区のムーア人の頭は、南ドイツ一帯ではオーストリアのケルンテン州や南チロルに至るまでよく知られている。かつてこの大司教区本部が所有していた土地の多くが現在に至るまでその紋章を掲げている。この場合のムーア人はおそらく聖マウリティウスを連想させるのだろう。彼はテーベ軍の指揮官だったが、部下の兵士たちが一人残らずキリスト教に帰依した廉で処刑されたのである。アフリカの黒人として表現された聖マウリティウスは聖人伝でおおいに人気を得た。防具・武具で

●── 058
ウルリヒ・フォン・リヒテンシュタイン
兜飾りはカールした長い金髪の、王冠をかぶった女性（ミンネ夫人）
赤い服を纏い、片手には赤い矢（strâl）を、もう一方の手には赤い炎が5本燃える松明を持っている
『マネッセ写本（大ハイデルベルク歌謡写本）』（1300-1330年）fol. 237r、
ハイデルベルク大学図書館蔵

身を固めた戦士にしてキリスト教殉教者という人物像は、騎士が模範とするに足る人物と思われたに違いない。それにもかかわらず、中世貴族の紋章にムーア人はほとんど見られない。

兜飾りとなると事情は異なる。ムーア人の頭部は頻繁に見られる像のひとつである。しかしローマの聖人への連想はほとんど意図されず、誰も連想などしなかったに違いない。この飾りが大人気の理由は説明できない。当時一般的に軽んじられ侮蔑の対象でさえあった黒人は、卓越した異教徒と考えられたのかもしれない。つまり恐怖を呼び起こす敵対的な要素としてだ。それに加えて悪魔はときにエチオピア人のような姿と見なされており、これこそ黒人蔑視の極致と言うべきものである。キリストに対置された悪のイメージとしてのムーア人は兜飾りには最適だったが、同じ観点からすると楯にはふさわしくなかったのだ。

（上）式部長パッペンハイムの紋章
兜飾りはクローバーの葉の王冠をかぶり白い服を着た黒人女性
コンラート・グリューネンベルク『紋章鑑』、1483年

（下）ミュンヒェン＝フライジング大司教ラインハルト・マルクス枢機卿の紋章（2010年）
楯を十字四分割し、第1区画と第4区画に
司教区の紋章である「王冠をかぶったムーア人の頭部」が描かれている

兜飾りではムーア人の頭には豊富な例がある。基本的に髭はなく、むくむくした髪で、縁あり帽や縁なし帽、薔薇のシャペル、リボン付の鉢巻《トルティヨン》をかぶったもの、鉢巻や首輪を締めたもの、さらにそれぞれに羽根飾りが付いたもの、アーミン模様で覆われた樽に上半身が付いたもの、二本の旗を持つもの。当然ながらグロテスクなデザインや合成デザインもあり、野牛や雄羊の角、そして意外ではないがロバの耳が生えた頭部もある。髭の生えた白人の老人にも同じくロバの耳を生やしてペアとし、帽子から伸びた首輪付の長い首の先に付けたデザインもある。まさにこの種の兜飾りはネーデルラント地方で好んで用いられたと思われる。だがそれらを見ていると、ムーア人の頭にヴァリエーションが多数ある理由は、当初は西洋の白人が対象だったデザインを、黒人に転用したに過ぎないのではないかとの疑念が湧いてくる。

他に述べておくべきは、中世には稀ではなかった修道士の胸像であり、この場合も楯との関連があり、洒落紋章〔266頁以下参照〕として考慮される。人間の全身像は普通兜飾りには使われないと思われがちだが、これも男女の例が複数ある。

●—060
パダン伯ギルツァール殿の紋章
中央の兜飾りは、野牛の角が生えたムーア人の胸像
コンラート・グリューネンベルク『紋章鑑』、1483年

3 紋章の動物たち

動物こそが紋章学において象徴する内容を最大限に利用された、もっとも有名な具象図形であることに疑念の余地はない。紋章学が世界中に広まった今日では、無数の四足獣、鳥類、爬虫類、両生類、さらに昆虫類さえも紋章に取り入れられるに至った。例を挙げれば、レソト王国のクロコダイル、スーダン共和国のヘビクイワシ、パプア・ニューギニア独立国の極楽鳥などである。

中世でも驚くほど多数の動物が紋章図像に引用されたにもかかわらず、紋章獣の数ははるかに少なかった。一二〇〇年頃を最初の境として、その数は極端に増加する。それ以前の楯には、後に怪物と呼ばれる生物を含めてもおよそ一五種類の動物しか例がない。その後、楯に描かれる動物の数が急激に増える。一二五〇年から一三二五年までの期間で先に述べたアングロ・ノルマン人の楯を例にとると、四足獣九種、

鳥類九種、魚類三種、正確な正体が不明の「鳥」と「魚」の類が二種である。むしろ抽象図形指向のヨーロッパ西部や北西部の諸国に比べてより多くの具象図形を楯に描く地方ではすでに一三世紀のうちに、はるかに多数の動物が紋章に登場した。そこには今日のスイス、オーストリアを含むドイツ圏、さらに上部イタリア、中部ヨーロッパ地域の東部、そしてバルト海沿岸が数えられる。

もっともこの点では最初に意義深い区別を設けておかねばならない。大部の紋章鑑（Armoriaux, Armorials）には、オリエントや異国の領主たちを中世の西洋世界の表象に受け入れるため、彼らに与えられた一連の架空紋章〔289頁以下参照〕が含まれている。そうした紋章には、普段は西洋貴族の紋章にほとんど使われない動物も援用した。いわゆる怪物の他に、楯には野兎、家兎、インコが見られ、それには異郷の君主たちの悪辣ぶりや残虐ぶりではなく、異質ぶりを強調する意図があった。そうした紋章獣は中世紋章学の現実を歪める恐れがあるので、ここでは埒外に置いておかねばならない。

中世末期には、兜や楯に登場する動物の数が著しく増加する。ゲルレの『紋章鑑』は一四世紀最後の四半世紀に成立し、冒頭の五〇折《フォリオ》で皇帝、帝国領主、さらにフランスの国王と貴族を対象にしている。同書では兜飾りとして二三種の動物が登場し、内訳は四足獣一二種、鳥類五種、魚類三種、そして怪物三種（竜、グリフィン、一角獣）である。それに対して楯には一七種の動物しか見られず、内訳は四足獣七種、鳥類三種、魚類四種、貝類一種、怪物二種（竜とグリフィン）となる。確かに増えてはいるが、まだまだ見通しが利く範囲だ。楯意匠向けの四足獣のレパートリーがささやかなのに変わりはない。

コンスタンツ市民にして騎士コンラート・グリューネンベルクの『紋章鑑』（一四八三年）を中世末期の重要な資料のひとつとして調べてみると、四六種の動物が数えられる。四足獣二二種、鳥類一四種、魚類四種、爬虫類二種、両生類一種、それに加えて蟹、蠍、蝙蝠と帆立貝がある。

◉── 061*
コンラート・グリューネンベルク『紋章鑑』（1483年）にみえる
動物をあしらった架空紋章
「三つ首の鷲」の鎮座する帝国の紋章の周囲にめぐらされたのは
ローマ建国期の伝説的な七王（前8–6世紀）の紋章楯としてイメージされたものという

郷土の動物界に棲むパワーアニマル

しかしこうした数も、中世の紋章学における動物の選択範囲の貧弱さと狭さを証明するものである。その理由は、貴族や騎士の生活とは直接関係のない動物に関する知識不足にもあるのかもしれない。彼らにとっては狩猟の世界と、彼らに依存する農民階級の世界しか基準になりえなかった。さらに聖書と、ことによるとキリスト教関係の書物群での寓意物語における動物への言及が加わるかもしれない。しかしそれだけでは紋章獣の不足は説明がつかない。すでに概略を示したように、多くの家門では昔ながらの動物の象徴が彼らのアイデンティティの中心あるいは出発点として役割を果たした。これがいわゆるパワーアニ

●—062
紋章風にデザインされたライオン（ライオン・ランパント）
シュタインガーデン修道院（バイエルン）旧在の砂岩レリーフ
ヴェルフ6世（1191年没）の棺型墓碑のものと思われる
バイエルン国立博物館蔵

マル（Kraftiere）なのだが、それらが古の神話に存在したことは一二世紀にはもはや理解されず、それゆえ失われてしまった。しかしその記憶は残り、動物たちは伝承された英雄譚や貴族の狩猟世界に含まれることになった。威厳があり、危険であり、力強く、魅惑的な獣である。郷土の動物界の代表でもあり、熊に狼、猪に鹿、オーロクスに蛇、鷲、白鳥、そして戦場の鳥と呼ばれる鴉である。高貴な家門の表象はこれらの動物を中心にめぐり、共感が抱かれるようになった。共感といっても今日的な意味での好意や愛着とは無関係で、むしろ一種の精神的帰属感だった。

この思考法や世界観は、十字軍に関連した新しい世界体験が侵入する以前に雲散霧消し始めた。その変遷の例、正確に言えば古い象徴に対する近代的な視点の例となるのがヴェルフ家である。同家の家門名は「若狗、若き狼」という表象から派生した。この語は、低地ドイツ語のWelp〔狐、犬、狼の仔〕という形で今日でも一般的な言葉として使われている。犬と狼は、人と獣の間に生じる太古の神話めいた共感を表す動物ではあるものの、紋章時代にはそのより近代的で広範囲に及ぶ――「国際的な」とも言える――象徴的意味では評判が芳しくなく、楯でもほんの僅かな価値しか認められなかった。恐怖を掻きたてる立派な動物といえばライオンであり、それに対して犬と狼は、様々な意味でネガティヴな評価しかされない不快な特徴を示す動物としか見なされなかった。立派に武装を整えた宮廷騎士と比較すれば、武装のみすぼらしい盗賊のように見えたのだ。貴族が若狗や若き狼とあっては、家門の名誉を貶め、競争相手の大貴族たちが侮辱的な言葉を吐く機会を提供することになっただろう。そこでヴェルフ家の人々は己を「若獅子」と解釈するようになり、楯にライオンを描くに留まらず、城砦の前にライオン像を据え、古くて新しい自己イメージの標号として印章や硬貨にライオンを刻んだのである。この魅惑的な異郷の動物、新奇ながらまったく知らないわけではない動物は、貴族という存在のあらゆる肯定的な特徴と象徴を比類なく具象化した。すべてがライオンに繋がり、その本質とそれが表現するものを誰もが理解したのである。

百獣の王たるライオン

すでに一二世紀中葉のフランスの印章には、その他多くの動物図に混じって不釣り合いなほど多数のライオンが見られる。したがってすでに紋章学の初期には、現存する紋章風のレリーフや彫刻、さらに書物の挿絵や文献で証明されるより多くのライオンが楯の意匠に使われていたと仮定してよいだろう。ライオンはたちまち大人気の紋章意匠になったのだ。ライオンは威信をもたらすが、また反対に、ライオンを掲げる者にもそれにふさわしい社会的地位が求められた。このことはまさにインフレと呼んでいいライオン紋章の増加と一致しないように思えるが、その種の楯意匠を使う貴族たちの従者や家人もまた同じようにライオンを――たいてい少し変形して――引き継いだと考えれば、理解しやすくなる。

ライオンについての見解は学術的著作からも支援を受けた。大貴族のために、その影響圏にある修道院出身の宮廷付き司祭や学者修道士が仲介して個々のケースについて明らかにしたのである。セビリャのイシドルス（六三六年没）は中世の西洋にとって基本的文献である大作『語源』にこう記した。ライオンの名称はギリシア語に由来し、「王」を意味する。なぜならライオンはあらゆる（四足）獣の王であるから（Leo autem Graece, Latine rex interpretatur, eo quod princeps sit omnium bestiarum）、と。この主張をドミニコ会の学者修道士ヴァンサン・ド・ボーヴェ（一二六四年没）はほぼそのまま引き継ぎ、その際にこの古代の自然誌に旧約聖書の表象と古代後期キリスト教的な表象を付け加えた。中世の自然誌関連の書物では、ライオンには以下のような特徴があるとされている。勇敢（audax）であり、並はずれて力強く（fortissimus）、気前よく（largus）、気高く、すなわち高貴の生まれ（nobilis）であり、寛大で（magnanimus）、誇り高く、それどころか傲慢（superbus）

でさえあり、そして荒々しい（ferox）。ライオンの吠える声が遠くから響いてくるだけでも、あらゆる動物が震え上がる、と。

これら明確に描き出されたライオンの特徴からは、貴族の振舞との関係が、彼らが己をどのように見ていたか、他人からどのように見られたいと願っていたかが造作なく導き出せる。先に揚げた個々の特徴からライオンの性質が浮かびあがり、それはとりわけ温厚（clementia）で、思いやりの心をもち（misericordia）、鷹揚な態度、あるいは総じて高貴な気質（generositas）というものである。女よりも男を殺し、飢えたときにしか子供は殺さず、打ち負かされた者を見逃し、捕虜は故郷に帰してやる。こうした行為はこの動物をすっかり人間化し、ライオンは騎士道に適う宮廷作法の代表者となった。ここから発した道筋が、「獅子心」、あるいは簡単に「獅子」という領主の誉れ高き異名に至るのである。

すでに示した通り、十字軍の時代にパワーアニマルおよび貴族のシンボルの伝統は、今でははるかに拡大した世界から受ける影響に座を譲り、消えはしなかったもののある変化を蒙ることになった。十字軍に参加した大勢の人々がいまや現実でもライオンを目撃する機会に恵まれると、ライオンはこれまで馴染のなかった「世の中に対して開かれた心」のシンボルとなり、波瀾に富んだ冒険と様々な新しい可能性を秘めた遥か彼方の壮麗なる世界を意味した。ライオンが相手では、故郷の狭い土地に棲む動物たちは象徴的表現の点でまったく太刀打ちできない。堂々たる鬣《たてがみ》の雄ライオンの姿、己にしか制御できない圧倒的な力、それでいながら漂う優雅さ、こうした魅力を前にしては、熊は無骨、狼は貧相、猪は魅力に欠けて見えた。そしてこれは一二世紀の貴族たちにも効果を及ぼす。彼らは、力強く、攻撃的で支配者然としながら高貴な要素も兼ね備えた動物こそが他に類を見ないほど己を具現化していると感じたのである。

かつて自己像を本質的に規定したこのような伝承的なラインは、今では断絶され、言い換えれば同時代の近代的な路線に変更された。だがその他にさらに別種の影響があったことは疑いない。すなわちキリスト教の書物、および一二世紀中葉にはまだ萌芽の状態にあった新興の宮廷文学がそれである。聖書やキリスト教寓話で描かれたライオンの特徴は上級貴族の宮廷では大なり小なり知られていた。しかし、まさにそれは単に人から聞いた話であり、時にはほぼ文盲だった俗人の精神的限界に合わせて他人から説明してもらった事柄だった。こうしたいわば神学的な知識を補完するのが、多くの場合は宮廷文学である。ライオンは騎士の道連れ、援助者として登場し、竜とは宿敵関係にある。この獣と怪物がそうした敵対関係のまま楯に登場すれば、ライオンを連れた騎士はキリスト教の英雄となり、竜の騎士は悪魔のサラセン人となり相対峙した。ライオンはイーヴェインのような王に仕える宮廷の英雄を反映するばかりか【▼図63】、ライオンそのものが模範的、理想的なキリスト教徒と見なされる。宮廷の判断基準はおそらくムスリムの戦士にも課せられるかもしれないが、真のキリスト教信仰はそうはいかない。いまやライオンの楯を構える騎士はいわば宗教的意味で、キリスト教信仰に奉じる闘士と認められる。平信徒も含めて当時の人間は自然に対して無邪気に向かい合ったわけではなく、ある程度そして必然的にあらゆる被造物に神意の執行者を求めた。それゆえライオンの本質にも宗教的な要素が含まれねばならず、その際に――著作家の意見に従えば――相反する何かが絶対に見出される必要があった。しかし竜の騎士との争いでは、ライオンはその力強さと勇猛ぶり(per fortitudinem)でキリスト本人を具現し、ライオンの楯によって騎士に勝利をもたらしたのだ。

この肉食獣を肯定するキリスト教の視点にとって重大な意味をもつのが、ライオンを完全にキリストと結び付けたアレゴリーの書、いわゆる『フィシオログス』である。同書はまだキリスト教徒が迫害された時代、すなわち二世紀中葉に逸名のアレクサンドリア人により編纂され、動植物や鉱物を含む自然観に多大の影響を与えた。一二世紀には『フィシオログス』のフランス語版やドイツ語版がすでに数種類存在し、動物に関する知識をいわゆる動物寓話の形で一般人に理解させ、こうして半端な知識をいまや本物の確信へと導いたのである。

そうとはいえ、ライオンの楯を掲げる者がこのアレゴリーに深く感情移入し、キリストの後継者たることに専念した、というわけでは決してなかった。しかし、ライオンはその貴族的な性質、宮廷的とも言える本質、権力志向、文句の付けようもない王者の風貌に加えて、キリストとの浅からぬ特別な関係を得ることになり、紋章所有者は神学に基づく意識を行動に移そうとはしないにせよ、その関係からは影響を受けたのである。特別な「キリスト教徒たること」の感覚は、聖地における十字軍の戦いの際に初めて、ライオンの楯を掲げる騎士の心に芽生えたのかもしれない。

ここで間もなく生じたであろう問題は、ライオンの紋章を掲げる者がかくも大勢いたというのに、どうやってライオンの標号機能をいわば個人単位で獲得できたのか、という疑問である。どうすれば己のアイデンティティを他人のそれと区別できたのだろう。これほど人気のある、大量に登場した楯図形が理解し易く取り違えようのない図形であり続け、それを見る者に直ちに正しい連想を呼び起こすことができたのはなぜだろう。この点で紋章学が取りうる手段は限られていた。

まずはライオンを楯表面の異なる場所に置くことが求められた。だがその配置は、基本的に三角形で下に向かって細くなる楯の形状から制限を受ける。遠方からも見え易く、印象的な効果を出すためには、ライオンの胴部を楯の縦軸に沿わせる必要があった。この猛獣が寝そべった姿勢や後ろ足でしゃがんだ姿勢では、楯の都合よい位置に配するのは難しい。それに加えて、そのような落ち着いた温和な姿勢では、戦士＝貴族＝宮廷の見解および当時の学問的知識で知れ渡り主流となったライオンの性質に似つかわしくない。

ライオンは楯の縦軸に沿って立ちあがった姿でなければならない。前足を突き出し、尾を胴部と水平に伸ばした姿である。これなら遠くからでも識別できたし、戦う貴族の自尊心と腕力、威力と要求をまさに古典的な方法で象徴化することができた。この姿勢を取ってのみ、ライオンは自己像の明白な担い手となったのだ。

しかしその一方で、この人気の姿勢、あるいは本来唯一可能な姿勢では「獅子《ライオン》の騎士」一人ひとりを区別することが不可能になる。なぜなら立ち姿のライオンが複数描かれると、それが仮にたった二頭だとしても、この獣の華やかな効果が台無しになるからだ。アンジュー伯ジョフロワの若いほうの息子ポワチエ伯ギヨーム（一一六三年没）は楯に一頭のライオンしか描かなかったが、紋章黎明期のジョフロワ本人の楯には八頭、庶子たる孫ウィリアム・ロンゲペーの楯にはともかく六頭のライオンが描かれていた。後二者の場合、ライオンはいまだ前紋章時代のノルマン式楯に描かれており、楯が異常に縦長なおかげで立ち姿のライオンを複数頭描けたのだが、印象深い紋章というよりも、むしろ楯の装飾模様のように見えてしまう。

その他に区別する特徴として使われたのは、ライオンと背景（下地）の彩色のみだった。レオン王国の紋章にある紫色のライオン［▼図50］を計算に入れると一八通りの組合せができるが、これは昔も今も計算上の数に過ぎないようだ。実際にはほとんどのライオンが金色あるいは黒色、赤色であり、一方銀色や青色、緑色はまったく使われなかった。それ以外の区別法は、「左後ろ片脚で立つライオン《ライオン・ランパント》」の背景に手を加えるしかなかった。その紋地に縦長の長方形、小十字、百合の花《フルール・ド・リス》、クローバーの葉、菩提樹（シナノキ）の葉、小さな星、貝などの小さな具象図形を「撒く」（図形を楯縁部で断ち切る）か、「散らす」（図形をすべて楯の名部に収

◉—063　イーヴェインのフレスコ画（1200年以降）
アスカーロン王と戦うイーヴェインの楯には青地に銀色のライオンが描かれている
ロデンゴ城（南チロル）

める」のだ［▼図100］。他人との取り違えを避ける努力をさらに推し進めた結果が、王冠や王笏、あるいは好みの武器を付け加えることで、とりわけ剣や戦斧を前足に持たせた［▼図106］。

立ち姿のライオンの他に広く流布したのは、歩き姿のライオンのみである。これは盾を横切って歩く比較的小さな図で、これひとつではかなり目立たないことだろう。そこで当初から矢を二重三重に並べるような配置で登場した。歩き姿のライオンが上下に三頭並ぶ図は感銘深い意匠であり、それゆえ騎士の自己像の表現にもなりえた。この楯意匠の始まりはアンジュー＝プランタジネット朝である公算が高いが、同家のもっとも古いライオン紋章では「左後ろ片脚立ちのライオン《ライオン・ランパント》」が一頭、あるいは複数頭描かれている。アンジュー伯一門は典型的なライオン紋章地帯の出身なので、すでに早い時期から他のライオン紋章と明確な区別を付けることに腐心していたと想定できる。赤地に金色のライオンという彩色のみでは、この地域ではほとんど区別する役に立たなかったことだろう。

ライオンの紋章は広範囲にわたり数多く見られるが、とりわけ密集していて際立つ地方がある。それはイングランド南部、フランス北西部からライン河下流に延びる地域、さらにルクセンブルクからライン河中流を越えてヘッセンおよびテューリンゲンに至る地域、および今日のスイス、ライン河上流域、そして北海沿岸のスカンディナヴィア地方である。

◉—064* 紋章のライオン
左：立ち姿（ライオン・ランパント）／右上：歩き姿

豹《レパード》

四足で歩く姿のライオンは紋章学では豹《レパード》と呼ばれるようになった。新しい紋章獣を生むことになったこの改名は、一二世紀にはほとんど確認できない。もっとも、おそらく豹《レパード》を知っているのは数少ない学識ある聖職者たちに限られたと思われる。古典古代の博物学の著作をキリスト教中世に相応しく編集した書物からこの肉食獣に関する知識を得た彼らは、それを領主の宮廷社会に伝えたのだろう。宮廷社会以前の文学および宮廷文学は豹《レパード》を知っていることが前提である。第一回十字軍での出来事を描いた詩作品『アンティオキアの歌』――いわゆる武勲詩の一篇――では、すでに豹《レパード》の楯が話題になっている。一二世紀中葉、フランスの聖職者ブノワ・ド・サント・モールはトロイア戦争を題材にした小説で主人公パリスに豹《レパード》の紋章を与えておきながら、同じギリシアの戦士である彼の兄弟たちの楯にはライオンを描かせる。イングランド国王ヘンリー二世の依頼を受けてこの叙事詩を執筆するブノワは、厄災をもたらす傍若無人の姦通者としてパリスを描く目的をこうして果たした。聖職者であるブノワは、古典古代の「動物学者たち」の意見によれば、豹《レパード》とはライオンの雌と豹《パンサー》（pardus）の雄が姦通して生まれた動物であることを十分承知していた〔豹《パンサー》については155頁以下参照〕。このイメージは豹《レパード》の名前（leopardus）に由来する（leo+pardus）。それゆえ豹《レパード》は否定的な評価を下された獣なのである。血に飢えた獣として描かれ、ライオンのような寛大さや思いやりとはまったく無縁であり、雌が雄より強いとされたので、こうした性質は神の望む世界に反するのだ。

もっとも、紋章学の「正面向きの歩くライオン」がそのように否定的評価を下された豹《レパード》であると意

◉―065
イングランド国王エドワード4世の息子
（プリンス・オブ・ウェールズ）エドワードの紋章
フランスとイングランドの国章で十字四分割され、その上に
4本垂れの銀色のレイブル（165頁参照）が置かれた領地主張の紋章
『ラウス紋章鑑』（1480年頃）、大英図書館蔵（Add. MS. 48976）

識的に認識されたかは疑問である。実際にこの紋章獣の毛皮には黒い斑点（maculae nigrae）がなく、その他の点でも紋章の図像では豹《レパード》とライオンを区別できない。正面を向いた頭部には——頭蓋骨の輪郭がやや引き伸ばされているとはいえ——鬣《たてがみ》がはっきりと見える。すなわち紋章の豹《レパード》は本来「正面向きのライオン」に過ぎず、紋章記述でも一般にそう解説された。このような改名を行い、紋章学にとって新たな動物を、しかもライオンの異種、特殊形態に過ぎない動物を作り出した理由は判明していない。左後ろ片脚立ちのライオン《ライオン・ランパント》には見られない正面向き《アン・ファス》の頭が誤謬と見なされ、この種の不都合なライオンを嫌悪される猛獣、ライオンの庶子に変えてしまったという可能性はある。宮廷付きの聖職者たちが、さらに自然誌の伝承と紋章解釈に取り組む人々が、後代には紋章学者たちが「正面を向いた歩き姿のライオン」を豹《レパード》と呼ぶようになった、と想定される。アンジュー＝プランタジネット家はこの紋章学の産物に対して複雑な思いでいたことだろう。皇帝フリードリヒ二世が義兄弟であるイングランド国王ヘンリー三世に「三頭の豹《レパード》（三頭の歩く豹《レパード》が描かれた王家の楯の紋章 in signum regalis clipei, in quo tres leopardi transeuntes, figurantur）」を贈った際、同家の人々がそれを是認するしかなかったことは疑いない。

すなわち、この件を伝える年代記編者の修道士マシュー・パリス（一二五九年没）は、王の楯に描かれた猛獣が豹《レパード》であることをはっきりと分からせているのだ。しかもtransire（歩く）という動詞を使い、つまりそれらが四足で歩くライオンだと理解される歩く姿勢を強調しているにもかかわらず、である。しかしイングランドの宮廷ではこの紋章を「三頭のライオン」と言うほうが好まれたことから、人々が豹《レパード》の否定的な意味合いをどれほど詳しく知っていたかがうかがえる。それは広く知られていたに違いない。百年戦争時

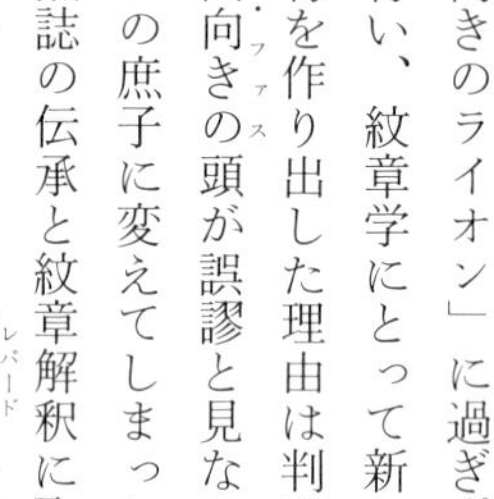

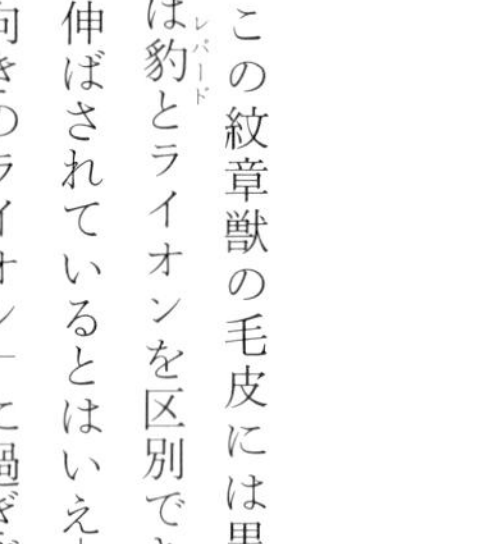

◉—066*
紋章獣としての「豹《レパード》」＝正面向きのライオン

◉—067　イングランド国王の領地主張の紋章
正面向きで歩く姿のライオン（＝豹《レパード》）に王冠と鬣をつけて
本当のライオンに似せて様式化している
コンラート・グリューネンベルク『紋章鑑』、1483年

Der köing vō engellandt vnd hibernia

Die haubtstat in Engellannd haist linden

にはフランスの紋章官たちがイングランド国王の紋章をまさにこの点で嘲笑し、私生児の獣に向けた揶揄が当然万人に理解されるものと思っていたほどである。フランス王位の継承権をめぐる戦いだからこそ、この的を射た嘲りはさぞかし大きな反響を呼んだことだろう。エドワード三世はフランス王女イザベラとイングランド王エドワード二世の息子だった。つまりフランス人にとって、少なくともヴァロア家の支持者にとって、エドワード三世はフランスの私生児だったのだ。紋章官たちが「正面向きで歩く姿のライオ《ライオン・パッサント・グァーダン》ン《ト》」を豹《レパード》と呼ぶ度合いが高まり、この「新しい」獣を楯図形として定着させたとしても、イングランド国王は己の紋章を飾る獣をあくまでライオンと見なした。四足で歩く姿の動物に力強く攻撃的な印象がないことは明らかで、そうした印象を与える姿はライオンに相応しくないと考えられたことは、証明されてはいないが、まったくの的外れでもないだろう。

紋章獣としての豹《レパード》が登場した最初の数百年間は問題をはらんだ具象図形のひとつだったことは疑いないが、最終的には用語に定着してしまった。後に豹《レパード》とライオンの厳密な区別が行われ、頭の姿勢が分類に決定的な意味をもつことになった。立ち姿で正面向きのライオンは「ライオン化された」豹《レパード》、歩き姿の横向きの獣は「豹《レパード》化された」ライオンと呼ばれる。中世にこの種の繊細な用語の違いがあったとは証明されていない。それは時代の精神と矛盾することだろう。

豹《レパード》が一番よく見られるのはイングランドと、フランスのアンジュー家領地（トゥーレーヌ、ギュイエンヌ）、およびノルマンディー地方である。スイスとドイツ南部では比較稀であり、この地域ではもともとライオンのほうを連想した。その例がたとえばバーベンベルガー家の豹《レパード》印章（一一二〇年、一二三一年）である。

鷲

新しいシンボルを生み出し、それを家族の標章として末代まで楯に遺すことが問題となる場合、大きな意義ありと見なされたのは、過去に属するパワーアニマルの中では鷲のみだった。威信という点では鷲のみがライオンに匹敵し、鳥類の王として格の上でも四足獣の王にまったく引けを取らなかった。鷲もまたケルト＝ゲルマン民族の伝統を具現するにもかかわらず、その大きな意義はローマ帝国に求められた。至高の天上神の鳥という表象からそこに至ったのだが、すでにそれ以前にメソポタミアのヒエラルヒーでもそうした見方があった。当地ではそれどころか双頭、三つ首の鷲まで作り出され、これらはそのまま紋章学に取り入れられたものの、いわゆる怪物に分類された。貴族の家門で効果を及ぼし続ける古代の伝承、および宮廷＝キリスト教騎士の世界に開かれた新しい自己像を鷲は象徴化した。しかもそれらすべてが帝制の権勢ある影響下で行われたのだ。

キリスト教の伝統では、教父や後代の神学者の書物とは逆に、鷲は新約・旧約の両聖書で小さな役割しか果たさなかった。そこではたいてい鷲をシンボルとして用いて、キリスト本人や信者たちに関係する寓意的あるいは比喩的な解説が行われる。空高く舞い上がり姿が見えなくなる鷲は、キリストの復活のシンボルとして引き合いにだされることもあった。この鳥が年を取ると清らかな泉に三度潜りふたたび若返るという自己回春は、ごく単純に洗礼、および人間にとって意義深い洗礼の結果と解釈された。『フィシオログス』には、鷲は雛鳥とともに太陽に向かって飛び、突き刺すような陽の光に雛たちが耐えられるかどうか試したとあり、この記述は効果を及ぼし続けた。太陽から目を背けてしまった雛は、偽物として親鷲から勘当されるという、この譬え話は広範に浸透していたらしい。ヴォルフラム・フォン・エッシェンバッハが『ヴィレハルム』でこの譬えを使っているのは、宮廷の聴衆がこの象徴的意味を理解することが前提になっている。だが騎士の自己像にはこの寓話はほとんどそぐわなかった。鷲は伝統的なパワーアニマルであり続け、常に帝制の影に覆われつつ滑らかに宮廷の観念複合体に受け継がれたのである。

君主に仕える大勢の公職者が己の職務の証明、封土に依存する証明として鷲の紋章を戴いた。その中はブランデンブルク辺境伯、モラヴィア辺境伯、ボヘミア国王、オーストリア公、チロル伯、ブルゴーニュ伯、そしてカルニオラの領主たちがいた。

楯に描かれる鷲は基本的に両翼を広げた正面像で、胴部の向きはちょうど楯の縦軸に合わせ、頭を〔楯の背後から見て〕右側に向けている。楯の分割線に合わせた長さで半分に切られた鷲も稀ではなく、これは「半身〔の鷲〕」と呼ばれる[▼図55]。

鷲の謎めいた特殊形態がいわゆるアレリオンで、胴部の一部を切り落としたごく小さな鷲である〔頭部はランセット状の胴体を僅かに広げたようで、嘴と鉤爪がない〕。アレリオンは決して一羽のみではなく、いつも複数羽描かれる。有名なのはロートリンゲン公の楯で、一四世紀以降この奇妙な紋章の小鳥が斜め帯に三羽置かれた――この紋章は一八世紀後半以降ハプスブルク゠ロートリンゲン家の紋章となる。ハプスブルク家の赤いライオンと、オーストリアの赤地に銀の横帯が置かれた楯とともに。紋章鷲の奇妙な変種であるアレリオンの誕生と意味については何も分かっていない。

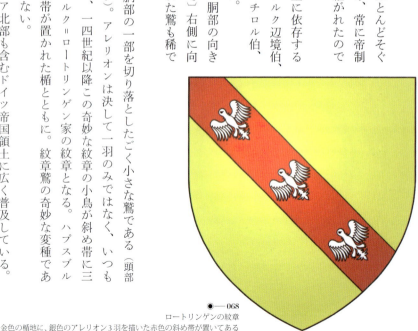

紋章楯の鷲は、ヨーロッパ東部の一部、またイタリア北部も含むドイツ帝国領土に広く普及している。

●―068
ロートリンゲンの紋章
金色の楯地に、銀色のアレリオン3羽を描いた赤色の斜め帯が置いてある意匠の分布状況から推測するに、ライオンと鷲は紋章において一種の競合関係にあり、それゆえ地理的に見れば互いに排除はしないものの、それでも楯に描かれる頻度は特定の地域で最小限に留まった。だがそうした結論を出すのは慎重にすべきだ。セシル・ハンフリー＝スミスはアングロ・ノルマン人の鷲紋章の実例を三〇以上挙げており、これはライオンの図柄が極端に優勢な地域にしてはなかなかの数だと思われる。

ライオン同様に紋章鷲もアクセサリーで飾り立てられてきた。始まりは彩色を変えた上弦の月による胸の上部や翼部の強調である［▼図70］。上弦の月は両端に小さな三葉が飾られたり、しばしば中央に小さな十字が取り付けられたりした。一般的な見解によれば、このアクセサリーは前紋章時代に遡り、具象図形としての鷲専用の装飾ではない。おそらくその起源は楯の木部を補強する金属棒だろう。鷲は王冠をかぶることもあれば、小さな（ハート型の）楯が胸に吊るされていることもある。王笏、帝国宝珠、剣のような支配権の印を皇帝の鷲がもつようになるのは近世以降である。

彩色については、鷲は黒色、銀色、赤色が一番多く、金色、青色、緑色の鷲は実際はほとんどお目にかからない（カルニオラの青い鷲は例外である）。それに対して、垂直線で左右の彩色が異なったり（とりわけ銀色・黒色／黒色・金色／銀色・赤色）、チェック模様にされたりすることはある。ライオンの場合は前足のみが――しばしば剣を摑んで――楯の意匠に使われるが、これよりも頻繁に、鷲は体の各部が独立した具象図形となる。「双翼」は左右に広げた翼の正面図を指し（詳しく言えば「開いた双翼」）、

◉――069* 鷲の体の一部をあしらった紋章（左より「頭」「鉤爪」「双翼」「片翼」）

●── **070**　オーストリア公アルブレヒト6世の墓廟に掲げられた、カルニオラ公の忌中紋章
金地に、胸元に赤と銀のチェック模様の上弦の月を飾り、嘴と脚を赤く塗った青色の鷲、ウィーン博物館蔵

一枚の翼をたいてい横から見た図が「片翼」である。楯より頻繁にこの二種類の翼が見られたのが兜飾りで、当然高さが増して堂々たる姿になった。鷲の「鉤爪」もまたそれだけで意匠として用いられる。それは鉤爪付の足部であり、またそこから羽毛の生えた付け根までを含む脚部である。

ライオンと鷲は頭部と上半身のみが象られ、すなわち半身像が作られることがあり、これを専門用語で「生えている」と称する。楯の例は稀で、兜飾りに多く見られる。兜の上ならば上半身が「生えている」姿は敵の目には遥かに明瞭かつ威嚇的に映り、恐怖を撒き散らすからである。

伝統のパワーアニマル——熊、狼、猪、鹿

ドイツ語圏古来の伝承に登場する動物は中世の紋章時代にも消えはしないが、楯に描かれるのは稀で、兜飾りとしての出番のほうがやや多い。かつて熊、狼、猪、鹿はまだ敬意の対象とされ、人間と神話レベルの関連があると考えられた立派なパワーアニマルだったが、中世の紋章学では何の役割も果たしていない。かつてそれらの獣をあれほど重要に見せていた要素は、異郷の猛獣たちに比べればもはや価値を失った。異教の獣たちは新しい国際性のなにがしかを伝え、その国際性こそが十字軍を通じて、そして十字軍とともに見えてきた波瀾万丈かつ放縦にして前途有望な世界を通じて、キリスト教騎士の人生観と世界観を大きく変えるのだ。一二、一

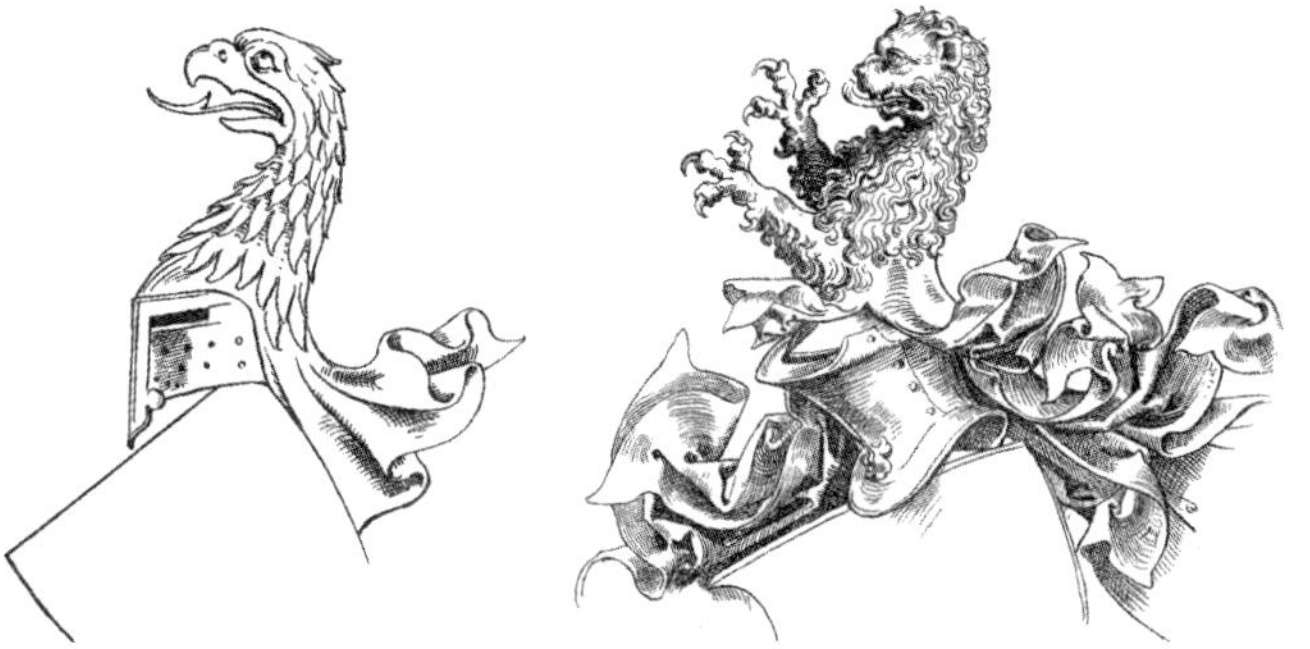

◉——071* ライオンと鷲の兜から「生えている」兜飾り

SCHILDZEICHEN UND HELMZIER 132

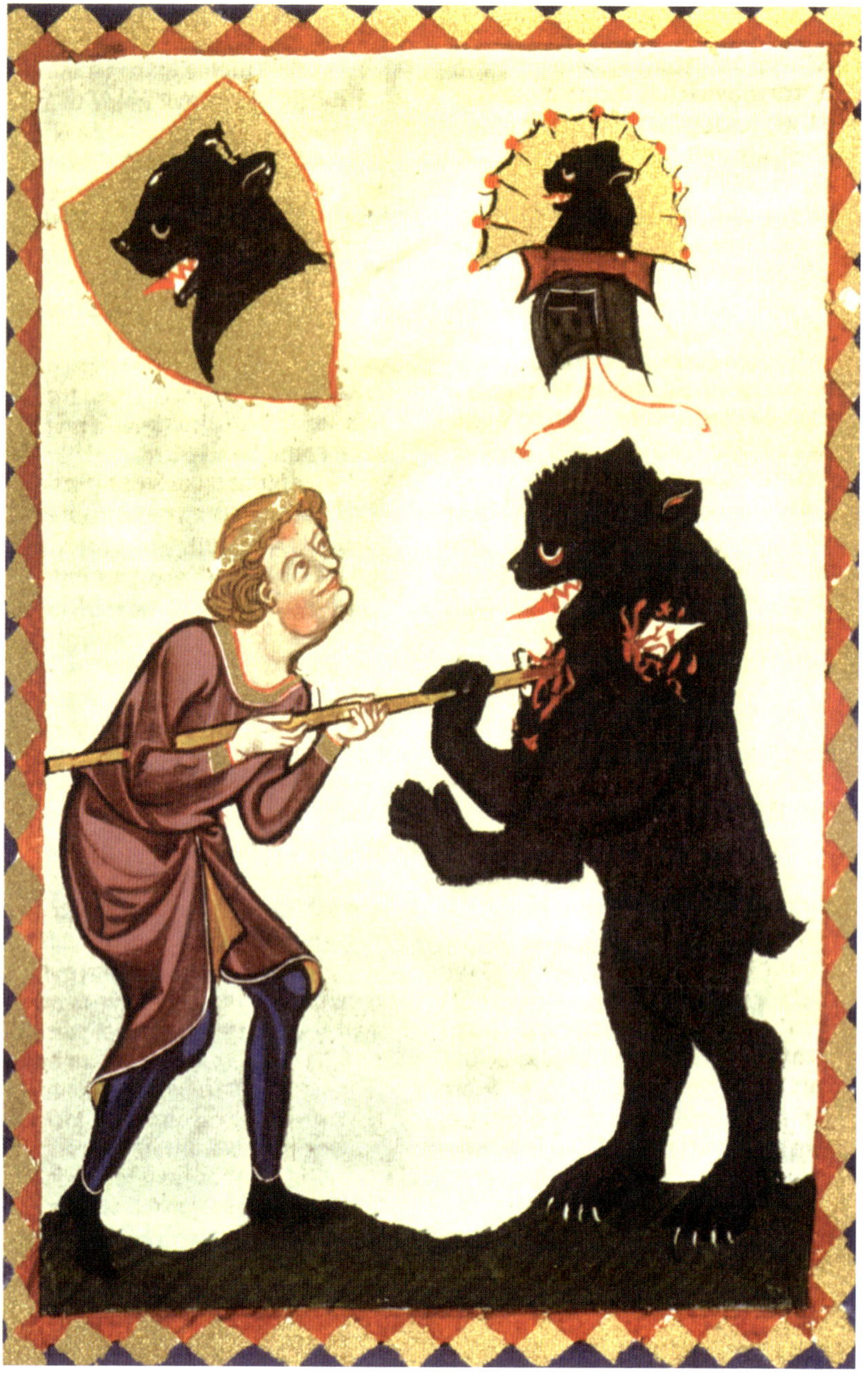

三世紀のアングロ・ノルマン人の紋章には、確かに散発的に鹿、猪、熊、そして狩猟のお伴として大切な犬が現われることもあるが、過去のもっとも重要な象徴動物のひとつである狼はまったく見られない。それに対して、コンラート・グリューネンベルクの『紋章鑑』（一四八三年）には、狼および神話上の動物三種〔熊、猪、鹿〕が描かれた楯が幾つか見られる。兜飾りならばこれらの動物はとりわけ半身像で、すなわち上半身のみの威嚇的な姿でより頻繁に登場する。

郷土の森の王である**熊**は、熊に関する名前が数多くあることが示す通り評価が高く、とりわけザクセン人やブリテン島の親戚アングロ・サクソン人の間では英雄の象徴だったにもかかわらず、キリスト教化のせいで人気は地に落ちた。

熊の毛皮に身を包む忘我の戦士、つまり狂戦士《ベルセルク》は至高の闘争熱の象徴であり、誰からも是認される、極度に高揚した人と獣の関係を象徴していたが、キリスト教の布教活動は熊を粗野な悪しき力の獣、悪魔の獣へと変えてしまったのだ。しかし、皇帝オットー四世が若き宿敵フリードリヒ二世について見た夢にも百獣の支配者としての熊のイメージがまだほのかにうかがえる。このシュタウフェン家の青年は小さな熊の姿で皇帝の前に現われると、その寝台によじ登り、だんだんと身体を大きくした挙句、皇帝により寝台から追い払われたのだ。しかし教会は、皇帝の夢と同じく熊の毛皮に身を包んだ人間が悪戯をしてまわる古来の遊戯の多くをとうに承認していなかった。ランス大司教ヒンクマール（在位八四八―八八二年）はこの習慣を「熊との不埒な遊戯（Turpia ioca cum urso）」と呼んだが、その自堕落な奔放ぶりと、これすなわち異郷の伝統の印なりという理由から不快感を抱いた公算が高い。このように熊を紋章学に取り入れるのに不都合な理由は、十字軍時代の貴族や騎士がライオンに熱狂したことでさらに増えた。楯に熊が入り込む余地はほとんどなくなり、兜ならばまだ余地があった。こうした状況にもかかわらず熊が紋章獣として登

◉── 072
ハーワルト殿の紋章
金地に、舌が赤い黒色の熊の頭部（楯）、金地の飾り円板（兜飾り）では
同じ意匠が赤色のクッションの上に置かれている
『マネッセ写本』fol. 313r.

場する場合は、主として前足を前に伸ばした立ち姿だった——ようやく一五世紀末になって、ベルン市紋章のようにたいていは斜め帯の中に四足で歩く姿で描かれるようになる。熊の頭部のみを楯に飾ることも可能だった。前足もそうだが、こちらは兜飾りのほうが多く、しかも時には人間の胴体を継ぎ足したグロテスクな意匠もある。

彩色は基本的に黒色に限定され、舌と爪は赤色である。紋章記述の場合、原則的に熊の雄雌を区別しないので、中世末期に——必ずではないが——雄と考えられた熊には黒以外の彩色で性器を暗示した。紋章獣としての熊は常に雄と見なされるのだから、これはそもそも過剰な表現である。動物の性別を表示せずとも、紋章楯には雌の狼や狐がいないように雌の熊もいない。それに対して猪や鹿は角や牙、背中の剛毛などの外見からも性別は明らかである。猪や鹿の雌を指す名称も、雄の名称の派生語ではない。〔熊、狼、狐の場合、雄／雌の名称はそれぞれ Bär / Bärin, Wolf / Wölfin, Fuchs / Füchsin と雄の名称に語尾 -in を付けた形だが、猪は Eber / Sau, 鹿 (Hirsch) は Bulle (Hirschbulle) / Kuh (Hirschkuh) のように派生語ではない。〕

狼はおそらくインド・ヨーロッパ語族すべての神話や象徴表現で極めて重要な意味を有する動物だろう。その狼もまたキリスト教化に関連して退けられ、次第に卑劣な悪役を押し付けられるようになり、複数で群をなせば主人公の仇敵や敵対者を象徴する羽目になった。楯に描かれるのは郷土の伝承に登場する他のパワーアニマルよりも稀である。例外は家名に「ヴォルフ〔狼〕」を含む貴族の楯である。これはすでに後期中世に始まり、そのことは多くの紋章許可書で裏付けられている。それゆえすでに一五世紀以降洒落紋章〔266頁以下参照〕として登場したことが証明できる。楯表面の狼はほとんど決まって立ち姿であり、熊と同

◉—073* ベルン市の紋章

◉—074
ザッサー家のディートマル殿の紋章
金地に、舌が赤い青色の狼の頭部が兜飾りでも繰り返される
『マネッセ写本』fol. 321v.

じくもっぱら黒色で彩色されるが、具象図形としては銀色や赤色の狼もある。舌が見える場合は熊と同じく赤色だが、狼と犬を区別するポイントである長い爪が赤いのは稀である。

楯と兜に狼の頭部を用いた例は多くはないが、あることはある。その際立った例が一三世紀前半に活躍したと思しきオーストリア（あるいはバイエルンかエルザス？）の詩人ザッサー家のディートマルである。彼は金地に緑色の狼の頭部を楯と兜飾りに使った。狼にしては尋常でない配色ゆえに、この紋章の実在を疑う向きもあるが、なかったとは言い切れない。狼の舌が赤色で頭部が緑色なのは、一騎打ちで相手に止めを刺しているディートマルのスリット入り戦衣と配色を合わせてある。猛獣の頭部に鋭い牙が並ぶ様子は楯でも兜でも並はずれて攻撃的な印象を与え、紋章のもつ厄除けの機能を明確に果たしている。

雄々しく戦う動物として初期中世にはまだ評価の高かった**猪**は、宮廷時代にその輝かしさの多くを失いながらも、紋章楯に組み込まれる過程を辿った。狩猟の獲物として人気があり、猪用の突き槍を使って仕留めるには大胆さと冷静さが必要とされた。（貴族の）狩人の危険な敵として、その狂暴さと強力が肯定的に評価されたことから、紋章標号となるべく宿命づけられたのである。フランスの英雄叙事詩では「猪の心（cuer de sengler）」という表現が使われ、「勇猛果敢な男」を意味するこの言葉は名誉ある異名「獅子心」とまったく同等に扱われた。イングランド王リチャード三世（在位一四八三—八五）もグロスター公だった頃に白猪（Blanc Sanglier）を副紋章に掲げた。英雄と狩猟の境界上にあるのが『ニーベルングの歌』でクリエムヒルトが見る夢で、彼女はジーフリトがオーデンの森で、グンテルとハゲネを象徴する二頭の猪に命を脅かされる夢を見た。ゴットフリード・フォン・シュトラスブルクによれば、『トリスタンとイゾ

◉— 076* 猪首の紋章

◉— 075
ロートリンゲン伯フェリー（兜飾りは猪の頭部）とウー伯（兜飾りはムーア人の頭部）の一騎打ち
1446年にアンジュー公ルネがソミュールで開催した騎馬槍試合の書（fol. 22v.）
ロシア国立博物館（サンクトペテルブルク）蔵

ルデ』のトリスタンも猪の紋章を掲げ、マルク王の夢の中で王の寝台を踏み荒らす荒れ狂う猪の姿に象徴されている。ピエトロ・ダ・エボリの『皇帝の栄誉に捧ぐ書』では、皇帝ハインリヒ六世のシチリア遠征（一一九四年）の際にシュタウフェン朝の特別な先鋒として家人ディポルト・フォン・シュヴァインスポイントが登場する。彼は家名をもじった洒落紋章として猪（シュヴァイン）を楯に掲げ、古風な方法で（つまり兜飾りではなく、図像として）兜に飾った姿で描かれている。この強靭な家人が「牙強き猪」と呼ばれたことを挿絵画家が紋章で仄めかしたのだ。ここで我々は、古代から続く動物との共感および動物の象徴表現と、アイデンティティをもたらす「近代的な」手段である紋章が様々な意味で交差するポイントに立ち会うことになる。猪の欠点は、見る者に畏怖心を抱かせる異国情緒溢れる動物世界に属していないことだった。猪とは主にヨーロッパのありふれた日常生活に棲まう動物であり、仕留めるとなれば危険極まりないにもかかわらず、優美な宮廷社会

●—077*　猪をあしらった楯と兜で身を護るディポルト・フォン・シュヴァインスポイントの軍勢
ピエトロ・ダ・エボリ『皇帝の栄誉に捧ぐ書』

からは泥土や汚濁と関係づけられ、しかし蔑まれた飼い豚を連想されることはほとんどない、そのような動物だった。

楯に登場する猪はたいてい立ち姿（棹立ち姿）、彩色はほとんど黒色である。「武器（牙）」、背中の剛毛、蹄はようやく一四世紀の間に目立つ配色で強調されるようになる。他のパワーアニマルと同じく、猪の頭部もそれだけで紋章として楯に掲げることができた。フランスの専門用語ではこの意匠は猪首《ユール》（hure）という独自の名称を与えられている。頭部のみで（血まみれの肉片付きで）胴部から引きちぎったように見えるものもある。しかしこれはもっぱら近世の紋章意匠らしい。

鹿は古くからシンボルに使われた獣であり、その後次第に紋章に取り入れられるようになった。不当に虐待された主人公のシンボルとなり、あるいはいわゆる死の獣や魂の獣となって主人公を狩りへと誘い込み、主人公から逃げるふりをしながら彼岸へと導くなど、特殊な伝統を具現していたにもかかわらず、キリスト教は鹿に至極肯定的な評価を与えた。有名な詩篇の一節（四二：二「涸れた谷にシカが水を求めるように／神よ、私の魂はあなたを求める」）は別としても、『フィシオログス』では鹿は蛇＝悪魔を迫害し、勝利する動物と解釈されている。

それにもかかわらず当初鹿が紋章にごく散発的にしか登場しなかった理由は不明である。最古の鹿紋章が生まれたのは一三世紀、一二二〇年以降だと思われる。宮廷文化において鹿は狩りの獲物としか見なされず、すなわち受身の役割しか与えられなかったので、騎士のアイデンティティを表す象徴にはあまり使えないと思われたのかもしれない。

◉——078*　紋章の鹿

紋章図形の鹿はたいてい四足で歩く姿だが、撥ねる姿や棹立ち姿もある。近世になるとあらゆる姿勢に、とりわけ頭部の姿勢に関してそれぞれ相応しい特徴付けが行われたが、その際には猟師の見解が反映された（草を食む姿、用心する姿、じっと見つめる姿など）。このような表現を中世の紋章学は知らない。すでに早い時期からシカは兜から「生えている」動物として、つまり上半身のみが描かれた。兜飾りとして特に好まれたのが、前足が撥ねる姿勢を取った上半身像で、とてつもなく好戦的な印象を与えたからだ。鹿の頭部のみも枝角という貴重な飾り付きで、他の四足獣よりも頻繁に楯に描かれた。また初期にはその枝角のみでも紋章意匠になるには十分だった。枝角は複数本が上下に重なり合わず水平に（縦帯状に）並ぶ様子で描かれることが多かった。蹄と枝角は、頭部、胴部、脚部とは違う彩色が施されることもある。この野生動物の自然な体色は最近まで紋章学では使用できなかったので、好みの彩色が施された。紋章鹿の色としては銀色と赤色が一番多く、枝角は黒色で描くのが好まれた。

◉— 079* 鹿の枝角

鴉《からす》と白鳥

最初の千年紀のパワーアニマルにはその他に鴉《からす》と白鳥がいる。両者は羽の色や鳴き声など外見だけでも極端な対照関係にあるが、中世の紋章学に座を占めるまでにはかなり苦労した。白鳥は好戦的な鳥として至って頻繁に兜飾りに使われ、後ろに引いて勢いをためたS字状の首と、左右に大きく広げた翼が実に攻撃的な印象を与えた。キリスト教は白鳥について極めて肯定的な見解を抱いた。これには輝く白い羽の効

◉— 080
シュヴァンガウのヒルトボルト殿
紋章は赤地に銀色〔黒く変色している〕の白鳥で、兜飾りと戦衣で繰り返されている
『マネッセ写本』fol.146r.

果も大きかったが、教会はいわゆる白鳥の歌――すなわち死の間際の歌――を、やや無理はあるが十字架上のキリスト最後の叫びと関連付けたのである。

白鳥の表象がもつデモーニッシュな側面、すなわち（中世にはメルヘンめいた様相を帯びた）ワルキューレとの関係や、「白鳥の騎士」の伝説などは中世でも神話的な要素を保ち続けた。白鳥の騎士の伝統は［その子孫とされた］下ロートリンゲン公の家門とまもなく結び付けられ、第一回十字軍（一〇九九年）で同家のゴドフロワ・ド・ブイヨンがイェルサレムを征服し初代聖母守護者となったことにより、キリスト教の聖別を受けるに至った。

かなり長期にわたり明らかに貴族専用だった白鳥の紋章は数が少なく、彩色に関しては（他の例は対照をなす鳥である鴉しかないが）あらかじめ［ほとんど白色（銀色）と］決められていた。嘴と脚部は普通赤色で塗られる。

ケルト＝ゲルマン民族の領域では、その神秘的な意義と高い評価という点で狼に匹敵するのは**鴉**のみである。ギリシア神話のアポロンに相当するケルトの太陽神ルグは鴉の神、戦場の女神バズムは雌鴉の神の姿で現われる。ゲール人の部族名にも鴉に由来するものがあり、この神の鳥との強い一体感を表している。

ゲルマン人にとって鴉はヴォーダン神と関係がある。フギンとムニンは、この神に世界中の出来事を伝える二羽の黒鳥の名である。異教徒からこれほど崇拝されたことと羽根が黒いせいで、教会は鴉をキリスト教の敵と認定した。教父たちはそう

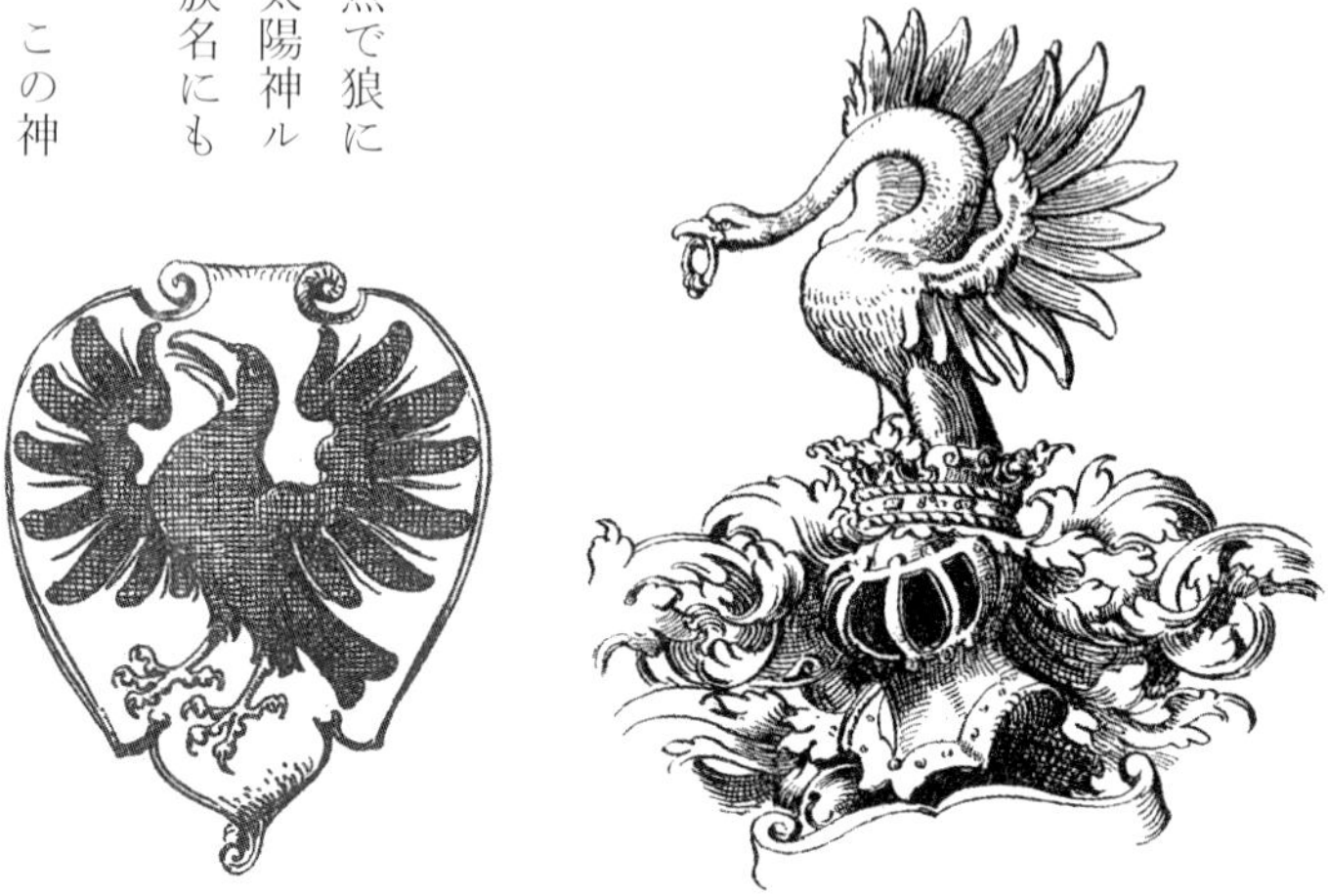

◉――081* 白鳥の兜飾りと鴉の紋章

解釈したばかりか、『フィシオログス』の肯定的な意見でさえ否定的に解釈してしまった。

一一七〇年、スコットランドのコーベット家の紋章に鴉が描かれた資料があり、〔同家の名が「若い鴉」を意味することから〕これはいわゆる家名をもじった洒落紋章の初期の例である。やや遅れてドイツではそれと同じ役割で、鴉の名と関連のある貴族一家〔ラーヴェンシュタイン、ラーベンスベルク等〕に鴉《ラーベ》が登場する。中世の楯や兜で鴉を目にすることはあまりないが、おそらくこれは教会が明確な敵意を抱いたことが理由だろう。

白鳥同様に鴉の場合も、自然の体色と、それに影響された鴉の解釈によりあらかじめ〔黒色に〕定められている。嘴と鉤爪は別の彩色が施されることも多い。楯に描かれる鴉の姿勢はたいてい、正面を向き翼を開いて飛び立つ姿である。その他の部分〔頭部、脚部〕は楯の〔背後から見て〕右側を向いている。鴉の兜飾りは、白鳥や四足獣のパワーアニマルと比べて稀である。

メルレッテ、その他の鳥類

一二世紀に生まれた紋章学の人工図形がいわゆる**メルレッテ**である。これは胴部がU字形をしたごく小柄な鳥で、クロウタドリの雌を指すフランス語が当てられた。メルレッテは一三世紀に足を、近世には嘴も失った。イングランドの紋章学ではこの人工的な具象図形はマートレットと呼ばれるが、これは本来、ツバメに似た小鳥アマツバメを意味する。ドイツ圏ではメルレッテは主としてライン地方の紋章制度で広まっていた。体の一部を失った小さな鴨に似たこの鳥を紋章学に持ち込んだのは十字軍の騎士と言われ、負傷したキ

◉——082*　メルレッテ

リスト教戦士のシンボルと見なされたとされる。しかしこの由来譚はかなり怪しい。

不明な出自、不完全でひ弱な姿、そして人工物であるにもかかわらず、メルレッテは鷲に次いでもっとも頻繁に紋章楯に登場する鳥である。決して一羽ではなく、常に複数羽で描かれるので、楯表面での「真空嫌忌」を理由に使われ、器具類の具象図形や抽象図形と組み合わされることも多い。この人工小鳥は縁帯《ボルト》を細かく区切る模様としても人気がある。ほとんどが金色、稀に銀色で彩色されている。

中世にかなり稀だった鳥類としては、**鶏**、鉤爪で石を摑んだ**鶴**、同じく蹄鉄を摑んだ**駝鳥**、後ろ向きに伸びた冠羽が特徴の**青鷺**、**鸛**《コウノトリ》がいる。**孔雀**に至っては古代の伝承における神の鳥であり、および極めて肯定的な評価を受けるキリスト教のシンボルでもあることから騎士の楯に描かれる可能性がいくらでもあったはずだ。実際のところ孔雀の場合は美的要素が勝ちすぎて、英雄的＝戦士的な側面がほぼ示されない点が脚を引っ張る。だが孔雀の華麗な羽のほうは兜飾りとして大人気であり、その尾羽は中世の少なからぬ家門が、とりわけハプスブルク家が紋章に取り入れた。その典型的なポーズ（嘴で自らの胸を突き、流れる血を雛の餌にする）で楯

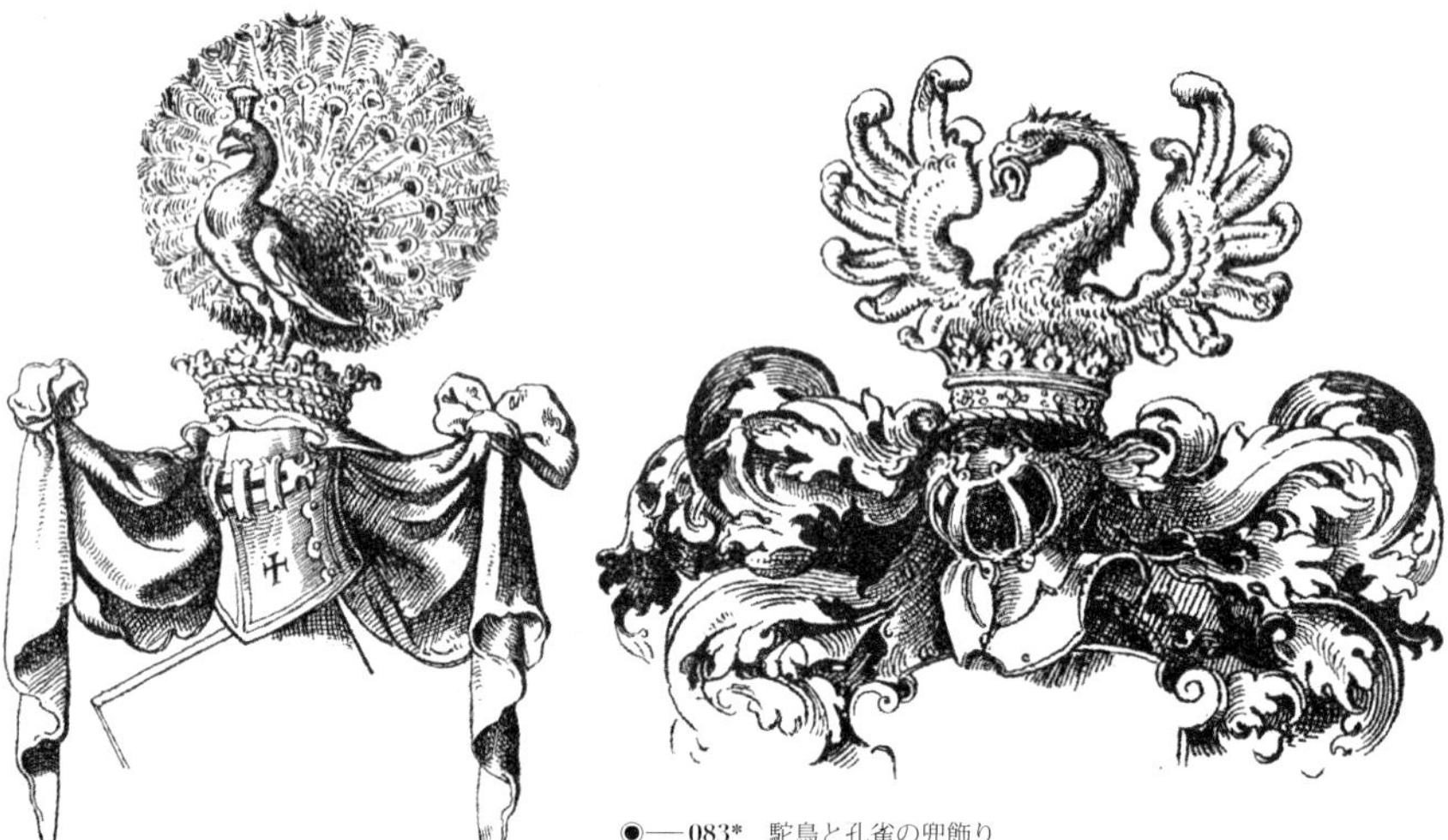

◉――083* 駝鳥と孔雀の兜飾り

に描かれたペリカンは教会関係者の間では紋章として人気があったが、中世の紋章学にとってはほとんど重要性がなかった。

鷹もまた極めて稀だった。一一七〇年頃、この小柄な猛禽《ファルケ》はリヒャルト・ファルコナーなる人物の洒落紋章となったが、それ以外では中世の楯にはまず見つからない。一見することこれは驚くべき事態に思えるかもしれない。鷹は現実世界でも宮廷社会の象徴としても至る所で目にされたのだから。しかしだからこそ紋章獣としてはあまり望ましくなかったのだろう。空を自由に飛び回り、どのご婦人にも縛られたがらない恋人、あるいは繰り返しただひとりの女主人のもとへ戻ってくる恋人のシンボルとして、鷹は恋愛《ミンネ》の紋章としての意義しか認められなかった。他方、騎士にとって鷹とは、頭巾と首輪、両足の鈴で支配され、人間に従属すべく飼いならされた鳥であり、英雄や大胆な戦士としては使い物にならなかったのだ。実際には男女のご主人の紋章を描いた布を鷹の首の周りや足に結び付けることがあった。だから鷹は紋章を帯びる側であり、紋章図形ではないと理解されている。

●—084* 鶴とペリカン

馬、犬、その他の四足獣

紋章獣としての**馬**も鷹と似た事情で中世の楯にはごく散発的にしか見当たらない。ゲルマン人の間では神話的な動物だったが、キリスト教世界ではほとんど評価を受けなかった。それにもかかわらずキリスト教の寓話では白馬《シンメル》と黒馬《ラッペ》をはっきり区別する。

しかし宮廷社会において馬は極めて重要な存在であり、それゆえ紋章獣に含まれない理由は完全には説明できない。鷹とは比べものにならないほど馬は騎士の日常生活に関わり、戦場や騎馬槍試合でも決定的な役割を果たした。だがそれは西洋の騎士全員に当てはまり、だからこそ宮廷騎士個人のアイデンティティを表す楯の意匠としてはほとんど何の貢献もできなかったのかもしれない。馬衣には騎手の紋章をあしらったので、馬の紋章図形に覆われた馬では誰の注目も集めなかったことだろう。それでも馬が紋章図形として登場することになれば、棹立ち姿を取り、前脚を跳ね上げ、後脚は静かに動かない。この姿勢ならば馬は——鹿と同じく——印象深く威嚇的な攻撃性を披露できるので、たいていは上半身像の形で兜飾りに使われて最高に効果を発揮した。

中世の紋章学全般にわたり馬が見られないとしても、一一世紀から一四世紀の騎馬印章には登場する。この点で馬そのものが標号にならずとも、主人のアイデンティティを表現するのには関与するわけだ。

同じく雄牛と犬も中世の紋章にはあまり見られない。本来**雄牛**は、バルト海圏の紋章に登場する野牛（オーロクス）を具現すると思われる。有名なのがトリノ市の紋章で、青地に棹立ち姿の雄牛（タウルス）が同市の古称タウリヌムを仄めかしている。実際は雄牛の全身像を描くのは避けられることが多く、代わりに（しばしば冠をかぶった）黒色あるいは青色の頭部を正面図で描き（正面向きの雄牛）、その際に簡単に内側に曲がった角を別の色（たいていは銀色か金色）で塗った。

リング付の首輪で狼と区別される**犬**は、貴族の紋章には実に稀にしか現われない。家畜化された動物の古典的代表であるという事実のせいで、馬や鷹同様に貴族の親

◉—085* 雄牛（右2点）とアイベックス

密なお伴であるにもかかわらず、めったに貴族の紋章獣にならなかった。楯で個別に識別できるのはグレイハウンド種とポインター種のみで、銀色あるいは黒色で彩色されている。犬種が不明な場合は赤色で描かれることが多い。

最後に銀色の**アイベックス**にも言及せねばならない。後方に湾曲した長い軟骨質の角をもち、闘争能力に優れたこの動物は時折中世の紋章学に、とりわけ兜飾りの一部として登場する。楯ではこれら三種の動物〔雄牛、犬、アイベックス〕はすべて棹立ち姿、あるいは跳ね上がった姿で示される。

従順で無害な野生動物、さらに家畜動物ともなると、紋章が貴族と騎士階級に結び付く限り、中世の紋章制度では具象図形として何の役割も果たさない。しかし都市市民階級および教会の紋章学にはそうした動物が登場する。それらにキリスト教における象徴的意味が欠けているわけではないが、古来の自己像が神話上の動物と密接に関わる伝統をもたないからである。そこに含まれる動物は**仔羊**、**雄羊**、**雄牛**である。楯表面にはっきりした大きさの違いを示す十分な余地がないと、**狐**は赤い狼と混同されやすかった。**兎**と**ビーバー**は比較的後代に洒落紋章として使われるようになった。

ライオンと豹を除けば、異国の動物として中世にはすでに**ラクダ**〔一五世紀末にフタコブラクダ〕と**象**が楯の意匠に登場する。当時の紋章獣誌では例外というべき存在だが、それでもシュヴァーベン伯ヘルフェンシュタインの紋章に描かれた四つ山《フィアーベルク》（？）に立つ象は有名だ。

◉── 086*
シュヴァーベン伯ヘルフェンシュタインの紋章
ウルリヒ・レッシュ『紋章鑑』、15世紀
ザンクト・ガレン修道院図書館蔵

魚

中世紋章学では魚は特に種類名を挙げずに**バーベル**〔本来はコイ亜科バルブス属*Barbus*の淡水魚の総称。属名は「魚のヒゲ」の意という〕と呼ばれ、二匹の魚が腹側にやや体を曲げて、背を向け合った（背と背を合わせて立った）姿でもっとも頻繁に現われる。逆向きの姿勢で――向かい合って――兜飾りになることもあり、楯では上下に平行に（縦帯状に）並んで泳ぐこともある。たとえば三匹並んでいて中央の魚が逆方向を向いていれば、「逆方向を向いた」と呼ばれる。紋章風の様式化をあまり蒙らなかった魚としては、すでに中世に**カワカマス**が姿を見せおり、先が尖った頭と、なだらかに伸びた胴部からそれと分かる。紋章図形カワカマスの変種を用いて、アイデンティティの奇妙な捉え方をした例がある。スイス西部ヴォー州のプラロマン家は一四世紀中葉から、黒地に、典型的な蛇めいた頭部（口を開いた）と尾びれが付いた銀色の魚骨姿のカワカマスを紋章としている。

まだ海洋哺乳動物という分類を知らなかった中世の博物学で魚類の王と見なされたのが**イルカ**だった。その紋章風デザインはあまり魅力的とは言えず、ドイツ語の古称「海豚《メールシュヴァイン》」(Meerschwein)がイルカを怪物に近づけたと推量される。楯上のイルカは体のバランスがまったくとれていない。すなわち、縦に引き伸ばされながらもずっしりした不格好な頭部と、鱗で覆われた曲がった胴部が不釣り合いで、胴部が小さ過ぎるのだ。魚類の王は体を曲げて〔楯

◉── 087* プラロマン家の紋章（魚骨姿のカワカマス）
ディーボルト・シリング『シュピーツ年代記』、1484/85年
ベルン市民図書館

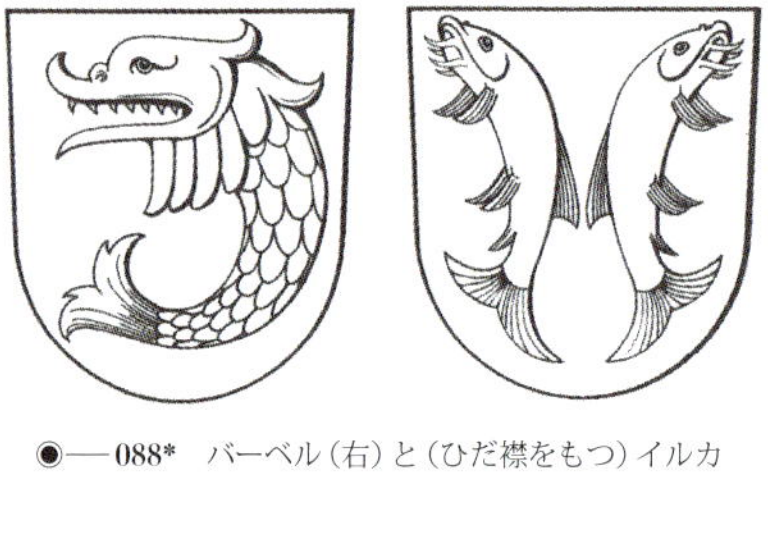

◉── 088* バーベル（右）と（ひだ襟をもつ）イルカ

◉── **089**　ヴュルテンベルク＝メンペルガルト伯の紋章
十字四分割の第１区画と第４区画には金地に黒色の鹿の枝角が３本、
第２区画と第３区画には赤地に背を向け合った金色の魚（バーベル）
後者の意匠は魚の向きと上下を逆にして、紋章学的に左側〔向かって右側〕の兜飾りで繰り返されている
コンラート・グリューネンベルク『紋章鑑』、1483年

の背後から見て」右向きの側面図で描かれ、頭部と胴部はヒレが集まった巨大なひだ襟で区切られている。嘴状の長い口は開から、上顎には鋭い歯が並んでいる［▼図88・91・114］。こうした姿勢のイルカは「口を開いた」と呼ばれ、これは他の魚にも当てはまる。ライオンや鷲同様に眷属を支配するという表象に相応しく、王冠を戴くイルカは稀ではない。王冠、およびヒレの彩色は常に銀色の胴部とは異なる。魚やイルカが兜飾りとしても用いられるのは珍しいようだ。とりわけ感銘深い例が、金羊毛騎士団の創立メンバー（一四三〇年）だった騎士ロベール・ド・マッセマンの兜飾りである［▼図90］。「魚」の巨大な口が兜を咥えこみ、その胴部は天に向かって反り上がり、攻撃心に溢れた威嚇的な印象を生み出している。

怪物――竜、豹《パンサー》、一角獣、グリフィン

元来は紋章獣に数えられていたが、やがてそこから分離したのがいわゆる怪物である。それらはほぼすべてが動物の合成生物であり、幾つかの例外を除けば、オリエント産の古典古代の伝承に由来するもの、あるいは十字軍に従軍した者たちの語る物語や、それを西洋に報告した文書を介して知られたものである。あらゆる怪物はより古い意味のパワーアニマルなので、まもなく紋章獣に採用されることになったものの、中世の紋章学ではまだ散発的にしか使われなかった。その後ルネサンス期になると、様々な形で古典古代の伝承に由来する怪物たちがとりわけ教養市民や学者たちの紋章楯に描かれるようになった。そして一九世紀には人間と動物の合成生物が各種発展する。これは膨らむ空想の単なる戯れとして造りだされたもので、一般的に受け入れられもせず、一般的に通じる名称も与えられず、特定のクリエイターの個人的な作品に留まった。中世の紋章制度でとりわけ重要な役割を演じたのは竜で、豹《パンサー》、一角獣、グリフィンがそれ

に続く。

結局のところ中世の楯では、怪物の占めるスペースは信じられているより遥かに僅かだった。中世の紋章鑑（書籍型・巻物型）に目を通しても、楯の意匠としての怪物はむしろ稀にしか現われない。フランドルの著名な紋章官ゲルレ（一四一四年没）は自著の『紋章鑑』に一八〇〇の楯と兜を掲載しているが、怪物は二五回しか登場しない。楯に九回、兜飾りに一九回（内四回は左右に！）である。一三〇二年にコルトレイク近郊で起こった有名な金拍車の戦いの準備を進める際に、および一三三九年にフランス北部でフランス貴族が一堂に会した際に作成された二冊の紋章鑑には、怪物はほとんどまったく見当たらない。

その反例となるのがいわゆる『シュヴェーリン装飾写本』であり、一五二六年――すなわち近世への過渡期――に編纂された。同書に収録されたメクレンブルクの領主たちとその妻たちは、怪物を取り込んだ数多くの紋章を提示しており、竜、バジリスク、グリフィンが楯に掲げられている。同じ一六世紀のうちに、具象図形としての怪物と合成生物は予期せぬ方法で増え始める。とりわけイタリアの紋章はほぼすべてが古典古代＝ギリシアに由来するその種の生物の襲撃を受け、そしてまたドイツとフランスでも教養人文主義が紋章意匠にも手を伸ばし始めた。

そうした事態は中世ではまだまったく問題になりえず、紋章制度や楯と兜に採用されたのは、とりわけ新しいパワーアニマルたちだった。もっとも歴史が古く、もっとも「紋章らしい」のが竜である。蛇を元型とするこの怪物は多数の形態要素、つまり様々な動物に由来する胴体パーツを取り入れた結果、ステレオタイプの姿がひとつもできなかった。

動物の合成生物である**竜**はライオンや、いわんや鷲とは違い紋章風の様式化を施されることがなかった。

なぜならその姿はまちまちで決して一様ではなかったからである。一般的に竜には脚が二本あり——四本脚の場合、ドイツの紋章学では大蛇《リントヴルム》、イングランドではワイヴァーンと呼ぶ——、その先端はライオンの前足あるいは鷲の鉤爪となっている。飛膜がある蝙蝠のような羽根は体に比べて小さ過ぎ、胴部はトカゲのように鱗に覆われ、それが実に長い尾へと繋がり、その先端は鏃《やじり》状になっている。頭部は猛禽類のようで、（必ずではないが）角があり、口を開ければ尾と同じく尖端が鏃状になった舌が飛び出す。舌の代わりに大きな口から迸る炎が描かれることもある。

◉— 090* 騎士ロベール・ド・マッセマン
『金羊毛騎士団大紋章鑑』、1460年頃

◉— 091 フランス王太子（ドーファン）の紋章
十字四分割された楯の第1区画と第4区画には青地に金色の百合（フルール・ド・リス）が三つ（2＋1の配置）、第2区画と第3区画には金地に口を開いてヒレの赤い、青色のイルカ（ドーファン）が描かれている動物の醜い要素を組み合わせて生まれたのが竜であり、それによりこの怪物が不自然な存在であることを、悪魔の産物であり、神が無限の調和の中で創り出した生物ではないことを暗示している。竜は単に醜悪の権化であるべきだった。しかしそれは、竜は悪魔そのもの、あるいはサタンの創造物、いずれにせよ人類にとってもっとも忌まわしい仇敵なりと解釈するキリスト教的見地からの結果である。

竜はゲルマン民族の（そしてすでにギリシア民族の）伝統では、混沌たる原初の力のシンボルであり、英雄はこの怪物を倒すことでその力を調伏する。そこで竜の戦士である英雄は、この「大蛇《ヴルム》」を紋章に採用し、その英雄的な行為の記念とする。この怪物が財宝を守護する伝承では、同じく己の支配権を（そしておそらく己の生命も）基本的に左右する財宝を抱える王に譬えられる。前紋章時代に竜はアングロ・サクソン人、ノルマン人、そしてまたバルト海沿岸の様々な民族の集合的および個人的なシンボル標号として重要な役割を果たす。竜に対するキリスト教の見解は極端に否定的だったので、容易に解消し難い葛藤が生じた。すなわちアーサー王は父ユーサー・ペンドラゴン（竜の頭目）の継承者として竜の兜をかぶると同時に、聖母を描いた楯を用いたのである。ゲルト＝ゲルマンの伝承はそう早急に消し去れるものではなかった。

十字軍の遠征でイスラム教徒への憎悪が高まるにつれて、悪魔の動物たる竜は初めて仇敵の紋章意匠となり、キリスト教徒であるライオンの楯を掲げる騎士と対峙するようになった。ライオン対竜の敵対する組合せは中世高地ドイツ語の文学では繰り返し話題にされた。宮廷社会に広く知られて人気が高かったのが、円卓の騎士イーヴェイン（ユーウェイン）の物語である。イーヴェインは、竜相手に勝ち目のない危険な戦いを挑むライオンに助力してこれを救い、その後この王者の獣は騎士のお伴となったのだ。

◉——092*
2本脚の竜と4本脚の大蛇（リントヴルム／ワイヴァーン）

◉—093
デンマーク王クリスチャン3世（在位1534-1559年）の紋章、ニュボー城
中世後期以降、デンマーク王はヴェンド人とゴート人の王であると主張するために、
複数分割された王家の紋章の第4区画に青地（1551年以降は赤地）に金色の竜を掲げた
その後まもなくして竜は楯の最下部に追いやられた

楯の竜は棹立ち姿で描かれるが、二本脚であれば当然のことに思える。怪物は——そのトカゲの体に相応しく——たいてい緑に彩色され、赤色は比較的稀である。兜飾りとしての竜はいわば民族大移動時代の竜兜の伝統を引き継ぐが、紋章学上の兜飾りとして兜に描かれることはなかった。ほとんどが上半身像だった竜の兜飾りはとりわけ効果覿面で、攻撃的な印象を与える要素としては無類だった。

「合成」怪物としての竜と等価なのが**豹**《パンサー》である。紋章制度の黎明期については、豹《パンサー》は伝統無き動物と呼べる。古典古代の博物学から伝わる豹《パンサー》(panther, pardus)の名は、その動物学上の実体とかけ離れて一人歩きし、『フィシオログス』では、キリスト教のシンボルとして取り上げられている。この獣は満腹になると三日間眠り続け、その後目覚めて大声で啼く。その際に甘い香りの息を大量に吐出すので、あらゆる動物が引き寄せられる。例外は竜で、できるだけ遠くの岩の割れ目に逃げ込むのである。［この特徴ゆえに、三日後に復活して信者を導き、悪魔を退けるキリストに譬えられた。］

豹《パンサー》が話題になるのはほとんどこうした寓意的な記述のみであり、またその寓意についても豹《レパード》に転用されたものは何一つない。豹《レパード》は基本的に極めて否定的な評価を下され、紋章学でもライオンの変種でしかなかったのだから当然だろう（前出参照）。一一九〇年以前にエルザスのオディリエンベルク修道院で誕生したかの百科全書的書物

◉—094*
甘い香りを吐いて他の動物たちを
引き寄せる中世動物誌の豹（パンサー）
13世紀前半の写本（MS. Bodley 764, f. 7v.）

『歓喜の園』に豹《パンサー》はpenteltierの名で登場し、美徳と悪徳の対決を描く寓話において、高慢と戦う「謙遜」の騎獣として仕える。それに対してヒルデガルド・フォン・ビンゲンは豹《パンサー》を怪物と見なし、その吐息は伝承にある芳香ではなく毒性を帯び、致命的な効果を与えるとしている。それにもかかわらず、紋章の豹《パンサー》に——もっともグロテスクに変形されてはいるが——残り続け、紋章上の表現に影響を及ぼしたのは、まさに甘い香りのする吐息のイメージなのである。

合成動物としての豹《パンサー》は、ようやく一一五九年になってシュタイアーマルク辺境伯オタカル三世の印章に登場するのが確認される。しかし本来はそれよりも古く、少なくともストレートに前紋章時代に分類すべきだろう。それというのもケルンテン公国の標号だったからだが、これはまたバイエルン軍の標号に遡ると思われる。しかし、豹《パンサー》の名が動物誌でお馴染のあの獣から、うろんな合成獣へと接ぎ木されねばならなかった理由は分からない。豹《パンサー》(Panther)という名の由来は「すべての動物」(ギリシア語でPan-Ther)であり、すなわち他のあらゆる動物(の部位)を合成した動物である、というのは後代になって登場した学者の解釈だと思われる。

一二世紀以降その外見で知られるようになった紋章上の豹《パンサー》は後ろに引いた首の先に雄牛あるいは馬の頭部を載せ、これを角や鬣(時には両方)を加えて特徴付けている。胴部および力強い後脚と尾はライオンのものであり、しばしば装飾的なデザインの長い尾は合成獣の背中に並行して描かれる。稀ではあるが、ライオンの前脚ではなく蹄の割れた細い脚のこともある。前脚の先端には鷲あるいはグリフィンの鉤爪が付いている。口から火を噴いていることが多いのは、かつての甘い吐息の力を分かり易く示すものである。楯では一貫して縦に(後脚で立った姿で)描かれる。彩色は主として銀色であり、これは角、鉤爪、蹄を含む。

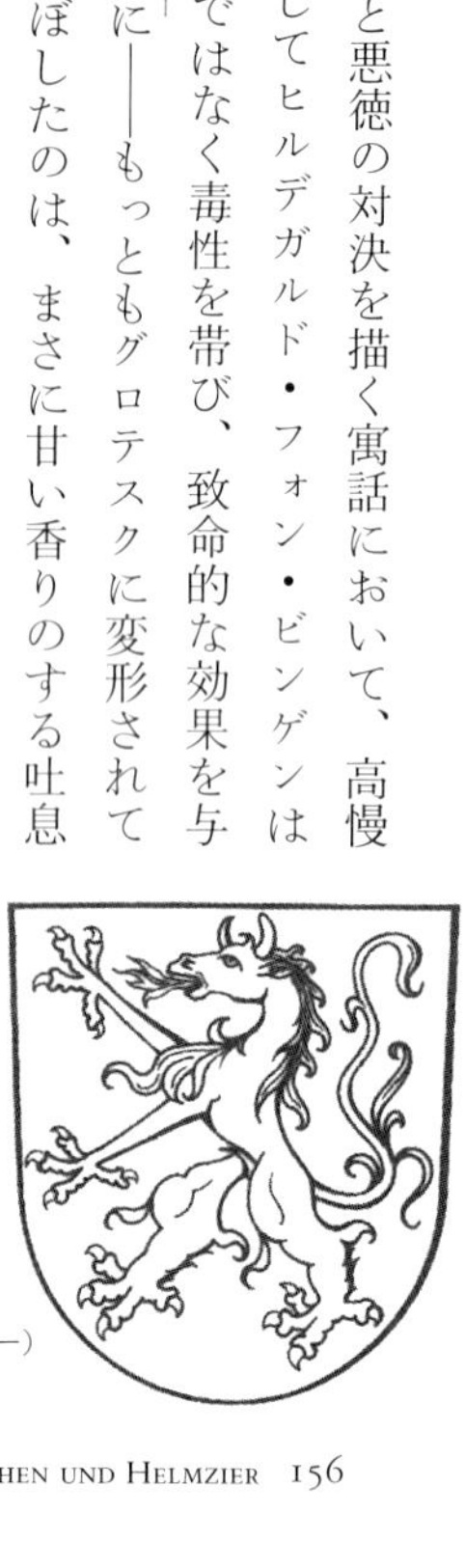

◉——095* 紋章の「豹」(パンサー)

稀だが黒色もある。

紋章の怪物としての豹《パンサー》の分布域はあまり広くない。竜は紋章獣として主にバルト海沿岸を棲家としながらも、ヨーロッパ各地に登場する。しかし豹《パンサー》は紋章学の観点では発生地をほとんど離れなかった。シュタイアーマルク、ケルンテン、バイエルン、シュヴァーベン南部、スロヴェニア（旧シュタイアーマルク領）、フリウーリ、ヴェニエチア＝ジュリアが分布域である。イタリア圏には「ラ・ドルチェ」と呼ばれる特殊形態が登場し、兎のような頭部、背中向きに曲がる切り詰めた尾と割れた蹄が特徴である。その名は明らかに豹《パンサー》の甘い《ドルチェ》吐息を連想させる。

もう一頭の合成獣が**一角獣**である。すでにギリシアの学者がモノケロース、リノケロースとして記述しているが、それは紋章や昔話で我々にお馴染みの動物とはまったく類似点がない。とはいえ、そうした記述でも一角獣の合成動物としての性質は強調されている。その後『フィシオログス』に、概して我々のイメージ通りに一角獣と理解される動物が登場する。頭部と胴部は馬だが、胴部は小柄でむしろ雄山羊に近く、顎鬚も生えている。蹄は割れ、尾はある程度ライオンの尾に似ている。名前の由来はその額を飾るかなり長い角で、螺旋状でまっすぐに生えている。その角に潜む力は強大で、万物を貫くと称されるほどである。その他に、一角獣は抑制のきかない野生と攻撃意欲を秘め、総じて常時好戦的な態度を取る、とも言われる。

インドの伝説由来で、乙女の膝に逃げ込んできた時しかこの野生動物を捕まえたり殺したりすることはできない、と信じられ、当然ながら、そこには聖母マリアとイエスの寓意が読み取られた。その一方で宮廷社会は一角獣の捕獲という出来事に恋愛《ミンネ》のシンボルをも

◉— 096* 一角獣

見出した。すなわち衝動と欲望に身を委ねた騎士の心を鎮め、高貴な感情の持主に変えることができるのは、純粋な恋愛奉仕を受ける女性のみである。自制心のない官能の奴隷は乙女の膝の上で「殺される」のだ。

『マネッセ写本』では、ドナウ河流域のミンネゼンガーであるディートマル・フォン・アイストが青地に銀色の一角獣を紋章とし、銀色の一角獣の半身像を兜飾りとしている。この紋章図を宮廷の読者はより深い意味で理解したに違いなく、商人に変装したディートマルの狡猾ぶりとは著しい対照をなす。これはまた、そもそも一角獣が紋章に描かれた最初期の例のひとつと思われ、一三〇〇年以前は印章でしか知られていなかった。後にはトゥールガウ州（スイス）の紋章にしばしば現われ、『チューリヒ紋章鑑』（一三四五年頃）にはヘルメンスドルフ家およびテンゲン家に帰属するとある。

楯の一角獣は一貫して棹立ち姿で描かれている。その際に頭を下げねばならないことが多く、さもないと長い角が楯の枠から突き出てしまうからだ。同じ理由で角が曲がっていることもよくあるが、これはこの怪物の基本的な性格設定に矛盾する。一角獣の彩色はほとんど例外なしに銀色であり、ごく稀に蹄と角が他の色になる。貴重な角の生えた頭部だけでも紋章意匠にすることが可能である。長く尖った角ゆえに兜飾りには抜群に適しており、枠に囲まれた楯面に比べれば、前方に向けられた立体的な角の効果をはるかに印象深く発揮できた。

有名になったのは、今日パリのクリュニー中世美術館が所蔵する六枚の連作タピスリー『貴婦人と一角獣』である。一五世紀後半の作で、楯持ちとして最適なサイズの一角獣が描かれているが、もっとも楯持ちの典型的な姿勢は取っていない。

◉—097　ディートマル・フォン・アイスト殿の紋章
青地に銀色の一角獣、これは兜飾りでも繰り返されている
楯ではスペースが足りないので角を下に向けねばならない
兜飾りにはその必要がないにもかかわらず、
紋章所有者の同一性を示す目的で下に向けたポーズが繰り返されている
『マネッセ写本』fol. 64r.

本来ヨーロッパとはもっとも縁遠い架空動物が**グリフィン**である。様々な姿を取るので、中世ヨーロッパではセビリャのイシドルスによる記述が基準となった。それによればこの獣には脚が四本あり、体が羽毛に覆われている。胴体はライオンだが、翼と頭は鷲のそれである。紋章図像では前足は鷲の鉤となり、豹《レパード》の尾を有する、すなわち尾が身体と平行に伸びている。

中世ではグリフィンは怪物のパワーアニマルとして有名で、中世騎士物語の波瀾に富んだ冒険に登場するのも当然だった。籠を運ぶグリフィンの図は有名で、繰り返し描かれている。その籠にアレクサンドロス大王を入れて極楽の門まで連れて行き、それからまた地上へ連れ戻したのである。『エルンスト公』（一一八〇年頃）、『王女クードルーン』（一二四〇年頃）などの物語にもグリフィン絡みの冒険が登場する。グリフィンは極北あるいは極東の地に財宝を蓄え、途方もない力持ちで、武装した騎士を馬ごと運び去ることができるほどだった。鷲とライオンの合成獣というその姿を見ただけでも、グリフィンは両方の力を兼ね備えていると容易に推測された。

ところが、紋章学がイシドルスの記述通りにグリフィンを楯に描いたにもかかわらず、叙事詩人たちはこの強力な獣について漠然としたイメージしか抱かなかったらしい。叙事詩『エルンスト公』ではグリフィンは巨大な鳥と考えられており、それゆえアラビア圏の伝説に登場するロック鳥と混同したのではないかと推測される。『クードルーン』では若き王子ハーゲンがグリフィンの脚を一本切り落とすと、怪物はもはや動けなくなる。すなわちここでは、伝承された本来の四足獣姿ではなく、二足獣と考えられているのである。

楯のグリフィンは常に棹立ち姿か四足で歩く姿の側面図で描かれ、後者の姿勢はむしろより古い時代の紋章に帰属する。怪物の彩色は黒色か金色で、舌と鉤爪は別の色のこともある。紋章獣グリフィンの故郷

◉—098* 紋章のグリフィン

◉—099
ハインリヒ・フォン・フラウエンベルク殿の紋章
楯には青地に金色のグリフィン、
兜飾りにはグリフィン（あるいは鷲）の鉤爪
『マネッセ写本』fol. 61v.

はバルト海地域である。紋章に初登場したのはポンメルンかもしれない。当地ではすでに一一九一年と一一九四年にこの怪物がボギスラフ二世およびカジミール二世の印章に描かれた証拠がある。やがてポンメルン領主の家系で印章や楯にグリフィンが頻繁に描かれるようになると、グリフィンの名を家名に取り入れる領主たちも出てきた。

グリフィンはポンメルンからメックレンブルク、デンマーク、スウェーデン、ポーランド、バルト海沿岸諸国へとやってきた。ポーランドの紋章でグリフィンは紋章一族全体にとって家名の由来となる紋章にさえなり、そこには数多くの血族や類似した家名を持つ人々が含まれた。バルト海沿岸では今日に至るまでグリフィンの紋章にもっとも頻繁にお目にかかる。

『マネッセ写本』では自由騎士《フライヘル》ハインリヒ・フォン・フラウエンベルク（グラウビュンデン）が金色のグリフィンを、ブーウェンベルク殿（ヴュルテンベルク）が黒色のグリフィンを楯と兜に飾っている（フラウエンベルクの兜には脚部のみ）。両人ともドイツ南西部出身の騎士であり、つまりグリフィンの紋章が頻繁に登場する地域とは正反対の世界に暮らしているのだ。

4 付加図形あるいはブリジュア

すでに一三世紀には楯について「真空嫌忌」、つまり楯の表面に空白部分を作ることへの恐怖心が確認できる。そこで楯の背景に同種の小さな図形を多数「散らす」（図形をすべて楯の内部に収める）、あるいは「撒く」〔図形を楯縁部で断ち切る〕ようになった。その図形に使われたのは、星、小長方形、小十字、薔薇、百合の花《フルール・ド・リス》、葉、小さな炎（涙、雫）であり、稀な例ではアーミン（オコジョの尾）模様がある。もっともこれにはすでに早い時期から別の目的があったらしい。すなわち同種の楯図形（ライオン、十字、縦帯、横帯、山形図形）が頻繁に登場する場合、小さな図形を加えることは紋章の区別に役立ったのである。その良い例がハート模様（あるいはむしろ菩提樹の葉）で、デンマークではあまりにも頻繁にライオンが紋章に登場するので、賑やかな背景を提供するとともに、紋章に取り違えようのない特徴を与えている。

家門の紋章はその一族郎党全員が使用する。すると新たに生じた傍系親族や、さらに婚外子に至るともはや識別できなくなってしまうので、同一系譜上の多彩な人々の法的および社会的な評価の違いを標号も用いてはっきり示すことが必要になったようだ。当初は世間に認められた家門の紋章に軽度の変化を加えることで満足していた。すなわち具象図形と抽象図形（幾何学図形《ピエス》）は基本的に同じだが、その数、彩色、さらに配置を変えたのである。ドイツ圏では素性を明らかにするため兜飾りのみを変えたが、それにはまず世襲制になる必要があり、そうなったのは一二四〇年頃だった。上述の小さな図形を楯表面に散らしたり撒いたりして、基本的には変わらない楯意匠に変化を加えてみても、同一家門の系統を明瞭に区別できる保証はなかった。ある家門の本家の紋章を知らない余所者にとって識別用の付加図形

◉— 100　デンマークの王章
金色の王冠をかぶり、赤い舌を出して四足で歩く青色のライオン3頭の間に、
特徴的な赤色の小さな模様9個が散らされている
ハート模様の意味には諸説あるが、
今日の公式設定ではスイレン（?）ということになっている

Causa iubet q sic in equo rex stem mo sessor
Milites armati signi sum naq professor
Patiensis referaq suam sic stando figuram
Indulge fidei subiecte respice puram
Mentem desflevam tibi semper ubiq paratam
Nam dno micchi te dnm q re fore gratam
Esse meum nostis m preamctis quia cerno
Rex quia uirtutes sequeris nuq tua sperno
Jussa · precor dignare preces audire precantis
Sponte tibi uero fidei celo famulantis
Preq mea tibi matre preces cu supplici mete
Porrigo pro Roma genitrice mea mo flente
Nuc eget ipa parens tutela nuqq senatus
Sensato senio rex cuius tu trabeatus
Quondam consul amor quia scris urbe Senator
Te rogat ut culpe ne crescat flo medicator
Indiget ipa tui presenti conditione ✝

Supplico puate qui regia carmina audit ·
Rex tua que trudit in umcla pro breuitate
Exaudire uelis que poscit nomine prati
Ut tibi sint grati iuuentes rex pie celis
Gloria lausq deo tibi rex decus inde paratur
Detantiq datur exinc spes magna tropheo
Res faciendi leui uerbor sato labore
Justa · salus fore qua poscitur ut mala seui
Nuc patrare putent si fecmi do uideatur
Ipsi necis dantur sic prelia dum fore nitet
Vel quasi re mim contingere q meditant
Unde retardantur · ne figant uulnera · dira
Resca completa sedabit bella uetusta
Cunqz uia iusta reddet comota quieta
Non fiunt facile que no in pace petuntur
Donaq planguntur senio q iam iuuenile
Tempus uidebat rex dapsilis ~ pius esto
Ut facias presto tuus ut pater ipe solebat ·

✝ · Cum manet ancipi mentis luctantis agone
Si uirtute tua quam sperat pace fruetur
Confidas felix q te fortuna sequetur
Scilicet ipa dei que gra psspera reges
Sublimat fuat letatur condere leges ·
Sic ego spero quidem timor hinc orietur in orbe
Mq discedes longe tu pessime morbe
Plene doli qtum te falso putasse pudebit
Et q qui sequitur tua pessima nota dolebit :

は何の役にも立たず、その場その場で交換する兜飾りもそれは同じだった。

レイブル

紋章を見る者に分かり易い変化は、楯あるいは楯意匠の配置で示してはならず、後から付加した構成要素で変化させる必要があり、それもまた好みの具象図形や抽象図形であってはならなかった。その目的で明確な姿を取ったのが三種の付加記号あるいはブリジュア（独 Brisuren, 仏 brisures, 英 cadencies）であり、特殊な紋章に関連する情報と、氏族同盟内で占める地位を見る者に伝えた。その三種のブリジュアとは、「レイブル〔独語では Turnierkragen＝騎馬槍試合用の飾り襟〕」「極細斜め帯 Schrägfaden」「縁帯《ボルト》（縁飾り）Bord」である。レイブルとは細い横帯であり、楯上部あるいは楯の上辺に接合しつつ楯の意匠に重ねて置かれたが、楯の両辺には触れず、すなわち「浮いている」。レイブルからは、三本あるいは五本の凸部が下向きに伸びている。これらは「垂れ」と呼ばれ、同じ幅のまま伸びるか、あるいは下方に行くほど幅が少し広がる。図全体に楯の意匠から際立って見える彩色が施され、紋章の一般的な彩色規則には縛られない。この付加標号は一三世紀以降フランスおよびイングランドの王朝でとりわけ頻繁に用いられた。王位継承者たる長男〔が王家の紋章を受け継ぐの〕とは異なり、弟の王子たちは王家の紋章にレイブルを重ねる。イングランドで初めてそれを使ったのは、国王エドワード一世（一二七二―一三〇七）の王太子時代であり、イングランドの国章に銀色のレイブルを置いた［▼図65］。この付加標号はイングランドからネーデルラントおよびニーダーライン地方へと広まった。

◉―102* レイブル（「垂れ」が3本の例）

◉―101
プラート出身の騎士
紋章は、楯上部の青地に金色の百合の花（フルール・ド・リス）が5個置かれ、
5本垂れの赤色のレイブルが描かれている
これは「アンジューのチーフ」と呼ばれ、
北イタリアの教皇派と皇帝派の対立において、
教皇派アンジュー伯シャルルの支持者であることを示す
「カルミナ・レギア」挿画、1335年頃、大英図書館蔵（Royal MS. 6 E IX, f. 24）

庶子帯《バスタルトファーデン》とバトン

「極細斜め帯《シュレークファーデン》」もイングランドとフランス限定だった。これは左右の上辺の角から楯意匠を越えて対角をなす下辺に向かう帯で、やはり彩色規則は無効となった。帯が〔向かって〕左上から右下へ〔対角線となって〕置かれれば、その紋章の所有者は当該の家門の若い家系あるいは傍系の一員という意味だった。逆向き〔向かって右上から左下〕の場合は、紋章所有者の素性が庶子であることを示す。そこでこちらの付加標号は「庶子帯《バスタルトファーデン》」と呼ばれた。そうした紋章を掲げる者が承知しておかねばならない法的不利益、そしてたいていは社会的な不利益は些細なものとは言えなかった。そこで大多数の者ははっきり認識できるこの手がかりを取り除こうとした。手続きを踏めば、この帯を切り詰めた〔つまり楯の角部に届かない〕小さな斜め帯に変えて楯の中央部に置くことができた。バトン〔ドイツ語で「侵入《アインブルッフ》」〕と呼ばれるこの標号は庶子帯《バスタルトファーデン》に比べてはるかに目立たなかった。もっとも庶子の中には社会から極めて高い評価を受ける者もいて、彼らはこの法的権利を奪う帯を、むしろ己の人柄を表わし、著しく目立ち、広く価値を認められたシンボルと解釈し、はばかることなく提示した。たとえばサン＝ポル伯の庶子でオーブールダン領主だったジャン・ド・リュクサンブールがそれで、この不名誉の印を積極的に表現した。すなわち、『金羊毛騎士団大紋章鑑』〔一四六〇年頃〕が示すように、誇り高いライオン紋章を補足し特徴付ける要素として〔一度は向きも変えて〕軍衣と大きな馬衣に堂々と掲げたのである〔▶図104〕。

◉── 103*
庶子帯（バスタルトファーデン、右）とバトン

縁帯《ボルト》

さらに付加標号としてもっとも意義が小さかったのは「縁帯《ボルト》〔ボーデュア〕」、正確に言えば「縁飾り《ボルデューレ》」で

ある。楯の縁取りとしてそれ自体が抽象図形になることもあったが〔99頁参照〕、これには明確なブリジュアの意味はなかった。付加標号となる場合は、尋常でない幅と彩色で一般の紋章を縁取りし、たとえばフランスの紋章である青地に金色の百合の花《フルール・ド・リス》を囲む赤色の縁がそうであり、これは著名な美術蒐集家にして保護者だったベリー公ジャン（一四一六年没）が使用した〔▼図105〕。

彼は王の息子であり兄弟だったが、長男ではなかった。縁帯には小さな図形や抽象図形が置かれることが多く、おそらく真空嫌悪が理由だろう。付加標号としての縁取りが見られるのはほぼ西ヨーロッパ（スコットランド〔▼図106〕、スペイン、ポルトガル）に限られた。ドイツ諸国、ボヘミア、ハンガリー、北イタリアでは上記のブリジュアはほとんど使われなかった。これらの地方では、傍系、長男以外の息子、庶子であることを紋章に示す場合は、主要な楯図形の彩色を変えて間に

●— 104*
ジャン・ド・リュクサンブールの紋章
『金羊毛騎士団大紋章鑑』、1460年頃
フランス国立図書館（パリ）蔵

◉── 105（上）　ベリー公ジャン1世の紋章楯
青地に金色の百合（フルール・ド・リス）が撒かれ
内側に曲がった赤色の縁取りで囲まれている
〔フランス王ジャン2世の子、シャルル5世の弟
としての付加標号〕

合わせることが多かったが、この方法はあまり効果がなかった。それよりも便利ですぐに識別できたのは、庶子の息子が単彩の楯を十字四分割して向かって左上に父親の紋章を掲げる方法である。上述の国々およびスカンディナヴィア地方でも、遠い親戚に過ぎないこと、あるいは庶子であることを兜飾りでも示し、これはようやく一三世紀中葉頃から可能となった。西ヨーロッパでは（イングランドを除き）兜飾りは一度も世襲の対象にはならず、一四世紀以降はみるみるうちに姿を消してしまった。

◉── 106（左）
スコットランド国王の紋章
礼法上の理由から〔図では省略された〕別の紋章の方を向いている
百合の花（フルール・ド・リス）を乗せた二重の赤い縁帯（ボーデュア）をもつライオン意匠の楯
コンラート・グリューネンベルク『紋章鑑』、1483年

第Ⅳ章

紋章の言語、時代様式、色彩

1　紋章記述の確立

紋章は如何に記述するか

紋章の意匠を描写するには、正確な表現、紋章学の概念に関わる専門知識、描かれた図像パーツの内的関連に関する学識が欠かせない。これらの点で他の同業者が信頼できなくては、紋章官が自分に伝えられた内容を明瞭に理解し、自分では見ていない紋章を正しく描くことは不可能である。「常法（紋章学の規則）」に則ったこのような手法を「紋章記述《ブラゾニーレン》（Blasonieren）」［ブレーゾン］と呼ぶ。フランス語からの借用語だが、おそらくそれも中世高地ドイツ語 blaeze（輝き、光）に由来するものだろう。元来「紋章記述《ブラゾニーレン》」の基本的な意味は、楯に彩色を施し紋章を描く行為だったが、すでに中世には紋章官が紋章楯の意匠を記述する行為がこの言葉で呼ばれていた。

　紋章制度の黎明期には日常語で十分だった。たとえば「銀地に赤色の狼」のように紋章意匠がまだ簡素で、すぐさま明瞭に特定できたのもその理由だろう。一二世紀になってもこの点はほとんど変化がなかった。概念を示す専門用語がもっとも早く発展したのはフランスで、一三世紀初頭の数十年間だったと確認できる。専門用語は文学の言語形式、そして古風になりつつあった言語形式も受け継ぎ、とりわけ素材や服飾など、紋章学以外の隣接分野のそれを借りて枠組みを創った。民衆語の文学テクストがそこに影響を及ぼしたことは、まさにドイツ語や、イベリア半島の中世文学語であるガリツィア語に示されている。一三世紀後半になると紋章専門用語は紋章制度の先進国――フランス、アングロ・ノルマン人のイングランド、ネーデルラント地方とドイツ帝国――に浸透した。そうなると統語論上の様々な変化も生じるようになり、ほとんどの民衆語では分詞を多様に使うことが紋章記述に不可欠となった。だがこれは様式主義の観点からは得策ではなかったので、できる限り的を射た正確な表現方法が必要とされた。こうした脈略でラテン語が何の役割も果たしていないのは、西洋中世にとって例外的な事象である。その原因は、紋章制度とは宮廷文化、およびたっぷり世俗に染まったとも言える宮廷の生活環境の産物だったことにある。紋章が戦場や競技会場で使われる防具ではなく、流行の所産として登場する場合のみ、ラテン語の概念を用いる試みもあったが、結局これも浸透しなかった。

それにもかかわらず、紋章に関するおそらく最古の学術論文はラテン語で執筆された。チューリヒの聖職者コンラート・フォン・ムーレ著『ドイツ人の紋章楯（*Clipearius Teutonicorum*）』は遅くとも一二六〇年頃（おそらく一二四七―一二四九年）に成立し、一五世紀の写本で断片的に伝えられている。グロスミュンスター大聖堂付属学校長だったムーレは同書で、ドイツ帝国の王侯貴族の紋章七三個についてレオニウス風六歩格で記した。聖職者にして学長たる人物がラテン語を選んだことは驚くに値しないが、ここには紋章学を取り巻く現実が反映されていない。己のテクストが教材および暗記すべき概論として真摯に受け止められて授業で利用されるには、コンラートは文芸風形式で綴られた教科書で学者の言葉を使うしかなかったのだ。彼本人は紋章制度で通用する中世高地ドイツ語をフランス語の借用語が混じった状態で聞き知り、それからラテン語で新たに造語したに違いないのだが、これにはやや問題があった。紋章意匠に関して依拠できるラテン語の専門用語がまったくなかったのである。コンラートは紋章学の彩色を表わす民衆語の名称を、古代ローマ時代から伝承された、中世の色の見方とはまったく異なる色彩概念で表現せねばならなかった。

ラテン語の専門用語はまだ長い間そうした状態に留まった。ruber, coccineus, punic(e)usが赤色の意味で、caeruleus, coelestinus, azurus, venetusが青色の意味で使われた。最後のvenetusは本来「海の緑色」の意味で、青色にも近いので青色と見なすこともできるという色調の微妙な違いを表わしており、これは中世の視点では緑色と青色が交換可能だったからと理解される。とはいえこうしてドイツの叙事詩人や紋章官が日常語で一般に用いられる色彩名称を紋章の彩色記述にも受け継いだおかげで、チューリヒの司教座聖堂参事会員コンラートの仕事はいくらか容易になったかもしれない。古典ラテン語にはそのように個々の色彩を表わす基礎単語さえなかったのだから。

色彩をあらわす専門用語

もっとも早く紋章学の特殊用語が発達したフランス語では、すでに一二世紀に通常の表現方法と一線を画するようになった。ドイツ語では、たとえば盛期中世の終わりごろに活躍した叙事詩人コンラート・フォン・ヴュルツブルク（一二八七年没）は紋章が少なからず重要な役割を果たす作品を書き、そのなかで金色・銀色と並んで、あるいはその二色の代わりにも黄色と白色を使った。フランス語では金色(or)と銀色(argent)しか使わず、黄色（jaune）と白色（blanc）は紋章学で出番がない。これがつましい色彩語をより豪華な単語に置き換えたという話に過ぎず、黄色と白色のいわばもっとも価値ある最上段階が金色と銀色だというのならば、赤色と青色はすっかり影の薄い存在となってしまう。中世および近世初期のドイツ語、すなわち本質的に中世高地ドイツ語となるが、そこには紋章学の色彩「赤色」を表わす様々な単語がある。だが高貴でない品々、それどころか極めて評価の低い無数の品々を指すのにも用いられる庶民の日常語たる赤色（rouge）と青色（bleu）は、当初貴族専用と定められていた紋章制度では使いようがなかったのである。

紋章の色彩も単語としては雅《みやび》であるべきだった。凡庸で劣等な世界およびその世界の単純な事物から宮廷世界を示唆的な形で区別するにはそれしか手段がない。そこで赤色を表わすギューールズ（gueules）という概念が現われ、これは gules となってアングロ・ノルマン語に、keel となってネーデルラント語に入り込む。ギュールズは狐や貂の咽頭腔および咽喉を指す名称から派生した語である。赤色を表わすこの高尚な同義語は——我々現代人にもそう思えるように——こじつけが過ぎてあまり好ましいものではなかった。しかし肝心なのは、社会階級と生活環境を等しくする人々のみが理解できて、価値あるものとの関連を生み出す、そうした特別な概念を高貴な紋章制度のために創り出すことだった。青色を表わすアジュール（azur）の語構成はペルシア語の瑠璃（ラピスラズリ）から派生した。十字軍時代に知られるようになったオリエント産貴石である。その石の色彩は、輝く夏の空を思わせるような洗練された青色に見えるが、濃厚な色調で人を魅惑する色でもある。布地の染料としてこの「オリエントの」色は極めて需要が多く、値が張った。アジュールは農夫や職人が日常で使う普通の青色とはまったく無関係だった。日常の青色（bleu）は鈍み、くすみ、色あせなど光沢に欠けるのが特徴で灰色に近かった。アジュールと青色は明白な対立関係にあり、そこには社会格差がくっきりと反映されていた。azur, azuur もまたイングランド、およびネーデルラント地方の紋章学の専門用語となった。

ようやく一三世紀末になって古フランス語のサーブル（sable）が黒色（noir）を意味する紋章学的表現となった。ギュールズと同じくこの新しい流行語は毛皮獣と関係がある。黒貂の毛皮はロシアの草原地帯から輸入せねばならず、極めて貴重で高価な毛皮と見なされていた。しかしこれは基本的に茶褐色で、染め物師が毛皮を加工して初めて黒い色調が現われる。このサーブルという語も由来があまり分からない派生語で、黒色を指すだけなら全く別の同義語が使われたはずである。もっともそうした同義語には、宮廷社会が畏敬の念を抱くほど十分華麗ではないという欠点があった。黒色もまた実に多くのネガティヴな表象を背負わされており、社会的に不快感を与える（煤、汚れ）、道徳的評価が低い（罪）、あるいは恐怖を抱かせる（死）などの印象と結びつきがちであった。

紋章学の最後の基本色である緑色とその特殊名称となると、不可解、思弁、恣意の領域に入り込んでしまう。緑色を指す一般的なフランス語であるvertが紋章用語から消えてしまったのは、発音がvair（シベリアリスの毛皮、または紋章の毛皮模様ヴェア）と紛らわしいからだとされる。しかしこれはあまりも近代的かつ理詰めが過ぎる解説のように思える。

いずれにせよ一四世紀最後の四半世紀に紋章色の緑色を表わす語シノープル（sinople）が現われた。シノープルは黒海沿岸の港湾都市シノプ（Sinope）に由来する語で、同市周辺で採掘される黄褐色の土が輸出されていた。しかもそれはいわゆる代赭《たいしゃ》石の色で、そこでシノープルは（むしろくすんだ、黄色がかった）赤色を指す概念として色彩用語に取り入れられた。一四世紀中葉に突然この語が緑色を意味するようになり、文学テクストから紋章学の世界に受け入れられるに至った理由は判然としない。

フランス語の色彩概念は、選ばれた人々のみが楽しみ、庶民はどう扱ってよいか途方に暮れる選りすぐりの高価な品々を連想させる。紋章官シシルと呼ばれたジャン・クルトワがすでに、紋章学において違和感をふりまくフランス語の色彩概念と取り組んでいる。しかしその彼もまた著書『色彩の紋章（*Le blason des couleurs*）』（一四三五年）では、新しい対象を表わすには一般人に理解できない新しい名称を考え出さねばな

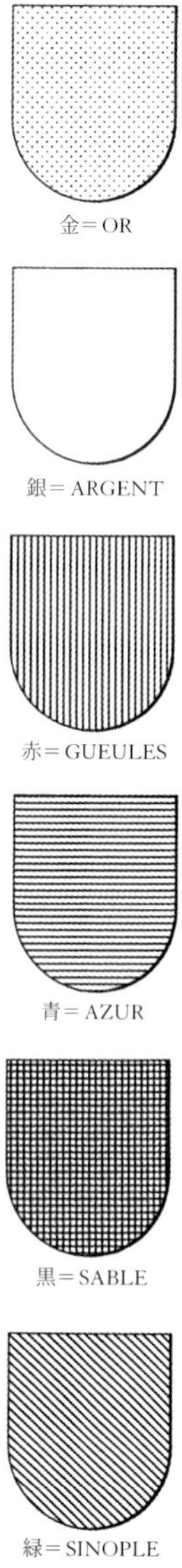

●— **107***
紋章の金属色（2色）＋基本色（4色）
およびそれぞれの単彩での代替表記［図121も参照］

らない、との結論に至るしかなかった。

紋章官の登場

紋章の単なる記述のみで、すなわち語られた言葉を耳で聞いただけで、楯を直接目にした場合と同じに紋章図を描くことが一般人にできるかと言えば、それは分からない。とにかく宮廷社会とは、特殊な言葉で描写される紋章を至極ありありと思い浮かべることのできる聴衆だったと想像されよう。もっともこの場合も、誰もが同じ結果に辿り着るとは限らなかった可能性も考える必要がある。すなわち、近代的な言い方をすれば、紋章学の専門用語とは、宮廷の抱く表象と、紋章官のやや気取りがちな特殊な表現能力との相互作用に基づきながら次第に発展していった、と想定して差し支えないだろう。この能力は騎馬槍試合会場での伝達活動に役立った。紋章を手掛かりに闘技者の素性を確かめ、ご婦人方にその特徴を伝えねばならない。その際に肝要なのは、観客である貴族のご婦人方の間でそれまでにいわば知識としてはお馴染みの色彩用語を使うことである。すなわち彼女らが普段から耳にしていた概念が、いまや目の前に実物として、色彩として、図像として現われたのだ。紋章用語は紋章官が発明したわけではなかった。彼らは手持ちの語彙と様々な宮廷の高貴な特性に紋章用語の概念を適合させる必要があった。まったく新たに名称を考え出しても、誰にも理解されなかったことだろう。すなわち紋章学用語の発展は、パフォーマーと典雅な聴衆が協力した結果だったのだ。

ともかく紋章官が騎馬槍試合や戦場で引き受けるべき任務を叙事詩人に期待するのは原則的に無理であり、また語彙の形成と洗練、さらに日常語から離れてゆく統語は狭義の紋章官に委ねられた。このような展開が始まった時代を正確に特定することはできない。数多くの騎馬槍試合が描かれ、それゆえ夥しい紋章が再現されたアーサー王物語を中心に紋章用語が広まったと思われるが、物語中のひどく大雑把でたどたどしい記述と、精密とも呼べる優雅な紋章記述との重大な相違点には気付かざるをえない。これは時代の違いだけでは説明がつかない。紋章官たちが編集した紋章鑑では、華美になりがちな紋章記述の他はたいていそれぞれの紋章所有者の名前が記されているのみである。紋章を描写しながら図像を添えないテクストは比較的稀だが、しかしその紋章記述は極めて精密に行われているので、それに従えば楯や兜をすぐさま描けるほどだった。

一六世紀後半になると、紋章官たちは次第に影が薄くなっていく。いまや紋章学は学者や古美術商の手に委ねられるようになったからだが、我々の感覚からすれば、彼らの言語能力は中世の紋章官よりはるかに劣っていた。小うるさい精密さが用語の主流となり、確かに新しい言葉や概念は含まれるものの、基本的には余剰な表現に満ちていた。紋章記述は冗長に間延びし、不要な言葉の重荷をたっぷり背負わされたのだ。ドイツではまもなく無味乾燥な官庁用語が紋章学で幅を利かせはじめる。その晦渋ぶりと冗長ぶりは、装飾過多になった紋章にぴったりだった。

2 意匠の洗練と様式化

時代による変化

紋章の実態をなすのは楯に描かれた図、つまり紋章の意匠である。しかしそれのみでは紋章にならない。

意匠は楯表面の相応しい位置に置かれる必要があり、さもないとただのシンボルとなる。すなわち紋章が紋章として通用し認識されるためには、特定の形式を取らねばならないのだ。まずは選ばれた紋章を楯の形をした枠内に表現すること、楯の表面に描くことである。そして貴族の場合はみずから選んだ本拠地に因む二つ名と同じように、その意匠を家門内で引き継いでいかねばならない。だから数十年、数世紀を経るうちに変化するものは、狭い意味での楯意匠には該当しない。だが、その意匠が様式や芸術形式の変遷に晒されることは十分ありうる。騎士の武装はその外観に特定の時代の特徴が現われ、武装の変化・改良は楯や兜、備品に影響を及ぼすばかりか、既存の紋章の年代も紋章が描かれた下地の折々の形態から推察できる。とはいえ、もちろん紋章自体の年代については何も明らかにはならず、はるかに古いということもありうる。しかしその一方で紋章の図像そのものに関しては、微妙な相違点があり、サイズや比率、芸術的デザインが変化に富むにせよ、常に同じ紋章として識別できるという原則が通用するのである。

次の一歩は、図像そのものの様式化だった。動

◉── 108　ボヘミアの紋章官
象牙の棒を手にしているが、紋章入り官服は着ておらず、
主君であるボヘミア王を表す小さな楯を左肩に付けている
いわゆる「宮内官職ゲーム」用のカード、ウィーン、15世紀中葉
美術史美術館（ウィーン）蔵

◉── 109
ライオンの紋章があしらわれたヴォールトの要石
プレディガー教会（エアフルト）、14世紀

物をはっきりと特徴づけるため、その体の特定部位を強調して楯に描くのは武装騎士たちの発案であろう。彼らは戦場で遠くからでも、あるいはむしろ騎馬槍試合で疑いなく識別されることを欲したのだ。もっとも、このようにかなり遠方からでも素性を確認する現象がきっかけとなり、すでに前紋章時代でも、特徴的な体形をした動物や、同じく特徴的な牙、嘴、鉤爪、尾を旗印に描くようになり、これが紋章楯の時代になっても引き続き行われたのである。様式化の比較的大きな波は一二二〇年代に始まった。様式化は――しばしば見落とされがちだが――紋章画家の知られざる個性にも左右される。画家の造形能力と、紋章で必要とされる事柄の知識に重要な意味があった。一三世紀末には地域的特性が認められる一方で、一五世紀中葉頃になるとより画一的な図像配置を指向する傾向が明らかになるが、これはおそらくゴシック様式の興隆と、ブルゴーニュ家の宮廷芸術からの影響で説明がつくだろう。いまや紋章は多くの新しい下地に描かれ、石、壁、家具、布地へと増殖していった。そして心に留めておかねばならない重要な点は、その種の意匠では美学的・芸術的な意図が優先されるにもかかわらず、どのような下地に描かれる場合でも紋章の組成や構造は守られ続けたことである。基準とされたのは紋章鑑、騎馬槍試合の記録、そして専門外の幾つかの写本などであり、これらが芸術形式と時代様式を誤謬なく現代まで伝えてくれた。これらのほとんどは紋章官自身によって、あるいは紋章官の依頼を受けて、その正確な指示に従って編纂され、図像が描かれている。

時代が進むにつれて中世の紋章図形にどのような様式化が行われたかを検証してみると、主として以下のような点が認められる。すなわち写実的に描いた場合の微妙な相違点の簡素化、意匠の横幅が広がる傾向（おそらく楯の形態が変化したことに関連するのだろう）、往々にして大袈裟で基本的には不必要な装飾による図形の複雑化、そして体の一部を装飾化する衝動である。この装飾化は定番にこそならなかったものの、次の数世紀間に千差万別の変化を生んだ。

人体と植物の様式化

時代の経過とともに表現が変化する様子を確認するのに実例を挙げるならば、とりわけ頻繁に登場する紋章意匠――しかも当然具象図形のみ――に限定する必要がある。人物像と人体（頭、胴体、腕、脚）の表現については年代順の発展はほぼ認められないが、それも図形の多様性が中世末頃に増大し、地理的発見時代になってますます勢いを得たことを除けばの話である。たとえば末期中世にムーア人の頭部は、テーベ軍の伝説的な指揮官であり、ディオクレティアヌス帝のもとで殉死したと伝えられる聖マウリティウスとたびたび関連付けられた。しかし一六世紀になると、ムーア人の頭部は打ち負かされた敵、不信心者、異教徒の象徴として楯に取り入れられるようになった。近世には、切り落とされ、多くの場合まだ血がしたたるアラビア人やトルコ人の頭部がそれに加わる。後者はハンガリー、ポーランド、クロアチアの紋章にとりわけ頻繁に登場する。境界地域という事情もあり、キリスト教西洋の仇敵と絶えず対峙する状況が反映されているのだ。

人体の場合に狭義の様式化が足りていないとすれば、植物の場合も事情はあまり変わらない。たとえば樹木だが、ヨーロッパ以外にも紋章文化が定着し始めた一九世紀以降になってようやく写実的な形態を取るようになった。中世および初期近世の樹木には、種類を区別する余地のない規則通りの基本形態しかなかった。デザインに関しては、中世の紋章学に、さらにそれ以外にも登場するのは基本形態、抽象的な概念としての樹木である。それゆえオークや菩提樹（シナノキ）のように特徴的な形の葉が描かれていて初めて種類を特定することができた。針葉樹の場合は普通基本形態しか見られない。必要とあらば木の実も描いて特定を可能にしたが、中世ではそれも実に稀なケースだった。

草花も基本形態、花のイメージを表現した図に限定される。目にするのはたいてい俯瞰図の花弁であり、数は主に五枚なのでドイツ語の専門用語では「五弁図形《フュンフブラット》」とも呼ばれる。後代には六弁や八弁も登場するが、こちらは個別化の特徴を併せ持つ、次段階の様式化と見なすべきである。紋章所有者はせめて花弁の数を増やして平凡な紋章花と差を付けようと思ったのだ。そのような場合に決まって描かれるのが薔薇であり、花の形が丸くなく、ほぼ幾何学的に正確なくぼみがあり、つまりすっかり規則的に様式化されている。

薔薇の花はその原型に従って赤色か白色で描かれる。その点に中世における自然描写のリアリズムの欠片が保たれているが、花の図式化という点では何も変わらない。すなわちバラの花に関しては、時代や芸術様式の変遷から説明できる変化が原則的に確認できないのだ。

そのことがさらに明確になるのが、取り違えようのない紋章学的形態を取って広まった百合の花《フルール・ド・リス》である。様式化がはるかに進んだ結果、この花が紋章図として現われる場合、植物学の観点からすればもはやほとんど百合だとは分からない。紋章図の百合ははじめから独特の姿をしていたので、様式が発展してもまったく変化を蒙らなかったのである。基本形態から逸れることはかなり稀で、たとえばフィレンツェ市の紋章のように雄蕊《おしべ》を加えれば自然の姿を連想させる［▼図48］。紋章学はかなり後代になって、この百合図形を

●── 110
フリードリヒ・デア・クネヒト殿が意中の婦人を誘拐する
楯は金地と青地で「斜め十字四分割」され、
金地の区画には赤い薔薇（五弁）、
青地の区画には銀色の薔薇（酸化している）が描かれている
彩色と楯意匠は角のように前方にたわんだ兜飾りでも繰り返されている
『マネッセ写本』fol. 316v.

表わす言葉として「細密な百合」あるいは「フィレンツェ風フルール・ド・リス」という概念を創り出した。

かなり広い意味での建物や道具類は、時代に基づく形態の変遷があって当然と思われるにもかかわらず、紋章は変化を蒙らない。これらの具象図形は類型的な要素をベースに構成されて慣習的な簡素な図像となり、それぞれの方法で様式化されているので歳月に耐えて生き残るのである。

鳥類と哺乳類

もうひとつ別の図形レパートリーは哺乳類と鳥類の分野に由来する。基本的に動物の場合は識別が容易な類型的デザインが創られている。しかし、実物を見た経験のない紋章画家が図を描く場合がかなり頻繁にあったので、ディテールは豊富ながらほぼ無個性のデザインを識別するには、紋章学の領域で明確さをもたらすアトリビュートに頼るしかなかった。他の方法では描かれた動物の正体を明示も理解もできなくとも、そうした付属物を手掛かりにすれば判明したのである。しかもその方が、動物

●—111　オルレアン公ルイ・ド・ヴァロワの埋葬（1407年）
棺桶は金色の星を散らした黒いケープで覆われている
ケープに複数描かれたフランスの国章は、
青地に金色の百合の花（フルール・ド・リス）が3個（配置は2対1）、
その上に王の弟であることを示す3本垂れの赤色のレイブルが置かれている
マーシャル・ドーヴェルニュ『シャルル7世年代記』、1484年
フランス国立図書館（パリ）蔵（MS.fr.5054, fol. 5v）

の体を解剖学的にある程度正確に再現するよりも明らかに重要であり続けた。たとえばヨーロッパの野外でほとんどお目にかからない駝鳥の図は嘴に馬蹄を咥えている[▼図83]。なぜならば伝説によれば、駝鳥は鉄を食べて消化できるからである。鶴は片脚を持ち上げて丸い石を摑んでいる[▼図84]。それゆえ楯に現われる図形は実物に似ている必要は一切なく、そのようなことはまったく期待されていないことが多かった。

他方、複数の動物が解剖学レベルで類似している場合、様式化の弱点が露わになる。その顕著な例が狼―狐―犬の比較である。これらを楯の上で区別するには、簡素な動物図では足りないのが普通だ。狼と狐を図式化して描けば、サイズで区別するしかない。しかし比較例として別の楯がなければ、楯表面という限られた平面ではサイズの違いをはっきりと確認できない。彩色もあまり役に立たない。なぜなら確かに狐はほとんど常に赤色の毛皮でのみ描かれる一方、まさに赤色の狼もまた人気の高い紋章意匠だったからだ。そこで区別を可能にするには、様式化は毛皮の色彩で終わってはならず、個々の身体的特徴を大いに強調せざるをえなかった。すなわち牙がずらりと並ぶ開いた口（さらに舌が垂れ下がることも多い）、あるいは特大の鉤爪で狼だと理解させたのである。この点で、貪欲で悪質な狼は危険だが、狐の狡猾さはそれほど怖くないという一般的な見解を紋章の様式化は考慮せねばならない。犬の場合は猟犬に似たタイプが時間をかけて形成され、紋章学で狼や狐と混同されることがなくなった。それでも犬の基本形態は他の猛獣二種に似ているので、明確に表現するために飼い慣らされたことを示す標号をあてがう必要があった。そこで普通の犬にはほぼ例外なく首輪を付けることとなり、しかも

◉—112*　紋章の狼、狐、犬（右より順に／犬は2種）

この標号は紋章学の犬にとって不可欠とされた。このようにして形成された紋章様式は歳月に耐えて生き残り、どのような時代様式でも芸術観がどれほど異なっても繰り返し登場することになる。

アトリビュートと特に強調された体の部位は紋章図像の本質的な要素だった。後者は往々にして動物のその他の部位と対照的に目立ち、あるいは少なくとも楯に描かれた生物を認識するには解剖学の要求する姿よりも重要だった。その良い例が鱗や鰭で作られた「ひだ襟」である［▼図88・114］。イルカの頭部と胴部の間にこれを置けば、すっかり歪んだ図でも必ずイルカと分かる仕組みになっていた。紋章の表現にとって徹頭徹尾肝要なのは、何を描いたのかが理解されることである。これまで名を挙げた動物のほとんどは一二世紀から一六世紀に至る期間、そのデザインがずっと変わらなかった。熊、鹿、狼、雄牛、鴉、白鳥、魚の図を比較してみるといい。基本的に変更できるのはフィールド内で占める位置であり、その場合も可能性は多くなかった。それゆえ識別に役立ち、しかし対象が描かれた時代を感じさせず、すなわち一種の芸術的な成果を——それが単なる時代の趣味に過ぎないにせよ——明確に示すような、一流の様式化であり続けたのだ。

ライオンと鷲の場合

規定の形態を捨てることなく、しかし社会の変遷や不可解な時代の傾向から生じるようなある種の美的原則を変化させる上級の様式化は、極めて頻繁に登場する紋章獣にしか見いだせない。すなわちライオンと鷲である。これら二種の具象図形においてのみ、原則的な様式化を超えた時代様式が確認できる。その様式は地域的な要素をも含み、そして個々の例では画家個人の画風を推測さ

◉—113
クラフト・フォン・トッゲンブルクが
恋愛奉仕の褒賞の象徴（花輪）を受け取っている
彼の楯には金地に赤色の首輪をした
黒色の犬（洒落紋章）が描かれている
『マネッセ写本』fol. 22v.

◉—114* 紋章のイルカ
『金羊毛騎士団大紋章鑑』より、
フランスのドーファンの紋章

せるものである。

簡単に言えば、ライオンと鷲はすでに周知の様々な理由から（識別が容易なこと、画家が実物を見た経験がないこと、芸術的自然主義の発想がないこと、動物は象徴であり現実の正確な似姿ではないこと）、本質的な特徴を際立たせ強調する本源的な様式化を免れない。こうした事象の成果は中世には手つかずのままであっても、やがて特定の芸術的見地が盛り込まれ、いわば流行を慮ってあちらこちらで個別化が進むものである。だがライオンと鷲にそうした危険はない。なぜならその図形は、どのようなサイズ、どれほどのディテールで描かれようとも損なわれることのない抽象的な基本形態を示すからである。

ライオンのデザインはすでに様式化されており、アフリカの猛獣との類似性は原則的な要素に限定されている。この動物の胴部が図形では何の役割も果たさない点は注目に値する。重要なのは頭部、そのすぐ下に付いた鬣《たてがみ》、先端が四本の鉤爪になった脚、そして極度に様式化された尾である。紋章のライオンはこれらの要素の継ぎ合わせであり、胴体はその間にある細い接続パーツの役にしか立っていない。最初期の有名な紋章ライオンですでに見たように――ル・マンにあるプランタジネット家のアンジュー伯ジョフロワの墓碑［▼図15］を思い出してほしい――、後脚で立ちあがったライオンのデザインは広く流布していた。態ならばともかく、自然界のライオンに相応しいとは言えないポーズを取らせるのは、楯表面が多かれ少なかれ縦に長く伸びていることが理由である。そこに四足で歩くライオンを描こうとすれば、かなり小さな姿になってしまうだろう。後脚で立たせれば、堂々として危険な印象が与えられるし、楯を持つ戦士の身体軸にも一致する。

紋章学の黎明期以来重要なポイントは、身体を伸ばした姿勢のライオンがかなり遠くからでも識別できたことである。それに加えて、この姿勢ならば前脚を威嚇的に前へ突き出すことができるが、四足で歩くライオンでは前脚は見た目に何の意味もない。中世の間この構成に大きな変化はなかった。しかしディテールは様々に変化し、それに応じた多数の実例を年代順に分類できる。このようなことは他の具象図形では——鷲を除き——不可能である。たとえば、当初ライオンは左後脚で垂直に立ちあがり、両前脚と右後脚は斜めに持ち上げられ、ほぼ四角形の頭部は〔楯の上辺と〕ぴったり水平な姿勢で〔紋章学的に〕右〔向かって左〕を向き、口が開いていれば牙が見えた。尾は昔から装飾的なデザインが施され、内側に丸まっていた。

ライオンのこうした基本モデルは幾つかの観点で姿勢と配置のディテールに次第に変化が加えられるようになった。体を構成する個々の要素も新たな姿を見せる。一三世紀末の数十年間にはより多くのライオン図像が楯を埋め尽くすようになる。それはまず防具の幅が広くなったことと関係があり、上向きの細身のライオンでは空白部分が広すぎるのだろう。いまや猛獣そのものも全体的印象として幅が広くなり、これは頭部が丸みを帯び、球形の鬣がもはや首と胸に「密着」しなくなった結果である。左前脚と右後脚は水平な姿勢を取り、楯の縁部に触れる。尾はさらに装飾性を増し、往々にして大きな結び目を備え、そこから二本の房が伸びることもあった。この双尾のライオンはすでに一二三〇年頃にボヘミア王の紋章に登場し、一三世紀最後の三十年間には頻繁に現われる〔▼図116・117〕。双尾のライオンは凡百のライオンとはすぐさま区別がつくので、とりわけ識別性を高める手段として役立った。それと同時に、さらに大きくなった楯でより広いスペースを占めるようになり、ある

【13世紀】　【13–14世紀】　【14–15世紀】

◉— 115* ライオン図像の変遷を示す模式図

◉— 116
皇帝カール4世の胸像
（ペトル・パルレーシュ作）
隣に見えるのはボヘミアの国章
（双尾のライオン）
プラハ、聖ヴィート大聖堂、1378年以降

種の視覚的な魅力が生じた。今後重要となるディテールは、たいてい口から突き出し、先端の折れ曲がった舌である。楯におけるライオン図像の基本構造を損なうことなく個々の要素が新たになったことでいまや新たなライオン紋章が生まれ、これは実に頻繁に描かれ、多くの紋章官から古典的と呼ばれることになる。

一四世紀末、そして一五世紀を通して、この獣のかさばるデザインは引き締まっていく。全体的な姿勢は〔紋章学で言う〕右上〔向かって左上〕斜めに向けられる。右の前脚はこの対角線の先端部に当たり、左の前脚はやや下を向き、両後足は地面に接している。鬣は毛足の長い毛皮のように上半身を覆い、解剖学的にあり得ないほど大きく開かれた口からは舌が飛び出し、尾は比較的簡素な花の形に戻った。脚部に格段に濃い毛が規則的に生えていることが極めて多くて目を惹くが、もっともこれは〔やや

◉— 117
高位高官と楽士に囲まれたボヘミア王ヴェンツェル2世（1278-1305）が
帝国献酌侍従長という官職の標である盃に手を伸ばしている
王の左側に置かれたボヘミアの国章は、赤地に金色の冠をかぶった銀色の双尾のライオンが描かれている
王の右側に置かれたモラヴィアの国章は、青地に赤色と銀色のチェック模様の鷲が描かれ
13世紀末の典型的な様式を示している。兜飾りはどちらも鷲の半翼である
『マネッセ写本』fol. 10r.

控え目ながら）すでに一三世紀初期に始まった傾向である。それでも描かれている動物がライオンであることに変わりはなく、それが紋章学で承認されたフォルムで現われているのだ。構造は何一つ変わらないが、時代様式は見て取れる。

鷲もまた同じ方法で年代順に（さらに地理的にも？）区分できる。この鳥類の王は紋章学的な意味でもっとも様式化が進んだ動物と呼べるが、特にそうなった理由は羽毛にあるのかもしれない。鷲も楯の横幅が広がるのに合わせてデザインを変えた。一二、一三世紀は完全に縦方向の姿勢でライオンの構造と一致していた。（紋章学で言う）右（向かって左）向きの頭部はほとんど強調されず、そこから伸びた垂直線が極細の胴部を貫いて尾羽に至り、尾の付け根はたいてい瘤状でほんの僅かに突出し、末端は百合の花《フルール・ド・リス》を思わせる。閉じた嘴は大きく湾曲し、短いが頭部に比べると大きすぎる。飛羽と鉤爪は垂直線に対して斜め十字形になるよう配置され、飛羽は軟骨状の末端が強調され、数本の風切羽根が垂れ下がっている。

一四世紀になると、この実に簡素な形態から――構造は同じままで――離れて行った。すなわち楯とともに鷲の図形も横幅が広く張り出し、それまでの静かな威厳は失われた。いまや暴力を辞さない攻撃的な鳥が楯面に登場する。頭部はより平たくなり、後頭部の羽が逆立ち、開いた嘴は不自然に長く、舌が飛び出している。長すぎる頸部は筋骨たくましい膨らんだ胸部に繋がり、そこから生えた軽く曲がった翼が楯面一杯に広がる。鉤爪を強調した脚部が羽で覆われた下腿部から伸びており、奇妙なことにその様子はこれ以前、これ以降の紋章鷲よりも実物に近い。尾羽が集

【12–13世紀】　【14世紀】　【15–16世紀】

◉—— 118*　鷲の図像の変遷を示す模式図

まってできた長すぎる尾は、（巻き毛状になり）すっかり装飾と化しており、花のフォルムを取って無意味な飾りとなっている。

一五世紀には鷲の描き方に至極大きな差異が現われる。すなわち、鷲が紋章獣の主流ではないイングランドの紋章画家は一三世紀初期の簡素なフォルムに立ち戻るのに対し、神聖ローマ帝国圏では鷲の紋章は総じてほぼ個人向けにデザインされ始めた。ここでも前世紀のがっしりした豪華な鷲を引き締めるに至るが、実物とはほど遠い様式化はさらに際立った。ここで述べておくべきは、さらに力強くかつ不自然に曲げられた飛羽、開ききった爪脚（大腿部なし）である。嘴はやや短くなったが、突き出た舌とともに紋章学の特殊形態であることに変わりはなかった。尾羽は一四世紀に比べると、構成パーツ（槍状の先端、花飾り、無意味な飾りステッチ）は同じながらも、やや細くなった印象である。

紋章楯における配置の原則

以上の例から、紋章における表現の構造は当初から決まった形で現われていたことがはっきりと認識できる。十中八九この理由は、そうした図形が遠方からも一番見え易かったからである。それには様式化も役立ったに違いない。様式化の当初の役割は（最初はおそらく軍旗《バナー》に）描かれた動物などが楯の好都合な位置に置かれるようにすることだった。それゆえ後脚で立つライオンや棹立ち姿（飛び立つ姿）の鷲が、紋章記述の際にわざわざ述べる必要のない通常形態として生まれたのである。

紋章図形のフォルムは常に特徴的なポイントを指向する。だから解剖学的なディテールは簡素化され、高さも幅も重要性をもたない。これは楯での位置にも当てはまる。四足で歩くライオン（紋章ではしばしば

Nesle
montauban
Melun

豹《レパード》に変化する〔122頁以下参照〕は、それがあまり目立たず、そして動物の姿勢に決定的な意味があるとしても、原則的に同じ紋章の構成要素である。しかし四足で歩くライオンのみでは、遠距離から識別されるのにはまるで適していない。そこで普通は二頭、あるいは三頭で登場し、楯表面や軍旗に余白を残さないようにする。すなわちライオンは様式化されることで図形としてはハンディキャップを背負わされたにもかかわらず、様々な姿勢を取ることから多様な紋章意匠が生まれたのだ。これは単なる同一意匠のヴァリエーションではなく、そのひとつひとつに様式としての特徴が与えられるのである。

　図形を必然的に配置する、楯表面での各位置の強弱を決める、紋地の特定領域に図形を配置する——このようにして楯表面を仕上げるのは、紋章学における様式化の独自の問題である。それらはすべて、広く一般に認められたある規則に従って行われる。それにもかかわらず、その規則は不変の定理ではなく、むしろ次第に固定した習慣と見なすべきだろう。それに並び、絶対に欠かせない具象図形や抽象図形を使って、あまり広いとは言えない楯表面を十分に利用することも重要である。同種の図形を配置する際は無計画に行うのではなく、何らかの様式に従って左右あるいは上下に並べる。それがメインの図形なのか、付随図形や補足図形なのかによっても違いが生じる。紋章のテーマを決定する同種の具象図形三個を並べる場合は「縦帯状」に、すなわちたいてい同じ方向を向いて重なり合わないよう上下に並べる。だがこうして並べた複数の図形がすべて別々の方向を向くこともある。重要性の低い図形二個を中心図形に触れないよう両脇に添えることがあり、それが四つなら状況次第で四隅に置く。小さな図形（物、花、星など）は主として二：一の配置を取る。それらを線で結べば、下向き二等辺三角形ができることだろう。同じ配置は六個の図形でも可能で、その場合比率は（上から下へ）三：二：一となる。図形が五個の場合は十字あるいは斜め十字（聖アンドレアス十字）を形作って楯に描かれることが多い。小さな図形が七個以上になると、

◉—119*
『ル・ブルトン紋章鑑』の一葉
小さな図形をさまざまな形式で配置した紋章楯がみえる
15世紀中葉、国立文書館（パリ）蔵

たとえば一：二：二：二の配置にして楯の下部を占めることが多く、こうして紋地をより重要な図形に譲るのである。そうなるのは小さな図形、あるいは小さく描かれた図形、すなわちハート、花、葉、星、球、長方形などである。これらはまた絵の背景を飾ることもあり、楯表面の空いた場所を覆って「真空嫌忌」を防ぐのである。このような場合、〔図形がすべて楯の内部に収まれば〕「散らす」、あるいは〔図形が楯縁部で断ち切られれば〕「撒く」と呼ぶ。

人間、動物、樹木、建築物はもっぱら単体で紋章意匠の中心要素として現われる。要素がふたつある場合は縦二分割で、稀に縦帯《ブファール》をはさんで左右に分けられる。近世以降かなり頻繁に見られる楯の十字分割は、中世では二種類の紋章をふたつずつX状に〔第一と第四区画〔向かって左上と右下〕、第二と第三区画〔同じく右上と左下〕に〕配置する場合にほぼ限られていた。確かにこの配置はすでに中世に登場していたが、とりわけ一八世紀以降に複数の楯を組み合わせるケースが増加して最盛期を迎え、分割と分割線の需要がますます高まった。

紋章図像の構造に関わるこれらの諸条件を守らないと、すぐさま野放図との印象を抱かれ、やがて「奇態である」「紋章学の知識が欠如している」と思われるようになり、これは状況次第では社会的名声に関わる問題になりかねなかった。紋章図形の伝承された配置を遵守し従うことには、社会のディスクールに従い、それに参与し、自分が宮廷世界を受け入れ精通していることを示すという根本的な意味もあった。具象図形の位置と形態、抽象図形の位置、紋地内における両者の配置、すなわち紋章全体の構成は様々な連想を引き起こすことができるが、これを現代の観察者が追体験するのは実に難しい。紋章意匠から発せられるメッセージを前にするだけでも、中世への深い理解が当然のように求められる。さらに紋章色《ティンクトゥーレン》、つまり紋章の色彩が発するシグナルにより、中世への理解は強まり、むしろ深まるのだ。

3 紋章色《ティンクトゥーレン》とその背景

紋章の色彩

色彩という観点から見れば、紋章学はある発展の成果である。すなわち当初は、色とりどりの布、光沢色を塗った木板、光り輝くまで磨き上げた楯芯《ウンボー》を並べ立てただけだった。そこから色彩の調和が生まれ、特定の規則に従い一緒に使える色もあれば、排除される色もある。こうした色彩規則はアイデンティティをもたらす標号を識別する必要があったことに由来し、できるだけ遠くからでも識別可能でなければならなかった。これは紋章制度が始まった当時からの必須事項であり、一三世紀以降は（一部ではそれ以前から）美的な構成要素が追加された。中世盛期および末期の宮廷で、その後は裕福な商業都市でも華美を競うようになったのと並行して、こうした事態が進展したことは疑いない。服装の流行に関して言えば、鮮やかな色彩を誇示し、その色彩を人目を惹く組合せで提示する行為は、紋章の彩色・配色と深い関係があると見なすべきである。

一二世紀の紋章については、我々がそのほとんどを印章でしか知らない点に問題があるのは確かだ。極小のスペースに彫刻刀ではっきりと刻んであっても、それが実際の楯に施された色彩を示唆しているとは見なせないので、紋章色は不明のままである。同じく後代の図像資料も、当初からその色彩が使用された保証にはならない。中世末期になっても、教会のヴォールトの要石、壁の彫像、墓石について同じことが当てはまり、そこに描かれた、あるいは取り付けられた紋章は無色なのである。こちらの場合は彩色済みで現存する紋章楯との比較にのみ役立つことがあり、有名な家門の紋章、幾度も描かれた聖人画、忌中紋章などで容易に比較が行える。これは宮廷文学に登場する戦う英雄たちの挿絵についても同じであり、現存するテクストから彼らの紋章を読み取ることができる。とりわけ小説では通例、文字と図像が一致すると信頼度が極めて高くなる。

色彩の価値

色彩、その区別と評価は一二世紀初頭以降、社会が抱く興味の中心に躍り出る。社会的なニュアンスを帯びるようになり、それは過去において現代よりはるかに一般的な現象だった。たとえば金色の外套を社会的下層階級の代表者が身に纏うことはなく、これはすぐさま見分けがついた。だがいまや色彩はそれよりもはるかにきめ細やかな見方をされ、暗示と表現に富み、色の光力の質が決定的な意味をもつに至った。澄んで、鮮やかで、輝く色は貴重で、それゆえ宮廷社会で用いるに相応しい。色彩を巡る論争は教会にも及ぶ。たとえばクリュニー修道院長ペトルス・ヴェネラビリス（一一五六年没）とシトー会修道士クレルヴォーのベルナルドゥス（一一五三年没）は、それぞれの会派の修道服の色である黒色と白色の価値について数十年にわたり論争を続けた。ペトルスは、シトー会修道士が光と歓喜の色に染まった修道服を身に着ける点を批判した。人間は涙の谷で生きるのだから、修道士には悲しみと贖罪の意志を表わす黒色のみが相応しい、と。ローマ教皇インノケンティウス三世（在位一一九八―一二一六年）も典礼関係の色彩に取り組み、しばしば批判の的となった緑色を典礼で使用することを認めた。しかしその後も紋章色それぞれの意義に関しては変化がなかった。紋章を担う者にとって紋章色は、その色で飾られた紋章意匠と同等の意義があったのか、という問いには一般的な答えも原則的な答えも出せない。だが宮廷文学ではおそらくそうだっただろう。読者が共に考え、己の世界を再認識し、文学的に描かれた出来事を理解できるよう促すには豊かな象徴表現が必要だったからだ。世俗の現実ではこの点で紋章図形の優位を認めねばならないが、一方で、富、権力、名声とまさに常に結びついた色彩の象徴表現を過小評価してはならない。とはいえ、ここで紋章学の六つあるいは七つの基本色を統べる規則を作成できるかと問われれば、極めて疑わしい。規則作成はすでに中世末期に試みられ、ルネサンス時代や一八世紀にはさらに頻繁に試みられたが、当時でさえ一二、一三、一四世紀の心性はもはや理解できなかったことが当然ながら確認されている。数世紀にわたり通用し続ける色彩の象徴表現が中世にあったなどとはまず想定できない。

こうした関連では、常に物質文化そのものを考慮する必要がある。色彩、その優遇・低評価・拒絶は社会の指導的階層の嗜好と常に関係している。嗜好の理由は必ずしも判明するとは限らないし、現存する史料からは説明できないほど陳腐な可能性も十分にある。特定の色彩やその組合せに関する好みの流行が紋章制度に入り込んだことは間違いない。ある意味で紋章制度は宮廷社会の産物、戦に明け暮れる世界を洗練させようとする宮廷社会の努力の結果に他ならなかったのだから。中世初期、つまり前紋章時代にも家門のシンボルの配色に関する伝統が存在し、それがやがて紋章にも取り入れられたのか、これについてかつて証明されたことはほとんどない。結局ここでも、目に付き易くするために色彩の組合せが欠かせなかったことを持ち出すしかない。しかし、自家の伝統に束縛されない限り、色の選択は自由だった。二つの紋章色を組み合わせる段になって初めて、なんらかの関連が推測される可能性が出てくる。初期の紋章、そしてまた一三世紀、一四世紀初頭の紋章はそのほとんどが二色構成に限定されており、そのおかげで色彩の意味、少なくとも色彩を選択した理由を問われて答えることが大筋では容易になる。

　中世の色彩にどれほどの象徴的意味が込められていたかは、繰り返し示される。人気のある実例が、新米騎士に身支度をさせる際の衣服の色の解釈であり、一五世紀中葉にアラゴン王国の紋章官シシルがさらに古い時代の表象をベースにして述べたものである。新米騎士に手渡される白色の下着は彼の純潔を象徴する。赤色の長衣は騎士が神のためなら流すことを厭わないはずの血の色を表わす。茶色の絹の足衣を見れば、自分が土塊より生まれ土塊に還ることを思い出すに違いない。白色の帯はいまや騎士に課せられた貞潔に関連する。これらの解釈は明らかに単純で、極めて因習的であり、何よりも宗教道徳を説くものである。己の紋章の色彩との特別な関係や、そこから出発して深遠な象徴的意味を探ろうとしても、これでは無理だ。それでも、人間というものは原則的にすぐさま色彩に関連付けられるものであり、色彩がただの色彩として単純に認識されたりはしないことが見て取れる。すなわち楯意匠の色彩が例外であるなどとはとても思えない。まさに家門の自己像を担うものとして、様々な図像が描かれた紋章には実に大きな象徴的価値があり、そこには本質的に色彩も含まれている。色彩の組合せに意義があるのは確実だ。特定の具象図形や抽象図形と同じように、色彩の組合せには多くの国や地域で頻繁に見られるものもあれば、稀にしか見られないものもある。類似した色彩を使用する場合はほとんどが偶然ではなく、一族共同体《ジッペ》に由来するのだが、このことは一二、一三、一四世紀にははっきり認識できなくなっていた。この点では、経済的な可能性、とりわけ社会が義務付ける規則を度外視すれば、時代的な関連、それどころかはるかに一般的に目にされながらも語る内容に乏しい社会的な関連よりも、地理的な関連の方が重要である。

　ひとつの色が別の色をいわばより正確に規定するというのは、むしろ最近の認識であり、中世の紋章に逆投影するのは難しい。人々がいわば先験的に抱く美学を糧としながら、社会（宮廷）の基準と同時に民族

◉— **120**　刀礼式のために近習の衣装を整える
近習たちは特徴的な赤色のローブを着て白色の帯を締めている
フランス、1280年頃
フランス国立図書館（パリ）蔵（MS. 3142, f.179r）

的および宗教的要素も否定しない、そうした一種の色彩心理学が中世に存在したかも疑わしい。場合によっては、この宮廷式美学がいまや紋章所有者たちが有する紋章以前の伝統と重なり合った結果、楯や軍旗《バナー》において二色体系が発展した。もっとも、それもまた紋章学の色彩規則に従わざるをえなかったのだが。そうした理由から成立しなかった色彩の組合せも数多くあったかもしれず、その代わりとして地域別で頻繁に使用される組合せが生じたのだ。

広く影響を及ぼし、後代でも基準と見なされた作品が、上プファルツ地方の騎士ハダマール・フォン・ラーバー作の『狩』である。一四世紀前半の人物で、一三二五／四〇年にこの恋愛《ミンネ》をめぐる寓意詩を編纂した。これは成功を約束する正しい求婚の物語であり、獲物として登場する女性を狩人（求婚者）が仕留めようとするが、失敗を繰り返す。『狩』には色彩の寓意も含まれており、これほど詳細な表現方法は中世文学には他に例がない。当然ながら、個々の色彩が――それは紋章に使われる六色であり、ただし金色と銀色の代わりに黄色と白色になっ

ている――その性愛的な象徴的意味から解釈されている。本作品が広く普及したことは、宮廷社会が色彩の有する恋愛に関わる意味を熟知していた証拠である。しかしながら、この寓意が当時の紋章色に投影されていたという証拠はない。

色彩の序列と象徴的意味

オーストリアの紋章官ペーテル・ズーヘンヴィルト（一三九五年頃没）が初めて、貴石とその象徴的意味を自分の有名な紋章記述に取り入れた。これはヨーロッパ中で模倣され、最終的にはそれをベースにしてイギリスとフランスで可能な限り万物の象徴的意味を納めた本格的な体系が創られた。すなわち貴石、植物、金属、四大元素、惑星、獣帯記号、曜日、さらには体液（血液、粘液、黄胆汁、黒胆汁）まで紋章色に関連付けられたのだ！　こうしたテーマの書物を研究し、誰にでも適切な（かつ相応しい）紋章を指定することが、紋章官のいわば義務となった。それと並び一四世紀には、法学者および神学者が人間社会と関連させて色彩を詳細に観察するようになった。

有名なボローニャの法学者バルトロ・ダ・サッソフェッラートは一三五六年に著した『記章および紋章論』で紋章色の序列にも取り組んだ。彼によれば、特定の色彩は社会的に相応しく分類される。すなわち、金色、赤色、青色はそれぞれ光、炎、空気を具現するがゆえに高く評価すべきであり、その上位には、光に満ちているがゆえにもっとも高貴な色を表わす白色があるのみである。従って黒色は――反＝白色として――もっとも卑しい色に分類せねばならない。そこで紋章に関して言えば、金色と赤色は領主にのみ相応しい。一般的な紋章楯における色の配置については、高貴な色を上部および前方（楯の背後から見て右側）、その他の色を下部および後方〔楯の背後から見て左側〕に配する必要がある、と。しかしサッソフェッラートの体系はあくまで神学的なものであり、色彩配置と社会的な配慮を熱心に推奨したものの、一般には受け入れられなかった。

その理由は、序列と解釈の試みが他にも幾つかあったからである。たとえば紋章論以外では無名のイングランド人ヨハネス・デ・バード・アウレオのそれであり、彼は一四〇〇年頃サッソフェッラートに論争を挑み、彼とは異なる序列を披露した。ヨハネスにとっては白色と黒色こそ色彩のなかでもっとも高く評価すべき色で、青色、黄色、赤色は中位《メディウス》、緑色は下位《スブメディウス》だった。最上級の白色・黒色についてヨハネスはこれ以上言及していない。中位の色彩では青色がもっとも高貴で至高だった。なぜなら青色は明色と暗色を等しく組み合わせた色であり、「高貴な空気」を具現するからである。青色ほど高貴でない黄色（aureus）は白色ほどは光に近くなく、白色・黒色・赤色の混色を必要とし、世界でもっとも下卑た色である第三位の緑色から作られるからだ。赤色は白色と黒色から同じ程度離れており、熱烈さと徳の力を具現するので、とりわけ領主向きである。赤色が青色の下に置かれるのは、赤色の至高の形態である炎が光を保つには青い空気の存在を必要とするからである。緑色は三級の色彩であり、二級の色彩である青色と黄色の混色であるがゆえに本来紋章には許されない。それに対して青色がかくも高貴なのは、神が天使を介してカール大帝に紋章の基本色として賜ったからである、と。

人文主義者ロレンツォ・ヴァッラ（一四五七年没）も色彩の序列をめぐる論争に参戦すると、銀色を金色より上位に置き、黒色の評価を――多くの点で神聖な色として――高めようとした。一四三七年、ヴァッラはこの件についてナポリで紋章官シシルと接触した。シシルは教科書『色彩の紋章』で己の色彩解釈を表わしていたのだ。この書物はまたフランスの偉大な人文主義者フランソワ・ラブレー（一五五三年没）から批判され、シシルの色彩序列は暴君よばわりされた。それでもルネサンス期のイタリアでは、紋章色の解釈は宮廷で行われる議論の格好の題材であり続けた。

紋章の象徴的意味全般、およびそれを応用した個別の紋章色を時代に即して理性的に解釈する行為が危い理由は、彫刻、大聖堂、その他の記念碑と同じく紋章もまた中世精神の産物と見なす当然の認識にある。ところが彫刻家、建築家、石工の芸術と異なり紋章学は極度に現世指向の活動であり、それをもって社会的に二重の資格を有する集団に奉仕する。二重の資格とは貴族たることと宮廷人たることだが、この二つは決して同一視できない。紋章の配色で重要なのは既存の象徴的意味を色彩に置き換えることではなく、価値ある色彩が放射する力、輝く力に貴族の本質を反映させることだった。すなわち色彩の体験、認識、解釈は同一文化の内部でさえ様々に異なるのだ。紋章の意匠とは異なり彩色に関しては、一族《ジッペ》のアイデンティティを図像で表現しようと努力する家門の伝承との関連は無意味ではないにしても副次的な意義しかない。ここで枷となったのは紋章学の色彩規則であり、これは紋章制度黎明期の一二世紀中葉から原則的に有効と見なされていた。

◉── **121*** 紋章色と惑星・貴石の照応関係
各色の右側は、単彩による各色の表現（17世紀以降）

◉── **122** アルブレヒト・デューラー画「カール大帝」(1511/13年頃)
本来は、ニュルンベルクにある帝国の表章を保管する収納棚の扉に掛けられていた
上部にはカール大帝のものとして、ふたつの紋章（架空紋章）が描かれている
金地に黒い鷲と青地に百合の花（フルール・ド・リス）だが、とりわけ後者が重要な意味をもつ
ゲルマン国立博物館（ニュルンベルク）蔵

Dis ist der gstalt vnd bildnus gleich
Karolus
magnus

単色の楯にはひとつ問題がある。単色の楯は実在したし、とりわけ紋章文化の黎明期に見られた。古い伝統をもつ家門は時に単色の楯を掲げることがあったが、これは楯や軍旗《バナー》の持主を識別しすみやかに認識するのには有利に働かなかった。それにもかかわらず、こうしたいわゆる「単彩の」楯は維持されるケースがあった。たとえば楯表面を十字四分割する場合がそれで、他の三区画に紋章意匠を描く余地が十分あるからだった。架空紋章、あるいは宮廷文学内の純然たる紋章記述では、このような純粋の単色はたいてい否定的な見方しかされない。宮廷での紋章観にはもはやそぐわない時代遅れのように見えるし、また作為的な一匹狼気取りや意味ありげな態度には碌な意味がない。それというのも、宮廷で認められるために必要なのは、隠し立てをしないこと、誇りと自信に満ちた態度を示すことであり、これらはまさに図像シンボルをも介して伝えられるからだ。

中世の英雄叙事詩にしばしば登場し、とりわけ人気が高かったのが「単色の騎士」であり、宮廷の読者はすぐさま興味をかき立てられた。一番多い呼び名が黒の騎士、青の騎士である。普段は好意を寄せられない黒色だが、この場合は肯定的な意味を帯びることが多い。黒色は善き理由で素性を伏せるのに役立ち、当初、主人公は自分の正体を隠し、その後で戦闘や騎馬槍試合に颯爽と姿を現すのだ。赤の騎士はほとんど常に否

◉— 123 アマレク人と戦うヨシュア（「出エジプト記」17：8以下参照）
戦士たちは誰もが単色の楯を掲げているが、これ12世紀末にはすでに時代遅れだった
『歓喜の園』イェーナ写本、1190年頃

定的な見方をされる。たいていは好意を向けられる男性主人公の敵が正体を隠した姿であり、後に露見するその悪行は悪魔の使者なみに悪質なこともある。陰険で腹黒く、裏切り者で無慈悲、それどころか死をもたらすほどであり、他に類を見ない不快な性格の持主である。

彼らより稀なのが緑の騎士である。普段は象徴としてあまり評価されない色だが、この場合は身元が確認できない未知の人物が若く活発であることを示唆し、それと同時に思慮に欠ける大胆ぶりで混沌とした特徴をも示す。すなわち規律に縛られ秩序を求める騎士とは対極の人物である。未知の人物が白色の武具を纏うことは極めて稀である。もし現われるとすれば、年少者の師として登場する。こうした状況では金色（黄色）や青色は出てこない。

中世初期の色彩世界はむしろ彩度が控え目だったようだ。赤・白・黒が長い間基本構成だった。赤色は色彩一般と見なされ、「赤色の」と「有色の」は同義語として使われた。黄色はたびたび白色の一種、そしてまた白色と赤色の間の濃淡差と受け取られた。中間色、たとえば橙色はよく赤色のヴァリエーションと呼ばれたものの、独自の名称はなかった。古典古代にはこうした暖色系が基本的に好まれたが、中世になるとそうした嗜好は失われ、じきに否定的な反応へと転じた。すなわち黄色は名誉なき者、娼婦、ユダヤ人の衣装の色であり、黄色の服を着た者と赤毛の人物は二枚舌の裏切り者と中傷された。そのため詐欺師や裏切り者は黄色あるいは黄赤（橙）色の服を着た赤毛の人物として描かれたのである。

緑色とともに、あるいは緑色への中間色として登場する場合、黄色をめぐる状況はさらに悪くなった。そこでは軽蔑の意味を与える黄色が、第三級の緑色と出会うわけで、すでに緑色自体が社会で象徴的に拒絶された黄色の混じった色彩なのである。それにより黄緑色、あるいは黄色／緑色は不規則、不安定、予測不能、無秩序という特徴を帯びることになり、これらが結晶化して狂気となる。狂人、あるいは意識的

に狂人のふりをする者はそうした黄緑色の服を着た。たとえば、際限なく愛情に身を捧げたトリスタンは、宮廷社会の道徳と秩序に表される理性をかなぐり捨て、狂人タントリスとなってマルク王の宮廷に姿を現すのだ。

総じて緑色は実に低い評価しか受けなかった。おそらく宮廷世界とはまったく無関係の唯一の例外が「緑の活力《ウィリディタス》」の概念で、これは若々しさ、新鮮、健康という意味での緑色の概念である。すなわちヒルデガルト・フォン・ビンゲンによれば、積極的に緑色の食物を取ることが肝要だった。それらを十分摂取すれば、人体の「緑の活力」が促進されるからである。それには薬草に野菜、果物、さらに「緑の薬味」がとりわけ役立ったが、しかしこれは貴族には受け入れがたいことだった。肉、とりわけ狩猟鳥獣の肉が貴族階級を代表する食物だったのに対し、キャベツやカブが農民や貧民の食物と蔑まれたのにはそれなりの理由があったからだ。

春の標号・シンボルとしての緑色となると事情が異なる。樹木の若葉、若芽を出す叢林、新たに萌え出る草は宮廷生活の空間と枠組みに好んで取り入れられた。詩人が美化する宮廷生活はそうした環境でなければほぼ不可能なのである。明朗かつ軽快な態度に相応しい生活は、まさにそうした状況でのみ到達できるのであり、もっぱら遊戯と舞踏を切っ掛けに男女が模範的な出会いを果たし、それを見守り関心を抱く周囲の人々が祝福するには、花と若枝に飾られた風景がうってつけだったのだ。

だが同時に緑溢れる自然は、緑色の衣装を着用し、緑色の軍旗《バナー》をはためかせ、緑色で描かれた紋章を披露するにはあまり都合がよくなかった。ウルリヒ・フォン・リヒテンシュタインは『婦人奉仕』（一二五五年頃）で、自分とお伴たちが緑の衣装で全身を覆うよう決心した次第を語っている。すなわち、戦衣、馬衣、楯、兜、一二本の槍、従者たちの衣装と彼らの馬の外衣である。実際にウルリヒとその部下たちは誰にも

●── 124
宮廷恋愛歌人（ミンネゼンガー）ジュスキント・フォン・トリムベルクが
コンスタンツ司教（あるいはケルン大司教か?）の前で論争をする図
トリムベルクがユダヤ人であることは黄色の尖り帽子で示されているが
纏っている毛皮付きのローブは黄色ではなく、高貴な青色と菫色である
『マネッセ写本』fol. 355r

正体を気づかれず、「紋章に造詣深き人々」も彼らには手の下しようがなかった。アイゼナハ市の書記官兼司祭ヨハネス・ローテ（一三六〇頃—一四三四）に至っては、自著『騎士の心得』で紋章の地色を緑色にするのは色彩規則に違反する意味で誤りだと断定した。さらに十字軍遠征の際、キリスト教徒の騎士たちはイスラム教徒の緑色の軍旗を見知ってこれを嫌悪したので、悪魔の姿もまた緑色あるいは緑黒色で描かれることとなり、そこから緑色は人間に関してそもそも否定的な象徴的意味を与えられる結果となった。

濃緑色、濃青色はすでに古典古代でもほとんど区別されなかったばかりか、黒のヴァリエーションに過ぎないと思われていた。同時にローマ人は濃緑色、濃青色を見ると、そうした色を身体に塗り、毛髪を染めたケルト人、ゲルマン人ら野蛮人を連想した。中世の青色は長い間、濁り、くすみ、灰色を帯びた色調で、目立つ色の作業着を決して纏ってはならない農民たちの服の典型的な色となる。一二世紀以降、青色の「昇格」が始まり、野蛮＝原始的な二義的意味と現実から抜け出して、社会で一番人気の色彩となった。その存在を久しく知られ、すでにカロリング王朝で使用されたことも証明されている細葉大青は、一三世紀以降とりわけテューリンゲン地方で大規模に栽培された。これで輝きのある鮮明な青色を幾種類も作れるようになり、これならば当時の人間の眼にも、農民の着る灰青色とはまったく異なって見えた。

この青色、ようやくまっとうに目を向けられるようになった輝く青色は宮廷社会の衣装色として重要な社会的威信を帯びるようになる。いまや贅沢色の赤色は脇に押しやられた。中世末期頃にはブルゴーニュの宮廷が起点となって、青色、金色、明るい黄色（！）がもっとも高い評価を得た。この三色は極めて高貴な色彩連合を結んだが、それもやがて黒色のせいで解散に至る。黒色は長い間相反する意味を帯びていた。すなわち罪と贖罪を意味することがあり、それゆえ悲嘆の標号に適していた。光輝くがゆえに信望を帯びた色彩、社会で重要な意味を担い、その結果見栄っ張りたちが競い合う対象となる色彩とは反対に、黒色は謙遜と自制の象徴と見なされることもあった。この見解は一四世紀末頃に、そして数百年後に再度浸透し始める。

紫色ほど尊敬と拒絶が隣り合った色彩は他にほとんどない。そもそもは絹布の色として知られ、その色調は様々だった。赤茶色に菫色と灰色の要素が混じり、正確には定義できない。一二世紀に至るまでこの高価な生地の交易中心地だったビザンツ帝国では、この生地が言語的手段では表現不可能なほど種々様々な色彩を示すことは誰もが知っていた。それゆえ紫色に染まった布地が色彩の名称となったのだが、とはいえ紫色がどのような色なのか意見が一致しているわけではなかった。少し後にもっとも高価な毛織物でも同じことが起こる。つまり緋色《シャルラッハ》もまた元来様々な色を含んでいた。紫色と緋色の染色には、紫貝から抽出した分泌液を用いた。これは光に当てると最初は青紫色に見えるが、やがて深紅色になる。この染料は絵画には適さないので、紋章学では戦衣や馬衣に使われても楯の意匠には使われない。

紋章色《ティンクトゥーレン》

当初より紋章学は色差の広大な領域から選んだ六色のみに重点を置いてきた。すなわち白色、黄色、緑色、赤色、青色、黒色であり、これほど明快な態度は中世初期にあって決して自明のことではなかった。上述の六つの紋章色には、同じ概念に属しうる色のヴァリエーション（明、暗、光沢、無光沢）がすべて含まれた。判断に迷うような特別な明暗・濃度の差は皆無であり、微妙な差異があっても別の名称は不要だった。紋章学にはもとより空色（淡青色）、薔薇色、青葉色などは存在しなかった。橙色は赤色であり、明青色の一種が紫色になる前は、菫色は青色だった。

紫色は紋章学にとって悩みの種だった。他の紋章色六種とは異なり、色彩としての明確さに欠けたからだ。他の六色を混合したのが紫色だと解説された場合、純粋性に欠けるが故にあらゆる色の中でもっとも卑しい色と見なされた。それに対して紋章官シシルは、紫色のみが国王や皇帝に相応しい（色彩としての）アトリビュートであるとの見解を主張した。それと同時に、紫色が六色の複合体に取り入れられたのは、紋章色の数が七に至ることで初めて調和的な体系が生じるからである、との意見も表明している。いずれにせよ、この色は稀にしか見られず、紫色がヨーロッパで広く用いられるようになったのは近世になってからだった。非凡な人物、見知らぬ人物の珍奇ぶりを稀有な色彩で具現するためにも好んで用いられた。中世では紫色はとりわけカスティーリャ＝レオン王国の紋章（97頁参照）で知られており、家名に因んだライオンの紋章を印象深く目立たせている。

色彩のもつ一般的な象徴的意味は、地域・社会・世界観＝宗教の前提条件によってまさに多種多様であるのに、それを何らかの方法で万人に理解できるよう紋章に置き換えたのだろうか、という疑問はそのままにしておくしかない。金色（明るい黄色としての）や銀色は常に肯定的な見方をされたことだろう。もっとも、そうした見解とは無関係に、単に識別し易くするために必須の色ではあったのだが。宮廷叙事詩に登場する単色の騎士から読み解くに、赤色や黒色は軽蔑の意味を与えるかもしれない。しかしそれが当てはまるのはせいぜい紋地の色のみであり、それらの色で描かれた図形の印象はもっぱらその実体次第なので、紋章色は二義的なものに思える。同じことは緑色にも当てはまり、特別な状況下——否定的な意味の図形、楯表面の（紋章学で言う）後方＝左側（向かって右側）および下部など否定的な意味の位置——でのみ、あまり好意的には見られなかったが、そうでなければ上述した通りに肯定的な連想を抱かせることも可能だった。青色は封建制度下で重要視された誠実を示唆したので、否定的な特徴を帯びることはほとんどなかった。

紋章色と色彩の頻繁に用いられる組合せとなると事情は違った。この場合は、基本的に金色、銀色、赤色がもっとも頻繁に使われた紋章色と呼べよう。それに対して黒色、青色、緑色は不人気だったが、青色は一三世紀前半以前に人気を取り戻し、金色とのセットで中世末期にはもっとも人気のある色彩の組合せとなった。それ以外では赤色が、金色や銀色と組み合わされてごく頻繁に登場する。異例なのが、かなり離れた遠戚関係にあるイングランドとフランスのノルマン系家門で赤色とヴェア模様が繰り返し一緒に使われることである。

神聖ローマ帝国内部では色彩とその組合せに対する地域的な愛好はおおよそにしか認められない。赤色―金色は南西部で、赤色―銀色は南東部、青色―金色は中部・低部ライン地方、黒色―金色はフランドル地方でもっとも人気があり、黒色―銀色の紋章境界線が上部ライン地方からシュヴァーベン地方を越えて、テューリンゲン、マイセンへと延びている。

紋章の分割、他の楯との組合せ、その他様々な理由で中世末期になると賑やかな配色が増えてきたにもかかわらず、多彩ぶりがあまりに目立つのは紋章学的にはいかがわしいとされた。ヨハネス・ローテは『騎士の心得』でこう述べている。「楯の色が増えるほど、紋章は軽んじられる」。

染料を作る方法は様々だった。染料はまさに狭い意味での絵画、つまり写本の装飾に必要であり、戦旗を含む布地の色染めに、あるいは楯に彩色するのに欠かせなかった。本の挿絵の場合、黄色の染料を作るには硫化砒素、黄土、サフラン、牛黄を使う。赤黄色土、辰砂《しんしゃ》、カルミン酸から赤色ができ、青金石《ラズライト》（ラピスラズリの主成分）、藍銅鉱《アズライト》（欧州の鉱石）および大青から青色が生じた。緑青（銅の錆）からは塩分を含む緑色が取れ、一方黒色は煤、木炭、胡桃やヨーロッパハンノキの樹皮と根、さらに没食子《もっしょくし》から得られた。

中世の紋章楯に彩色する際に、以上の方法すべてを用いることはなかっただろう。もっとも頻繁に使用されたのは、辰砂《しんしゃ》と鉛丹（赤色）、大青（青色）、緑青《ろくしょう》（緑色）、煤と木炭（黒色）だった。また金属色には鉛白とサフランが利用されたが、金箔を使うことも珍しくなく、これもまたまさに紋章用語体系にはふさわしかった。紫色の紋章には、臙脂虫《えんじむし》から採った極めて高価な染料を使う必要があった。そこに明礬《ミョウバン》を加えると、濃厚な暗赤色となる。そうなって初めて紫色の基盤が完成するのであり、これに今度は青色や茶色の色調を加えれば、最終的に菫色／藤色が得られた。

紋章制度の黎明期以来、「金属色を原色の上に、原色を金属色の上に！」という有名な色彩規則があった――と思われる。すなわち金色や銀色〔金属色〕はどの紋章にも現われ、その他の狭い意味での四色ないし五色〔原色〕は金属色から際立って見えねばならなかった。この規則は至る所で一般的に遵守されたようだ。それでも「誤った彩色」は現われる。中世の大部の紋章鑑を繙いてみても、図形が描かれた紋章は原則的に一～二パーセントの割合しかない。先の規則の前提条件として、武装した騎士の素性を特定する必要性が挙げられる。同じことは騎士の部下たち、つまり夥しい数の武装兵が集合する目印となる軍旗《バナー》にも当てはまる。戦場では本質的なものが問題とされ、同じく完全武装が必要ではあるが、兜を脱ぐこともできた騎馬槍試合とは事情が違った。

紋章学の色彩規則が生じた理由の一般的な解説について、近年になって様々な点で疑念が抱かれている。たとえば、中世人の眼には色彩の違いを見分けるのに現代人と同じ能力はなかった。われわれ現代人には赤色と緑色、黄色と青色などは色彩としてかなり異なる印象を与えるが、一二、一三世紀にはそれほど大きな違いは感じられず、逆に、現代人が状況次第ではかすかな差異しか認められない黄色と緑色はまったく別の色彩と認識された、という説である。文献を使って証明できれば、この説は正しいのかもしれない。しかしこの主張は、中世の紋章色にそれぞれひとつの色合いしかなかったことを前提としており、これが事実と異なるのは確実である。色彩名称は昔も今も明確で確固としているが、その色が実際にどう見えたかはその限りではない。また、前紋章時代の伝統的な楯は金属らしく輝く釘と磨き上げられた金属製の楯《ウン》芯《ボー》、全体あるいは部分的に彩色された木の表面で構成され、こうして金属色と原色は隔離されたとの指摘もあるが、これでは簡潔に過ぎるだろう。

世俗文化（それはまた物質主義文化でもある）を帯びた宮廷社会が新しく豊富な色彩を宣伝し、白―赤―黒の古い基本体系から離れ、青色、緑色、金色（黄色）を同じく第一級の色彩へと格上げしたというのは正しい。しかし、それゆえ領主の宮廷とその文化を担う人々が抱く新しい美意識から、明暗の対立項が生じたと言えるだろうか。このアプローチも証明はできないものの、遠方から識別できる必要性があったとする見解と同程度の有効性は認められるだろう。

色彩規則は前々からアクセサリーには当てはまらなかった。すなわち動物の鉤爪、舌、角などの武装は例外だったのである。それ以外でかの色彩規則を逸脱することは極めて稀だった。基本的にそうした違反とその結果は模範的《コム・イル・フォ》ではなく、無作法《デルベリヒ》、すなわち農民風と見なされ、これこそ騎士が断じて避けたいものだったのだ。そうした紋章は専門用語で「違反紋章〔Rätselwappen 謎紋章〕」と呼ばれた。それというのも、色彩規則に通じていると思しき人物が、自分の氏素性に関してであれセンセーションを引き起こす目的であれ、なんらかの謎をかけていると想定されたからである。その有名な例が一二二〇年頃から使われているイェルサレム王の紋章であり、銀地に金色のイェルサレム十字が五つ描かれている〔▼図160〕。この違反紋章についてはすでに中世から悩みの種だった。紋章学の基本に抵触するかのように見えるこのデザインが経年劣化の結果に他ならないという可能性もある。すなわち本来赤色の十字だったのが急速に酸化し、赤色が次第に色あせて明るい黄色になり、そのまま伝えられたのかもしれないのだ。

毛皮模様

いわゆる毛皮模様もまた、しばしば紋章色《ティンクトゥーレン》として扱われる。その起源は、楯を毛皮で覆っていた前紋章時代および初期紋章時代にある。滑らかな毛皮は刃が滑りやすいので、剣の打撃に有効な防御となる一方、高価な毛皮で覆われた楯は貴族の自己表現の標号となった。それがどれほどだったか、ヴォルフラム・フォン・エッシェンバッハが『パルツィヴァール』で描いている。彼によれば、主人公の父ガハムレトは黒い毛皮で豹《パンサー》をかたどり、白い楯に取り付けさせた。こうしてガハムレトは、兄が没した今では自分こそがアンショウヴェ一族の長となったことを比喩的象徴的に示すのである。すでに一一九二年にリチャード獅子心王とフィリップ二世尊厳王は、アッコンを占領する前に騎士たちに毛皮張りの楯を使うことを禁じた。一二二〇年代にはこの流行は廃れていたらしい。その後、様式化された毛皮模様が紋章で楯表面の紋章色の地位を占めるようになり、たいていは垂直分割や十字分割で生じた紋地に描かれた。例外がブルターニュ公の紋章で、楯全体が**アーミン模様**（仏語 hérmine）で覆われている。

このオコジョの冬毛、シベリアシマリスおよびヨーロッパに棲む同種のリスの腹部と背中の毛皮は、楯に掛ける飾りとして大いに人気があった。オコジョ——王が纏う外套の裏地や襟としても知られる——は（冬期には）全身が白く、尾の先端のみが黒くなる。そうすると基本的には二色となるはずだが、紋章学的には銀色と黒色ではなく、毛皮模様そのものとして常に一色（紋章色のひとつ）と見なされる。そこで別の色と組み合わせても規則には違反しない。楯では実物の毛皮が様式化され、銀地に黒い斑点が三つ（一：二）、その下に同じく黒色の杭状の三角形が描かれる。三つの点は、一本の見えない糸で結ばれた釘の頭を表わすらしく、毛皮はこの釘で楯表面に留められている。三角形は、同じく本来毛皮を固定する手段だった留具を思わせる。紋章学には様式化された毛皮模様のヴァリエーションが幾つかある。黒地に銀色の斑点三

◉—— **125*** ブルターニュ公とその紋章
『金羊毛騎士団大紋章鑑』、1460年頃
フランス国立図書館（パリ）蔵

つと銀色の三角形を描いたものがいわゆる逆彩アーミン［アーミンズ］である。中世の例はまだ知られていないらしいが、銀色を金色に換えた金アーミン［アーミノワ］と逆彩金アーミン［ピーン］、さらにイングランドのヴェリー（verry）と言えば緑地に金色のアーミン模様である。もっとも、これら色彩のヴァリエーションは、自然色の毛皮という理念とは矛盾をきたしている。

ヴェア模様（独語 Feh, 仏語 vair）の使い方はさらに難しい。これはシベリアシマリスの毛皮の両面を意味し、背中側が青灰色、腹側が白色なので、二色であることは原則的に見逃しがたい。ところがヴェアもまたひとつのまとまった紋章色とされるのである。たいていは鐘形に様式化され、さらにそれぞれの形態と楯中の位置により特別な名称があり（兜型、雲型、縦帯型）、これはアーミンには見られない区別である。ヴェアの場合も後代に様々な色彩のヴァリエーションが作られて、そのために本来の毛皮の色からは離れていき、紋章色としての毛皮模様の意義を危うくしている。ドイツ語の Feh は、定着した抽象名詞を優先して紋章学では存在しなくなって久しいシベリアシマリスを指す一方で、フランス語の用語 vair はラテン語の形容詞 varius の派生語である。これには「種々の」という意味があるが、他にも「変わりやすい」「多様な」「斑の」、さらに「不安定な」「移

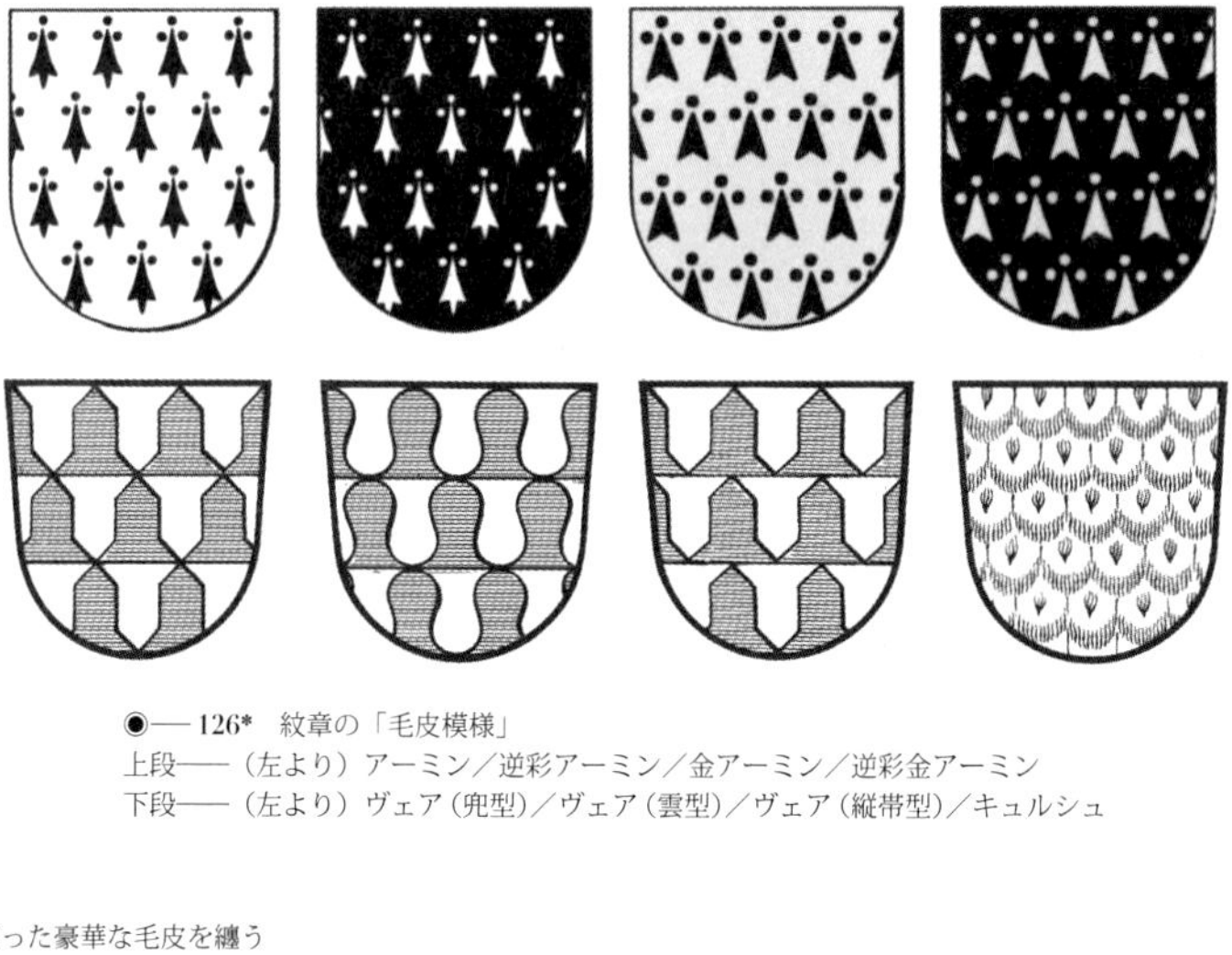

◉── 126* 紋章の「毛皮模様」
上段──（左より）アーミン／逆彩アーミン／金アーミン／逆彩金アーミン
下段──（左より）ヴェア（兜型）／ヴェア（雲型）／ヴェア（縦帯型）／キュルシュ

◉── 127
アーミンを裏地に使った豪華な毛皮を纏う
皇帝フェルディナンド1世（在位1556–1564）
ハンス・ボックスベルガー（父）画、1550年頃
美術史美術館（ウィーン）蔵

り気な」の意味でも使えた。こうした特徴は中世のキリスト教徒にとっては必ずしも肯定的には思えなかった。ヴェアはとりわけイギリス貴族（ビーチャム家、シーモア家）の間で人気を博した。

キュルシュ模様（独語 Kürsch, 毛皮を意味するスラブ語からの借用語で、すでに古高ドイツ語にあった。仏語では「自然のヴェア模様（vair au naturel）」）は稀に古めかしく「灰色模様」とも呼ばれたが、同じくシマリスの毛皮である。現代の紋章学者には、赤く染めたテンの毛皮もそこに含めようとする向きもあるが、これはキュルシュの紋章図像とは一致しない。アーミンやヴェアとは異なり、キュルシュは紋章式の様式化が僅かしか施されず、楯でも毛皮らしい性質が自然の姿で保たれている。毛羽立った様子の灰色のU字曲線が、やや重なり合いながら一列に並んでいるように見える（すなわち縦帯状に配置されてはいない）。現代では同名の都市に受け継がれているブレゲンツ伯の紋章は、すでに『チューリヒ紋章鑑』（一三四〇年頃）に記載されている。キュルシュ模様の上に銀色の縦帯が置かれ、帯は多数の（黒色の）オコジョの尾（アーミン模様）で覆われている。この紋章はキュルシュが登場する珍しい例であるばかりか、二種類の毛皮模様が結びついた稀有な例でもある。

◉— 128　ブレゲンツ伯の紋章（左端）
中央の縦帯にはまだオコジョの尾が多数描かれている（現代のブレゲンツ市紋章では3つのみ）
『チューリヒ紋章鑑』、1340年頃

第Ⅴ章

紋章官とその世界

1 紋章官の起源

開戦前に陣営間を仲介し、目前に迫る対決の前提条件や諸制約について交渉する軍使は昔からほとんどの民族にいたことだろう。古代ギリシアの伝令使《ケーリュクス》は数多くの彫刻や壺絵にその姿が見られる。軍事集会を召集したケーリュクスは議事が規則正しく進行するよう配慮したと思われ、軍事面では使者の任務を引き受けた。古代ローマの告示人《プラエコー》は公職者であり、とりわけ平民会《コミティア》での仕事を課せられたが、私法の分野で公的な案件をも調整し、公認の触れ役の務めも果たした（プラエコーの語源はprae-dico、すなわち「人々の前で告げる」者である）。戦時における役割も第一に交渉、伝令、布告だっただろう。

ゲルマン民族でそれに似た職務を果たしたのはハリ（オ）ヴァルド hari(o)wald だったらしい。ハリヴァルドは軍事集会を召集し、その席上では厳格に規定された手続きが守られるよう配慮したとされる。その目的で罰令権、すなわち拘束力ある命令および禁令を含む処分権、刑罰権、追放権を行使した。彼が法の言葉を述べ法の印を示すおかげで集会は整然と進行し、それには実質的な重要性もあった。こうした関連で個々の氏族の象徴的標号やその（神である）始祖について熟知し解釈する必要があった可能性はあるが、最終的な証明はされていない。

問題なのは、この公職そのものが知られていながら、担当者を指す名称が知られていない事実である。九世紀以来伝わる名詞ヘラルト heralt はおおよそ「軍において統べる者」の意味であり、この担当者の活

動をきわめて明確に示している。もっともその語には、少なくとも戦闘時には同じように罰令権を有した軍司令官の概念も結びついているのかもしれない。

すなわち名称と実体の間、罰令権とその執行者の間に隙間が開いているわけだ。しかし、インド・ヨーロッパ語族全体に類似例が認められ、かつ現代まで伝わるような職務があり、そこからその役割を担う人物を指すヘラルトないしハリヴァルドという名称の意味内容がかなり早い時期に生じたことは認めねばならないだろう。

中世初期の軍事行動でヘラルトについての報告が皆無である点は、注目に値する。まさにその数百年間は、敵対者同士がいつどこで戦闘を行うかを話し合ったうえで戦場が定められたのである。司令官がみずから話合いに赴かなかったのは明らかなので、己の主人の希望をその都度敵軍に伝え、そ

◉—129　騎馬槍試合の準備を整えた騎士とそのご婦人方のパレード
3人の紋章官がイングランド王の領地請求紋章を掲げたラッパで伴奏している
ジャン・フロワサール『年代記』、15世紀、大英図書館蔵（Harley MS. 4379, f. 99）

の件で何らかの成果を収めようとする媒介者がいたことは間違いないのだ。しかしそれに関する情報は何も伝わっていない。そこで、長期間かつ充て職としてこの仲介者の地位を占める担当者はいなかった、と想定するしかないだろう。

先触れ役

そこでヘラルトという現象には別の側面からアプローチせねばならない。すなわち宮廷の祝祭、とりわけ騎馬槍試合とその関連行事である。そうした場には、種々様々な用事を請負い、本質的には娯楽に貢献し、――現代風に言えば――声高に出来事を解説する大勢の人々が押し寄せてきた。これは「彷徨う人々(farnde diet)」「〔芸を披露して〕報酬を求める人々(gernde diet)」と呼ばれる流浪民であり、そこには遍歴楽師(独Spielleute、英Minstrels、仏Jongleurs)や騎士の助手が含まれた。これら社会の下層民集団に属する人々は、あまり細かく区別されないまま、祝祭や騎馬槍試合を組織する際のサポート要員として比較的長期間に亘りとどめ置かれた。たとえば騎馬槍試合の当日、眠りこける人々を早朝に叩き起こし、教会へと急き立てるのは彼らの役目である。仕事への報酬は、祝祭ならば終了後に、騎馬槍試合ならしばしば一日毎にたっぷり受け取った。生死にかかわらず敗れた騎士の防具と武具を約束され、さらに敗者の馬、衣裳、装身具(指輪、首飾り)を頂戴することもよくあった。試合を終えた騎士たちに賞賛あるいは叱責の言葉を贈り、美点や武勇を声高に述べ立て、敗北を嘆きあるいは揶揄するのも彼らの仕事だ。これらの「民」には遍歴楽師も含まれていたので、メロディーに乗せて歌われる彼らの騎士批評はまさに深い印象を与えたに違いない。とにかく何らかの利益を得たい流浪民は機会を逃すことなく、しばしば強引かつ破廉恥に騎馬槍試合前や試合中の騎士を褒めたたえ、あるいは同じ言葉を繰り返して大声で勇気づけた。たとえば伝説的な人物ギヨーム・ル・マレシャル（ウィリアム・マーシャル、一二一三年没）はとある騎馬槍試合の際に、流浪民のひとりに執拗につきまとわれた。この男は有名な騎士の背後で「マーシャル殿に神のご加護あれ！」と叫び続け、馬一頭を贈られるまで止めなかったのである。このように至る所を駆けずり回り、誰にでも押しつけがましく助力を申し出、同じ穴のムジナたちと寝場所をめぐってさえいがみ合うのが、たいてい貪欲な努力で名声と成果を手に入れようとする流浪民たちの典型的な特徴だった。

こうした集団の代表者に求められたのは、なによりも試合に出場する騎士たちの名をその都度大声で告げ知らせることであり、観客たち、たいていは貴族のご婦人方とそのお伴の望みに応じて、騎士について詳しい情報も提供できる能力だった。そのためには、壺型兜や桶型兜をかぶり誰とも分からない試合参加者の素性を紋章や兜飾りから見抜く能力が必要とされた。そうした課題を果たせるように、流浪民出身の男は騎士階級の紋章と、とりわけその地域的な構成について詳しく研究せざるを得なかった。こうした場合に放浪詩人と紋章通がまだ区別されていなかったことは、たとえばいわゆる『カールマイネット』（カール大帝叙事詩群の集成。編纂はおそらく一三二〇年以降だが、個々の部分は一三世紀に成立していた）のテクスト集成を読んでもはっきり分かる。そこでは遍歴楽師が紋章の専門家であると同時に冒険譚の語り部とも呼ばれているのだ。現存する出納簿を見ても、支払の際に両者は区別されていない。

貴族仕えの騎馬槍試合助手

それにもかかわらず、まもなくするとひとつの言葉が成立した。これはそうした専門家を指すのに繰り返し用いられながら、比較的多数の叙事詩の編纂者や吟詠者を指すのに使用されてはならない言葉だった。それが「小姓（garzūn）」である。この語の代わりに「流浪小姓（varnder knappe）」や単に「使者（bot）」という概念が使われることもあったが、実質的にはまったく、あるいはほとんど変わらなかった。おそらく小姓《ガルツーン》はまず放浪生活を送り、その際に騎士集団の間をうろつき廻って体験したあれやこれやの知識を必要に応じて他人に教えることができた。だがやがて小姓は特定の貴族と雇用関係を結ぶようになる。契約した小姓の責務は使い走りや騎馬槍試合での主人のサポートだった。サポートとは主人のために道をあけたり、観客の注意を引いたりすることで、その際に鬨の声を響かせた。さらに他の参加者たちが提示する紋章の確認、解釈、審査、記述が続き、主人の武功を讃歌で寿ぐ能力も求められた。

当初、紋章の知識は紋章専門家や騎馬槍試合熟練者の「秘術」では決してなかった。普段はまったく別種の活動や職業に従事しながら、紋章学の確実な知識を駆使する識者がいたのだ。その有名な例が「紋章知識の達人」髭剃りニコラスである。一二六五年、王太子エドワード（一世）に対するイーヴシャムの戦いの前、ニコラスは主人シモン・ド・モンフォールから意見を求められ、迫りくる敵軍の紋章旗を解説した。解読を誤ることもあり、絶対確実とはいかなかった例も繰り返し記録されている。すでにクレチアン・ド・トロワが叙事詩『ランスロまたは荷車の騎士』（一一七〇年頃）で語るところでは、幽閉から一時的に解放された主人公ランスロは、とある騎馬槍試合に参加するため素性を隠して簡素な宿で身を休め、その時自分の楯を戸口に掛けておく。そこにひとりの伝令使《ヘロルト》が裸足にシャツを着ただけの姿で現われ、楯の紋章から騎士の素性を探ろうとするが失敗する。この場面でとりわけ重要なのは、――みすぼらしいとはいえ――この紋章通が楯の持主の正体を明かすだろうと聞き手が期待する点である。ところが彼にはそれができなかった。叙事詩の展開としてはむしろ紋章ではランスロの素性がばれないことが望ましかったし、確かに

◉— 130
後代（16世紀中葉）の紋章官
紋章入り官服を着て流行の片身替わり（ミ・パルティ）のズボンを履いたうえに、
12/13世紀の小姓のように相変わらず薔薇のシャペル（頭飾り）をかぶり、象牙の杖を手にしている
『フッガー家紋章鑑』、フッガー文庫（ディリンゲン）

稀ではあろうが、こうしたケースも現実に十分ありえたのだ。

小姓《ガルツーン》は特別な衣裳を纏っていたらしく、その様子はしばしば記述されている。かなり高価な衣裳で、花束やシャペル〔花冠状の頭飾り〕で飾った帽子をかぶり、手には象牙の杖を握っている。主人の紋章色で染めた服を着ていた公算が大きい。デア・プライアー作の叙事詩『メーレランツ』（一二七〇年頃）で伝えられているように、すでに一種の戦衣を着ていた可能性もある。タイトルロールに仕える小姓であるギュネテルはそのような姿で描かれている。彼は主人の命を受けて敵陣に向かう際に「おのおの方、道をあけられよ！」と叫び、すなわち鬨の声を響かせると、主人が立ち会いの相手に望んだ人物の楯に触れるのである。

叙事詩人ゴットフリート・フォン・シュトラスブルクはやや見下した言葉で小姓の抜け目なく慎重な振舞を描いており、剣の一撃、槍の一突きを詳しく解説する彼らの生業と詩人である自分の生業をはっきり区別している。詩人のほうが格上であり、そしてその記述は現実の出来事と隅々まで一致しているわけではない。詩人が騎士一人ひとりの詳細を語る場合、その眼目は騎馬槍試合の様子を報告したり、この点で聞き手を満足させたりすることにはない。「だが騎士たちが競技場の周辺から中央へ馬を駆る様子、彼らが槍で突く様子、折れた槍の数、そうしたことは小姓たちに語ってもらおう。彼らが槍運びを手伝ったのだ。私は騎士たちの団体騎馬競技を逐一声高に伝えたりはしない」（『トリスタン』五〇五四―六〇行）。

この場面でゴットフリートは学識ある都市民として語りながら、自分と小姓《ガルツーン》の違いを強調している。一二一五年頃といえば、小姓の社会的地位や名声はまだほんのささやかなものだったにせよ、劣悪あるいは卑俗ではなかったはずなのだが。彼らは「報酬を乞う」根性を剥き出しにして、もっぱら騎馬槍試合に関わる領域で絶えず奉仕した。ゴットフリートは「声高に伝える」という言葉で小姓を特徴づける活動に言及している。これはまず、入場する戦士たちのために雑踏のなかで道をあけさせる鬨の声に、そして騎士のひとりひとりに人々の注意を向けさせる口上に関する行為である。彼らは声高に語りながら賞賛の言葉を投げかけ、大声で最終的な評価の要旨を伝えるのだ。

だがもっとも重要な行為は、騎士一人ひとりの兜と楯を審査し、両方の紋章を記述し、その後で試合に臨む準備が整ったのを確認することである。すでに一三世紀初頭には、紋章規則の順守、とりわけ楯の配色が条件を満たしていることが重視された公算が大きい。この審査もまた大声で同意を表明して終了したらしく、その結果、声高に告げる行為は彼ら小姓ともっとも深く結びつくことになったのだろう。そこから派生したのが、これら「騎馬槍試合の助手」を指す名称であり、これ以降ますます頻繁に使われるようになる。すなわち「叫ぶ者、呼ぶ者」を意味する「先触れ（crogieraere）」であり、やや形を変えて「叫ぶ人々（krier lûte）」「報酬を乞い叫ぶ者（gernde grôgiere）」とも、さらには簡単に「叫び屋（krojierer）」とも呼ばれた。

騎馬槍試合の行事や職務の点から見れば、彼らと小姓との違いはほとんど認められず、おそらくはそもそもなかったのだろう。しかし、小姓が特定の君主に限定的に奉仕する地位へと昇格し、職務の範囲が騎馬槍試合以外へと広がっていくにつれて、その社会的レベルも上昇したと思われる。小姓はいまや試合の範囲内では報酬と贈り物への依存度を次第に減らしていった。それに対して先触れ《クロギエレーレ》は流浪民という低い領域に留まった。しかし先触れの概念は、たとえばディートリヒ伝説の『ビテロルフとディートライプ』（一二六〇年頃）や『ラインフリート・フォン・ブラウンシュヴァイク』（一二九一年以降）といった後期の宮廷叙事詩にも登場する。これは伝令官《ヘラルト》が特権を与えられた、社会的名声の高い紋章専門家として明確な姿を取り始めた時期に当たることから、個人の出世や、職務に対する世間の評価の変遷が一様ではなかったことを前提とする必要があるだろう。楯の紋章や兜飾りについての評価は、もはや〔戦闘や試合など〕短期に必要とされる事柄を超えて、統一された規格のもとで誰もが利用できる普遍的な知識へと発展したようである。すなわち、その場しのぎで利用できる下層民出身の紋章楯解読者は存在し続けたし、それとは別に資格を有する小姓《ガルツーン》もすでに誕生していた。小姓は使者として重要な任務を帯び、最終的には、組織的能力、分類能力、解釈能力を有するうえに詩作も可能な専門家となり、それゆえにより高い社会的評価を得るようになったのである。

紋章の侍童

おそらく一三世紀イングランドの「紋章専門家」の間でも、騎馬槍試合の際にきわめて広い意味で楯や兜を扱う人々の種々様々な資格に関してすでに「明確な序列」があったように思われる。もっとも、ドイツの場合と同じくそれを証拠立てる手立てはほとんどない。それに加えて、騎馬槍試合助手の名称については、宮廷詩人たちの有するある種の保守主義を考慮せねばならないだろう。詩人たちは、社会的にも法的にも異なる立場にある人々の集団を表すのに同じ専門用語を使ったと思われるのだ。ルードルフ・フォン・ハプスブルク（在位一二七三―九一）の時代、「小姓《ガルツーン》」や「先触れ《クロギエレーレ》」という名称はますます使われなくなった。いまや完全武装した紋章所有者の素性を声高に告げ知らせるだけの行為よりも、紋章の確認に始まり、それから審査、解読へと続く紋章のより正確な解釈のほうが重要となる。そこから、楯の意匠とより本格的に取組み、より深く意匠を読み解いたことが察せられる。紋章色と意匠は検査され、紋章学の規則集に組み込まれる。こうした作業に従事する人々にはもはやフランス語の概念が用いられることはなく、分かり易くストレートに「紋章の侍童（Knappen von den Wappen）」「紋章の輩（die von den Wappen）」あるいはもっと簡単に「紋章侍童（Wappenknaben）」と呼ばれた。彼らについては様々な文学テクストで語られており、

◉── 131
団体騎馬競技（ブーフルト）
この試合では楯を使っていないが、紋章は場合によっては戦衣に描かれ、兜飾りでも示されている
中央にはチームのリーダーであるアンハルト伯ハインリヒ１世（1170–1252）が描かれている
『マネッセ写本』fol. 17r.

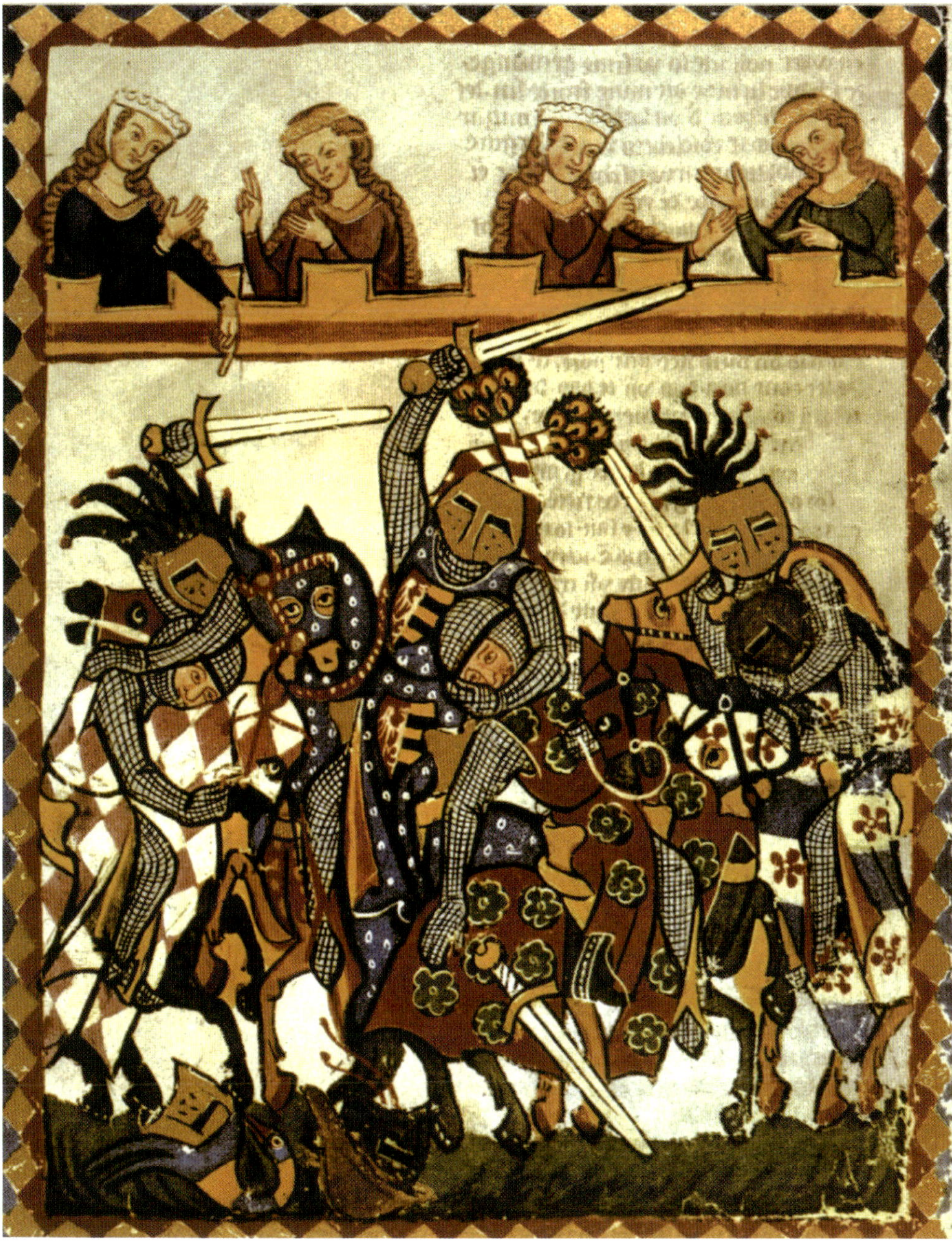

楯や兜について「口上を述べた」と必ず付け加えられている。すなわち彼らは相変わらず紋章の告知、その記述と解釈、さらにすでに出来上がった紋章学の基本規則の検証と維持もを担当していたのである。紋章侍童は楯や兜飾りばかりか、軍衣に紋章が正しいやり方で取り付けらているかも審査した。

それぞれの騎士に許可が下りると、「組分け」の段階となり、これも同じく紋章侍童が請け負った。これは、来たるべき団体騎馬競技《ブーフルト》に備えて、参加条件を満たす騎士たちでチームを二組編成することを意味する。それが済むなり、紋章侍童はこう叫んだ。「さぁさぁ、騎士の方々、戦支度を整えられよ」。そこで騎士たちは楯や兜を返してもらい、おそらく鎧を身に着けるのもこの時だっただろう。紋章侍童の社会的地位は、小姓《ガルツーン》や先触れ《クロギエレーレ》とほとんど変わらなかったと思われる。しかし審査手続きでは疑いなくある種の権威を持つに至った。審査を受けなかった騎士は試合に参加することが許されず、この規則が厳格に適用され、維持されたのは明らかだ。さらに組分けも紋章侍童次第だったが、その際に何らかの原則に縛られていた、あるいは試合主催者や参加騎士の希望を汲まねばならなかった、とはどこにも伝えられていない。ひとりの騎士に長期間仕えた小姓は騎士の信頼を勝ち取り、それによってある程度の安泰と尊敬を得られたが、それは彼らの法的立場については何の保証にもならない。オーストリア出身の騎士詩人ザイフリート・ヘルブリングは一二八〇年になっても、紋章侍童を蔑むような見解を示している。すなわち、彼らを「ホーフグンペルマン」と呼んでいるのだが、これは現代語なら「宮廷道化師」というところだろう。「グンペルマン」には「飛び跳ねる者」の意味もあり、これは下層民・賤民、あるいは宗教的観点では悪霊・悪魔に特有な振舞である。それでも彼らの特徴である慢心して勿体ぶった態度や、忙しげに駆けずり回る様子はうまく捕えている。イングランドやフランスでも「騎馬槍試合助手」についての見解は同じだった。彼らにはほとんど信用がなく、騎士を取り巻きしつこく付け回す。一三世紀の九〇年代（一二九〇年代）には、紋章官（hyraus）は怠け者で欲深く、嘘つきで無作法者、総じて宮廷人とその美徳とは正反対だと言われた。

2 官職としての成立と発展

すでに一二五四年にイングランドでは、伯《アール》の楯二十枚、卿《ロード》の楯二百枚を納めた『グローヴァー紋章鑑』が成立していた。この紋章鑑は分類能力に秀でた人物の手になる著作で、卓越した分類方法に基づいている。同書の編纂原則となっているのは規則性および専門用語の正確性であり、個々の騎馬槍試合での特殊なケースを超えて、比較的長期に亘り楯と兜に取り組んだことが分かる。すなわち一般的に前提と見なされ認知された体系という意味で、紋章学の萌芽と見なすことができる。しかし文学資料を別とすれば、初めて紋章官《ヘラルド》について言及されたのは、ようやく一二八五年になってからだった。その五年後にイングランド宮廷の出納簿《ハウスホールド・アカウンツ》に初めて紋章官の名が登場する。すなわちリトル・ロバート某とニコラス・モレル某のために夏用と冬用の衣裳が購入されているのだ。一四世紀には、紋章官は国王のみならず諸侯など貴族にも仕えるようになる。その時点でもまだもっぱらトーナメントと結びついていた。主君のお伴をして試合に赴き、主君を讃える歌を謡い、大声で叫びながら激励するのである。様々な紋章の持主を見分け、彼らの性格と戦闘スタイルについて情報を与え、さらにその生涯と事績に関する物語を語る知識が紋章官には求められた。こうしたことに興味を抱いたのはまず観客の貴婦人方であり、紋章官は騎士一人ひとりについての質問に答え、時には恋の使者を務めた。時代が経つうちに紋章官たちは紋章学の知識と社会的に重要な見識を組み合わせた複合体を形成することに成功し、それによって貴族の家庭で助言者《コンサルタント》、さらに式部官の地位さえ得るに至った。

神聖ローマ帝国では、一二九八年のゲルハイムの戦いに向けて短い叙事詩を編んだシュヴァーベン人ヒルツェリンの名を耳にする。その詩ではハプスブルク家の無敵のオーストリア公アルブレヒト一世の側で戦ったケルンテン公とウルリヒ・フォン・ヴァルゼー伯の紋章が描写されている。ヒルツェリンは詩的な言葉を使い、規則性のある練達した正確さで紋章を記述しており、このことは紋章学の実践とまでは言わないが、彼にしっかりした知識があったことを示唆する。このヒルツェリンは、イングランド王エドワード一世が一二七七年に一二ポンドを支払わせた紋章官ヘルテリンと同一人物の可能性もある。この男性はドイツの「紋章王」と呼ばれているが、それはイギリスの宮内官たちの解釈であり、実在した男性の実際の地位とは関係がない。その数年後、ようやく「紋章官」の語は——hiran, heraud というフランス語の歪んだ形で——初めてドイツ語

●— 132
帝国紋章官（16世紀）の史的考証に基づく復元図
黄色の紋章入り官服には光輪のある双頭の鷲が黒色で描かれ
袖とストッキングは赤色である（1796年）

のテクストに伝えられた。そして騎馬槍試合と関連してその語が使われるのは当然と思われた。騎馬槍試合が催されない場所には、紋章官も見つからないのである。

外交任務を帯びる紋章官

一三三三年、人々はドンディー市（現在のダンディー市）に因む名前をもつスコットランド人紋章官（unshiraus d'Escoce）の噂を耳にする。これが公職名が登場した最初の例であり、同時に我々はドンディーの職務がスコットランド貴族《ロード》と高位聖職者の使者だったと知る。この職務はまだ紋章官とは結びついていなかった。一三三八年、イングランド王エドワード三世の御前に紋章官カーライルが姿を現わす。彼はプロイセン、イェルサレム、さらに「野蛮人の土地」をめぐる旅について報告した。最後にグラナダへ赴き、そこでスペイン王（おそらくカスティーリャ＝レオン王）に拝謁し、主君エドワード三世宛の書簡を託されたという。この報告は幾つかの点で意味深い。最初に分かるのは、まさにこのイングランド王がスコットランド遠征の途上でこの男性を紋章官に昇格させたことである。その時イングランド軍が留まっていた都市の名に因んだ官吏名が与えられた。その一方でこのカーライルなる男性はカスティーリャ王宮から書簡を携えてきたものの、王の公使の身分ではなく、偶然スペインに滞在中の旅行者、やがてイングランドへ、しかも国王の許へ帰るだろうと了解されている旅行者の身分でだった。さらにエドワード三世もまた、国政にとって重要なはずの書簡よりも、旅の詳細な報告のほうに興味津々だった。この物語により、紋章官制度が発展を遂げる、そのまさに過渡的な瞬間がくっきりと浮かび上がる。紋章官はまだ公使者ではなく、騎馬槍試合の世界に属している。それでいながら出征の途中で動員され、このことは軍事方面の職務、さらに外交方面の職務さえ課せられたことを示唆している。

一三三八年、複数のイングランド人紋章官の名が知られるようになる。フォコン、ノリス、ヴァイヤン——すべてフランス名なのは、イングランド王宮ではいまだフランス語が主流だったからだ。他に名が知られていたのがゲルデルン公の使者ウィリアムであり、彼はイングランド王エドワード三世（在位一三二七—七七）の公使《ミッスス》として「王の政治的任務を帯びてドイツ各地へと」派遣された。一三三九年には同じウィリアムがエドワード王の依頼を受けて、フランス王フィリップ四世（在位一三二八—五〇）への開戦宣言を口頭で伝える。この頃から紋章制度、そしてその維持を委託された者たちが名声と重要性を認められるようになった。百年戦争の個々の戦局を語る年代記で話題になるのは、王侯の宮廷の枠内、軍事・外交の領域で責任重大にして影響力の大きい紋章官の地位ばかりではない。年代記作者や史料編纂家に価値ある助言を与え、正確な情報を伝えるのも、紋章官《ロワ・ダルム》自身なのである。コンスタンツ公会議年代記（一四一四—一八）の編纂者ウルリヒ・フォン・リーヒェンタールはその四、五年間に繰り返し紋章官たちを自宅に招き公会議の経過について報告させたことが知られている。コンスタンツには奴僕を引き連れた紋章官二四名が集い、彼らは「諸侯や騎士たちの紋章を告げ知らせ、彼らへの賛辞を歌い上げた」。

神聖ローマ帝国で紋章官という語が初めて使用されたのはペーター・ズーヘンヴィルトの詩である。彼は一三六七年に貴族ロイトルト・フォン・シュタデックに捧げる頌詞《しょうし》にこう書いている（第五巻、一二〇—一二二行）。「彼ら〔諸侯〕の名が触れ役にして紋章の専門家たる紋章官たち（eralden）により告げ知らされるのを耳にした」。

そして一三七七年には、彼の君主であるオーストリア公アルブレヒト三世についてこう歌われている（第五巻、一三九—一四〇行）。「紋章官（eralden）と放浪民（gernd leut）はそこで公の寛大な心の恩恵を受ける」。

ここでは紋章官がまだ放浪民と関係づけられており、諸侯の慈悲および気前良さを享受するのはこの両者である。この詩人自身も後者のひとりであったのかは、我々には分からない。放浪民（報酬を乞う人々）が狭義のいわば権利なき下層民の社会集団ではなく、単に領主の気前良さを当てにする人々と見なされていた可能性は十分にある。

ドイツの宮廷叙事詩人のなかでは、遅れてきた巨匠コンラート・フォン・ヴュルツブルク（一二八七年没）が「紋章関連」の詳細かつ緻密な知識を持ち合わせていることを図らずも示している。幾つかの作品、とりわけ一二五八年頃に成立した「ナントヘイスの騎馬槍試合」では、彼にとっては当然のことらしい知識を披露する。作中で重要な位置を占めるのが〔架空の〕騎馬槍試合であり、それを描くには紋章のみならず紋章官（あるいは当時はまだ紋章侍童）たちと付き合いがあり、試合展開の細部にまで通じていることが必要なのだ。

それにもかかわらず、コンラートを紋章詩人と呼ぶのは難しいだろう。バーゼルとシュトラスブルクを根城にする都市職業詩人であるコンラートは、トーナメントに直接参加した経験はおそらく皆無だったと思われる。しかし、遍歴楽師として流浪民のひとりだった経験があるのかもしれない。当時のコンラートがトーナメントの場で人々から認知され経済的成功を収めようとした可能性はあるので、その機会に紋章の知識を習得できたとの推測は自然に思いつく。それでも彼は狭義の紋章官ではなかったのである。

一四世紀初頭になると、紋章官《ヘロルト》の概念が小姓《ガルツーン》、先触れ《クロギエレーレ》あるいは紋章の侍童などを一絡げに指すために表面的、あるいは雑に使われることはなくなる。この言葉と結びつけられるのは、別の実態である。楯の意匠、兜飾り、そしてまた軍衣の図柄についての知識があるがゆえに識者に貴族が接近し、貴族はそうした世界を理解し、そこでしっかり活躍できるようになる。紋章は識別されるためだけの存在ではなく、しば

Schawt man dy
und wer der nit genoß ist
haust man sein

しばそこに秘められた象徴的意味を明らかにし、権利の主張や政治的な意図について紋章官に解き明かさねばならない。こうしたことすべてにはアイデンティティに対する深い感情が潜んでおり、その感情は紋章の持主に心の拠り所を与える。紋章官は紋章学の規則集をマスターし、抵触する箇所を指摘して解消せねばならない。これらの規則はまず次第に形成され、やがて広く承認されるに至ったもので、するとその規則を厳密に守ることは、かの中世後期の宮廷生活に参与するために絶対欠かせない前提条件のひとつとなった。これが騎士の身分に相応しい重大な意義を有したことは、ブルゴーニュ宮廷の美的生活という「表象世界」を一目見れば理解できる。それに必要なものを誂えたのが紋章官である。紋章官は絶対的に頼れる存在でなければならない。紋章を解説する技術からひとつの学問を仕立てあげるには、誤解の余地をなくすと同時に、その特殊性を専門家だけがよりよく理解できるような専門用語が必要だった。本物の隠語ではなく、知識ある者にのみ通じる言葉である。識者になるには、紋章学《アルス・ヘラルディカ》を習得せねばならない。それはすなわち誰か紋章官に身を委ねること、いわば弟子入りすることを意味した。

様々な観点から考え抜かれた新しい紋章制度の影響は、いまや騎馬槍試合そして実戦、さらには宮廷生活全般へと及んだ。騎馬槍試合を開催する際の助手というかつての姿は捨て置かれた。彼は実践に強く結びつき、ラテン語無用の世俗的学問の学徒となる。新式の紋章官は、王侯その他の主君のもっとも重要な助言者のひとりへと進化する。騎馬槍試合でなくとも、宮廷の祝典運営で能力を発揮して認められれば、軍事や外交の分野で出世する見込みも開けたのである。

◉── 133*
騎馬槍試合に先立ち「兜改め」を行う紋章官
取り違えを避けるため、兜の頸部には小さく紋章が描かれている
コンラート・グリューネンベルク『紋章鑑』、1483年

3 宮廷社会における紋章官

一五世紀は「紋章官の時代」と呼べる。そうした専門家としての活動はいまや広い領域に及ぶ。先触れ役や提示された紋章の単なる解説役から、宮廷世界の「趣味の判定者《アルビテル・エレガンティアルム》」へと出世したのである。その活躍を常時遍く特徴づける厳格な規則重視の姿勢は中世後期の宮廷生活全体に影響を及ぼす。儀式と式典が取るに足らない単純な日課さえも規定し始める。それが元となって、近世には多くの意味で硬直した宮廷儀礼の様式が生じる。紋章官は遍歴楽師あるいは権利なき流浪民集団のメンバーから身を起こし、いまやその判断は洗練された振舞、優雅な衣裳、他者に接触あるいは挑戦する際に唯一正当とされる形式の基準とされた。宮廷文学に通じた紋章官には、アーサー王の円卓を模した騎馬槍試合を開催し、あるいは文学作品や歴史上のとにかく有名な一場面——都市の占領や恋愛《ミンネ》の城砦攻略など——を題材に上演を行う能力があった。その際に、過去の英雄たちの帯びた紋章にまつわる彼らの知識が効力を発揮する。時折果たしていた使者の務めが今では外交使節の不可欠な務めとなり、宣戦布告の場合も好んで引き受けた。なんといっても使節はいまだに高価な贈り物を期待できたのである。紋章官は軍事方面で新たな任務を託され、そこでいまや重要な役割を果たすようになる。戦場の紋章官は日常生活に不可欠な事柄で複雑多岐な仕事を引き受けるともに、戦闘の展開中には重要な観察も行い、さらに戦いの成果や結果とも取り組まねばならなかった。

戦時における紋章官の職務

戦時における紋章官の職務のひとつに、新たに到着した軍旗《バナー》の登録があった。従者たちの集う中心となる軍旗の持主を、そこに描かれた紋章を手掛かりに識別せねばならない。戦闘開始の前には、貴重品を預けた騎士たちの目録を作成する必要がある。さらに重要なのは、定かならざる運命を鑑みて戦士の多くが口述する遺書を記録する作業だった。それに加えて、騎士たちの際立った身体的特徴を記録するのも意義深い仕事である。傷によるダメージが酷い場合、そうした特徴を手掛かりに識別するしかなかったのだ。開戦前に敵陣に赴いた紋章官は身の安全を保障されながら、己の君主に託されたままにメッセージを伝え、提案を説明し、要求を告げた。敵軍の状況について、とりわけ野営地、部隊編成、武装などに関して沈黙を守り背信行為を犯さないことは、紋章官の名誉に関わる不文律のひとつだった。とはいえ自軍を不幸に陥れる義務もなく、巧みな問い掛けにより大雑把な証言を引き出されることはあった。

●── 134　百年戦争の一場面
イングランドの紋章官2名がトロワ市に降伏を促している（1380年）
ジャン・ド・ワヴラン『イングランド年代記』、15世紀後半
大英図書館蔵（Royal MS. 14 E IV, fol. 57v）

戦闘の最中、紋章官は君主の傍に控えて戦いの様子、個々の部隊の行動、さらに並はずれた武勇や格別臆病な振舞についての観察さえ伝えた。戦いが終わっても両軍が勝者の座を譲らない場合、双方の紋章官たちが落ち合って勝者を決定した。ここで最後の決着をつけるのは死者の数である。その後、敗軍の紋章官たちは勝利した軍司令官を訪れ、祝辞を述べ、戦いの名称の由来となるべき地名や城砦の名を挙げ、そして戦死者に捧げる祈禱を懇請した。戦死者の名簿はすでに作成されており、ここでまとめて勝者に伝えられる。もっとも名簿は貴族に限られていた。次に紋章官たちは捕虜の許へも赴いたが、無防備な捕虜が復讐の犠牲となるきっかけを与えてはいけないので、捕虜の名を口にせぬよう注意せねばならなかった。勝者側が捕虜の素性を承知していれば、紋章官たちは身代金の交渉を行うよう委任されることもあった。これほど多数の職務と義務があったのだから、たいていの場合に大勢の紋章官たちが戦場に同行させられたことは容易に見て取れる。一三九六年、バイエルン公アルブレヒト一世は二一名の紋章官を伴ってフリースラント戦役に赴いた。このことから、彼らは全員が宮内官だったのではなく、臨時にフリーランスを雇ったと想定される。

騎馬槍試合の司宰

騎馬槍試合での職務も同じように範囲が広かった。紋章官が使者活動の一環としてたとえば一騎打ちの挑戦を伝えに行く、あるいは開催迫る騎馬槍試合に招待する予定の諸侯に参加者リストを届けてともに目を通すなど、すでに開催前から職務が始まることも往々にしてあった。行事そのものに際しても紋章官は種々の義務を課せられ、祝祭を管理し、騎士の儀礼が遵守されているか監視し、参加者の資格を伝統に則

◉—135
騎馬槍試合における一騎打ちの図
左のブルボン公の紋章は、青地に金色の百合の花（フルール・ド・リス）3個が2：1に配置され、
ヴァロア家の比較的若い傍系の印である赤色の斜め帯がかぶさっている
右のブルターニュ公の紋章はアーミン模様、バルコニーには紋章官（中央）と4名の審判がいる
ルネ・ダンジュー『騎馬槍試合の書』（1440年頃）、1500年頃の写本、ザクセン州立図書館（ドレスデン）蔵

り審査した。さらに統計上の仕事も彼らを待ち受けていた。すなわち騎士が与えた打撃数、受けた打撃数、さらに落馬した回数を記録するのだ。試合の直前に紋章を修正した騎士がいれば、それを書類で証明せねばならなかった。試合前に行う「兜改め」を補う形で、紋章官の指揮下で第二の閲覧会が開かれた。すなわち臨席する貴婦人方が兜を陳列した台の周囲を四回めぐり、自分を罵った、または酷い侮辱を与えた騎士の兜に触れたのである。その人物は弁解をせねばならず、（おそらく騎馬槍試合は別として）夕べの舞踏会など騎士仲間のイベントから排除された。試合場や柵の傍に置き去りにされた（たいてい破損した）防具や武具を手に入れる権利は、昔の小姓《ガルツーン》から紋章官へと受け継がれた。

紋章官としてのキャリア

一四世紀中葉以降の紋章官は単なる試合助手ではなく、騎馬槍試合が終わってもふたたび散り散りになり流浪民に戻ることはなくなった。いまや確固たる出世コースが出来上がったのだが、これは誰にでも開かれていたわけではない。紋章に関する確実な知識があり、なるべく多くの言語が話せねばならない。たとえば紋章官ニクラウス・ホラントは、ドイツ語の他にフランス語、英語、ラテン語、ポーランド語、ハンガリー語の六言語をマスターしたと自慢していた。紋章官としての経歴は、紋章官二名の推薦を受け、ワインを注がれて従紋章官《ペルゼヴァント》（Persevant）として名乗る名前を授けられることで始まる。これはフランス語 poursuivant が訛った言葉で、本来は「追跡者、狩人」を表すが、意味としては紋章官、さらに言えば紋章に（支援と助力の意味で）「従うこと」に関連している。これが正当な解釈だと思われるのは、すでにペーター・ズーヘンヴィルト（234頁・247頁参照）の作品にも「従紋章官《ペルゼヴァント》」という表現が見られ、そこでは「紋章に付き従う者」と同義で使われているからである。時には「口上人《シュプレッヒャー》」という語も使われるが、これはおそらく「大声で告知する行為」およびそこで告知された紋章の説明に関係するのだろう。

　すなわち彼らは「後を追う旅人」として紋章に従事し、駆け出しから叩き上げで七年かけて紋章官の役職を習得した。しかし、すでに見習い時代にも責任重大な仕事が多数割り当てられ、一人前の紋章官と同じく君主の依頼を受けて役目を果たす。七年が経つと、紋章官の誰か——たいていは己の親方——が提議し、他の同業者たちの同意を得て紋章官に任命される。すると見習い時代とは別の名前を名乗り、紋章入り官服《タバート》を身に纏うようになる。これは身の丈が短い袖なしの外套で、主君あるいは宮廷騎士団の紋章が縫い付けられていた。

　中には従紋章官の頃から官服を纏う者もおり、フランスでは前後ろに着ることで、紋章官になる一歩手前であることを示した。しかし帝国でも一四五〇年に任命されたジャンティ・オワゾー〔小粋な奴〕と名乗る従紋章官は、肖像画では官服を前後ろに着た姿で描かれている。紋章官は短く白い杖を手に持ち、これはたいてい象牙製である。こうした装束でのみ紋章官はそれと認識され、開戦前に難なく敵地を横断することもできた。戦闘そのものの最中は鎖帷子を身に着け、悪意ある、あるいは誤った剣の攻撃から身を護った。その一方で武器を携えることは許されず、さもなくば不可侵特権を失うことになる。さらに宣誓を行わねばならなかった。「汝紋章を裏切ることなかりしか」。特権として紋章官は（およびその従者たちも）税金および関税が免除され、また知行の獲得も許された。

　最高位の紋章官は「紋章王」（独 Wappenkönig, 仏 roi d'armes, 英 king of arms, 羅 rex armorum）と呼ばれた。神聖ローマ帝国ではブラバント公から公式に「帝国辺境伯」の身分で任命され、報酬も受け取った。ブラバント公ジャン三世（在位一三一二—五五）はマース河とライン河の間に大勢の封臣がいたので、ゲルマン人（ライン地方）の辺境貴族領リュイエ（Ruyers）の紋章王を指名するのにとりわけ前向きだった。これが行われたのは、イングランド王エドワード三世が皇帝によりライン河以西の摂政に任命された頃（一三三八年）である。この地域で姓名が判明している最初の紋章王ヤン・ファン・ステーンセール某は一三二六年に記録に現われ、一三八七年に亡くなっている。本人は「リュイエの王（coninck van den Ruyeren）」と名乗ったらしい。帝国の紋章王は代々「ロームライヒ」〔ローマ帝国〕の名を授かった。とはいえ、帝国で活躍する他の紋章官に対する監督権、まして裁判権があったわけではない。フランスには辺境貴族領の管轄区域としていわゆる辺塞《マルシュ》があり、これを紋章王が統括した。フランス王国の紋章王は代々「モンジョワ」〔「我が喜び」、84頁参照〕と名乗った。ライン河畔では「ガリア」貴族を総称するポワイエ（Poyers）の辺境領と、「ゲルマン」貴族を表すリュイエの辺境領を区別した。これは当初フランス王国と神聖ローマ帝国を区別するものと考えられたのだが、すでに一五世紀にはリュイエはむしろネーデルラントとライン河以西の地域に関連付けられるようになった。リュイエとポワイエの由来については今日に至るまで結論が出ておらず、そもそも不明である。ただしリュイエのほうは、ライン河畔に住むリプアーリ族（Ripuarier）に由来する語かもしれない。

紋章王は査察旅行を行い、紋章の正統性と、それが紋章学の規則に適っているかを審査せねばならなかった。こうして彼らは系図に関しても最新の状態を確認して目録を作成し、これは婚姻が計画される際の重要な情報源となった。

スコットランドではすでに一四世紀に紋章院が創設され、紋章王ロード・ライアンの指揮下にあった。イングランドでは一四八四年に国王リチャード三世が紋章院（Heralds' College あるいは College of Arms）を創設し、現在でもその会員は紋章院総裁《アール・マーシャル》を務めるノーフォーク公家の監督下にある。ここには昔も今も三名の紋章

◉— 136
聖ゲオルギウスの前で跪く初代筆頭上級紋章官（ガーター騎士団の紋章王）ウィリアム・ブルージュ
職位を示す冠を被り、イングランドの領地請求の紋章を描いた官服を着ている
『ウィリアム・ブルージュのガーター騎士団の書』、1440年、大英図書館蔵（Stowe MS. 594, fol. 5v）

王がいる（一四一五年以降は筆頭上級紋章官の下で、ノロイ上級紋章官がトレント川以北のイングランドを管轄し、クラレンス上級紋章官がトレント川以南を職域とする）。

ドイツでは紋章制度はそれほど整然としていなかったが、諸侯ばかりか諸伯や領主にも紋章官がついていた。帝国全土とはいかないが、かなり大きな地域をカバーしていたのが一五世紀に創設されたと思しき騎馬槍試合同友会（Turniergesellschaften）である。会はそれぞれ動物を記章に戴き、会の代官および従僕を職員として雇った。ラインラント、シュヴァーベン、フランケン、バイエルンと四地方のグループで構成され、それぞれがさらに上部、中部、下部地方に三分割されていた。

4 中世ドイツの紋章官

上述のヒルツェリン（ヒルツェライン）を除けば、神聖ローマ帝国の紋章官の名前が知られるようになったのは、ようやく一四世紀中葉以降である。もっとも、紋章について正確な知識があったとはいえ、彼が紋章官として活躍していたかは実に疑わしい。また「オーデンヴァルト王」（一三四〇年頃）はかつて推測されていたのとは違い、オーデンヴァルト騎士団の紋章官ではなく一介の遍歴楽師だったらしい。そうした集団の「口上人」役は一五世紀以前には存在しなかったようだ。

「私が耳にしたなかでもっとも巧みな者……」

ペーター・ズーヘンヴィルト（一三二五頃―一三九五／一四〇七）もまた詩人としてのみ伝えられている。しかし彼の詩を読めば、紋章について口上を述べる教育を受けたらしいことがうかがえる。紋章詩人は遍歴楽師の後継者と見なされているので、ズーヘンヴィルトは多分騎馬槍試合の会場で公の場に登場する術を学んだのだろう。彼自身が流浪民（報酬を乞う人々）のひとりだったと認めているところまでは、素性を辿ることができる。しかし彼がウィーンにあるオーストリア公アルブレヒト三世の宮廷に留まり、その地に居を構えるようになった頃には、もはや出自など問題にならなかっただろう。彼は口上用の「頌詞《しょうし》」に、生者のみならず亡くなった騎士の詳細な紋章解説まで取り入れた。それは騎士の死への嘆きで始まり、騎士の人となり、事績、武勇を紹介する賞賛の言葉が続き、最後に詩人は故人の代願の祈りを懇請するのだが、そこに個人の武具の詳細な描写や紋章記述を結びつけたのだ。ズーヘンヴィルトは実に数多くの頌詞を書き――当時の宮廷で流行していたに違いない――、とうとう自分自身をパロディ化するに至った。彼はグーモルフ・ラップ・フォン・エルンヴィヒト殿と名乗る太っちょ農夫に捧げる哀歌を書き、その名誉ある事績を讃えたのである。彼の紋章解説に登場するものといえばレバーソーセージに飼葉袋、麦藁、さらにザウアーコッホ（獣の脚や内臓の煮込み料理）である！　彼が一三七七年にお伴した主人アルブレヒト公のプロシア行を謡う詩行では寓意的な表現に専念し、中世末期の宮廷の慣習を模範的に守っている。いずれにせよ、紋章学の専門用語を駆使する彼の能力は注目すべきもので、同じくプロシア旅行の途中でアルブレヒト三世に合流したフーゴー・フォン・モンフォールがこう述べるとおりだった。「彼は私がこれまで耳にしたなかで、神と紋章についてもっとも巧みに語る者である」。

「中世の秋」における末期宮廷生活

ズーヘンヴィルトは狭義の紋章官ではなかったと思われるが、同時代のフラマン人ゲルレ、本名クラース・ヘイネンゾーン（一三四〇頃—一四一四頃）は違った。すでに一三七一年から七三年にかけて、さらに七六年に公使として言及され、一三八〇年以来仕えていたゲルデルン公ヴィルヘルム（ウィレム）一世の紋章王としてゲルレの名を賜った。後に鞍替えしてヴィッテルスバッハ家のバイエルン公（ホラント伯）アルブレヒト一世（一四〇四没）に仕えた時、バイエレンと改名した。リュイエ（ゲルマン貴族）の紋章王としてリトアニアやハンガリーにも脚を伸ばした。著しい権威を有するに至った彼の著書は中世においてきわめて包括的かつ重要な紋章鑑のひとつである。韻文形式の年代記《ライムクロニーク》（ブラバント、ホラント）から始めて歴史歌謡、とりわけ殺された騎士に捧げる賛辞と哀歌、そして紋章詩を書いた。この構成はズーヘンヴィルトの詩と正確に一致するので、ドイツの紋章詩に共通の構成と考えねばならない。ゲルレはとりわけ同時代の貴族世界への習熟に努めた。高貴な夫

◉── 138*
紋章王ゲルレ（クラース・ヘイネンゾーン）
『紋章鑑』収載の自画像（fol.122r.）
ベルギー王立図書館（ブリュッセル）蔵

人に壁の装飾として紋章を推薦できるほどの模範的な騎士も探していた。ゲルレは「中世の秋」における末期宮廷生活を典型的な形で代表する人物である。彼のなかでは芸術的才能と組織的才能が、紋章官の種々様々な職務を見事に処理できる力および紋章官の身分に相応しい生活様式と一体化しているのだ。

ゲルレほど紋章官としての包括的な重要性を持つに至る者は、後代の同業者にはもはや現れなかった。時代に先んじた理論家としては、フランス人ジャン・クルトワ（通称シシル）がいる。クルトワはアラゴン王アルフォンス五世（在位一四一六—五八）の紋章官としてナポリに滞在し、当地で基準的著作『色彩の紋章』を執筆した。同書で彼は紋章官という存在が抱える諸問題に関しても意見を述べている。

紋章官の職務範囲を完全に果たしたのはドイツ騎士団の紋章官ヴィーガント・フォン・マールブルク（一四〇〇年頃）だった。ヴィーガントについては、騎士の生涯とその事跡を散文と韻文で大声で告げ知らせる（bekrojieren）役目を担った、と伝えられている。彼はまたドイツ騎士団総長の評伝を執筆し、外交官としても活躍した。騎馬槍試合への参加資格を有するバイエルン家門のリスト作成に功績があったのが、バイエルン＝インゴルシュタット公ルートヴィヒ七世（髭公、在位一四一三—四七）の紋章官ニクラウス・ホラントである。彼が帝国官房書記のカスパール・シュリックから一四

◉── 137
左上に大きく描かれているのはアラゴン王家の紋章（金地に赤色の縦帯4本）
兜飾りは金色の兜の頭頂に、蝙蝠の翼に挟まれた赤い舌をした竜の頭部
兜覆いは黒地に下向きの腕木が尖った金色の末広十字（クロスパティー）
右上、アラゴン、サルデーニャ、マヨルカ、コルシカの軍旗（バナー）
中央右端以下、2段にわたり小さく描かれているのは封臣たちの紋章
──ルナ伯（2種）、モンカダ伯、ヴィレンツ伯、ウルジェイ伯、アンプリアス伯、プラード伯
モンカダ伯の兜飾りは金色の兜の頭頂に、方形状の翼に挟まれた白鳥の頭部、兜覆いは赤色
ゲルレ『紋章鑑』、14世紀後半、ベルギー王立図書館（ブリュッセル）蔵（fol.62r）

二〇年頃に依頼されたこのリストは、系譜学＝紋章学的な記述がなされており、後に「バイエルンの騎馬槍試合押韻詩」として有名になる。紋章官が公用出張——もっとも仰々しく贅沢な旅ではあるが——する際の好条件の一例が、マイセン辺境伯フリードリヒ（好戦公、在位一四一〇—二八）がヨハン・ミッセンラントのために発行した任命書および通行許可書である。この書類を所持する者は至る所で自由通行権を有し、万事について助力と支援を得られるというもので、当人はもちろん、召使、馬、「家財道具」にも適用された。

紋章王

一四七五年、皇帝フリードリヒ三世（在位一四四〇—九三）の紋章王はその官職の代表的な名前「ロームライヒ」を授けられ、ブルゴーニュ公シャルル（勇胆公、在位一四六七—七七）がノイスに構える軍営へ、皇帝の戦争宣言を通告する命を受ける。自分の不可侵特権、犯すべからざる地位を肝に銘じた帝国紋章王は、この危険に思える不快な任務をむしろ大喜びで引き受けた。彼はブルゴーニュ公の気前良さを承知しており、皇帝の公使として高価な贈り物を期待できたのである。実際に勤めを果たした使者に対してブルゴーニュ公は「金切箔と青いダマスク織の」衣裳を贈呈し、ロームライヒはさらに百グルデンの価値がある金の鎖、旅費五十グルデンを受け取った。そのうえ紋章官は帰路のかなりの距離に護衛をつけてもらった。紋章官が外交活動に従事したこの例を見れば、騎馬槍試合助手というほとんど顧みられない惨めな仕事から発展したこの官職が高く評価されていたことが分かる。

帝国では、フリードリヒ三世の治世が紋章官にとってもっとも重要な時期だったことは間違いない。皇帝が数多くの紋章王を任命したことが伝えられている。たとえば一四四〇年にはネーデルラント人ヘンドリク・ファン・ヘッセルに紋章官名「エスターライヒ」〔オーストリア〕を与えている。彼は一四三三年から一四三七年の間に皇帝ジギスムントにより「神聖ローマ帝国の紋章王」(すなわちリュイエの紋章王)に任命されていた。それ以前にファン・ヘッセルは宮廷の一員としてブルゴーニュ公フィリップ三世(善良公)に仕えた。当時フィリップはブラバント公を兼ねており、ファン・ヘッセルの要請を受けて帝国辺境伯として君主の大権のみを行使した。一四四七年、紋章王は大公の委託を受けて帝国宰相となったカスパール・シュリック相手にフィリップ善良公を国王に昇格させる件の交渉もしている。一四六六年、紋章王は官職を返上し、ブルゴーニュ公から年金を受け取ることになる。アントウェルペンにはファン・ヘッセルの手稿が保存されており、そこで彼はヨーロッパ諸侯に向けて騎士階級の没落を阻止する呼びかけを行っている。第二部では紋章官という職業の起源についてラテン語で(!)論文を著し、そこでは「オーストリア紋章官」および「神聖ローマ帝国リュイエの紋章王」と名乗っている。この功績ある人物に続くのは、おそらくヘルマン・フォン・ブリューニングハウゼンであろう。彼はユーリヒ=ベルク公ヴィルヘルム二世に仕え、すでに一四七七年には「ユーリヒ公のリュイエ王」と名乗り当時ブルゴーニュ公だったマクシミリアン一世の公使を務めた。一四八〇年以降はブルゴーニュ宮廷の一員だったことが証明されており、本人は「紋章王」と名乗った。

フリードリヒ三世は他にも数名の紋章官を昇格させた。すでに一五世紀の四〇年代にヨハネス・クラバートラント某に通行許可書を与えている。この紋章官が皇帝の命を受けてクロアチアを担当していたのか、あるいは彼自身がクロアチア人だったかははっきりとは言えない。一四六六年に皇帝は紋章官シドニ——スペイン出身と推測させる名前である——を、(異例の)官名パンタレオンとして皇帝および帝国付きの紋章王に任命した。

従紋章官たちも紋章鑑を編纂し、決して初心者とは思えない仕事ぶりをみせた。ニュルンベルク城伯（一四五〇年頃）に仕えた従紋章官ハンス・ブルクグラーフは、誇らしげに花冠をかぶり、紋章官風に豪華に仕立てた官服《タバート》を纏い、手には杖を持った姿を自分の紋章と並べて描かせた。騎馬槍試合協会「ロバの会」の従紋章官にして従僕だったハンス・インゲラムの似姿も、その後まもなくして描かれている。官服を纏い帽子をかぶりながら杖は持たないという珍しい姿で、自分個人の紋章を誇示している。インゲラムの紋章コレクションは千種類の紋章を収録し、一四五九年に完成した。この紋章鑑は当時代のもっとも重要な目録のひとつである。

「異郷の冒険家」を自称したハンス・ローゼンプリュートは実際はほとんど冒険しなかったらしく、ニュルンベルク市の真鍮職人および火器製造の親方として市民生活を送った。ところが自作の頌詞《しょうし》「バイエルン公ルートヴィヒに捧ぐ」（一四六〇年）では従紋章官の立場を取っている。「そして私は公の紋章の後を追う旅人／男子《おのこ》の名誉〔紋章〕を解き明かし／その色彩も見極めて／公の宮廷に糧を求める」（三二―三五行）。この「後を追う旅人」は従紋章官の身分を仄めかしているのだろう。だがローゼンプリュートが公の紋章記述で従紋章官の役割を引き受け、バイエルン＝ランツフート公ルートヴィヒ九世（在位一四五〇―七九）を、紋章官がかくあれと望むような比類なき（ほど気前の良い）君主として褒め称える趣向となっている、とも想定できる。

近世との境目に登場するイェルク・リュスクナーは機転の利きすぎる人物で、幾つもの名前で活躍した。文章を数多く残しているが、必ずしも事実を正確に記したわけではない。たとえば、騎馬槍試合の規則と紋章制度は九四二年（！）にマクデブルクで開催されたとある騎馬槍試合の規定に由来する、などと書い

◉―139
ハンス・インゲラム、騎馬槍試合協会「ロバの会」従紋章官
赤色の帽子と官服、そしてネックレスにはロバの記章を身に着けて自分の紋章の横に立っている
紋章は楯の上部3分の1に赤色の山形が3個、その下には金地に赤い六芒星が3個描かれている
兜飾りは、赤色の半翼の下部にある赤色と金色の葉形装飾で紋章標号を繰り返している
ハンス・インゲラム『紋章鑑』、1459年、個人蔵

ている。そうした捏造に対して、歴史的視野に欠ける同時代人は疑問を抱くことさえできず、とりわけ当時の社会現象の古さをめぐる議論では、リュクスナーが典型的な中世風思考法に従ったのでなおさらだった。一五〇〇年頃には従紋章官イェルク・リューゲンの名で現われ、一五〇五年にはイェルク・ブランデンブルクの名でケルン帝国議会の報告を残したが、その際には職業を「バイエルンの紋章官にして名誉従騎士」としている。一五一八年には実際にブランデンブルク侯に仕えていたらしく、辺境伯カジミールの結婚式を活写している。おそらく彼は、皇帝マクシミリアン一世の宮廷で職務を果たし、イェルサレムの聖墓を訪れるために紹介状を交付してもらったイェルク・エルザスとも同一人物であろう。皇帝は彼に、様々な国での宮廷の習慣、当地の貴族たちの武勲《フォルティア・ゲスタ》とその紋章を調査し記録するよう依頼した。ここで我々がふたたび耳にするのは、旅する紋章官が抱える多彩な職務であり、紋章制度に端を発しながら——宣戦を布告する必要がない場合——宮廷生活の改善に専念するのだ。一五一五年と一五一八年にリュクスナーは「紋章王」と呼ばれ、一五三〇年にはイェルサレムの名で『騎馬槍試合の書』を執筆する。同書は誤謬と捏造に満ちているにもかかわらず、中世の紋章制度とそ

の代表的人物に関して、伝統的な騎馬槍試合の時代が終焉を迎える直前の重要な文献とされている。

忘れてならないのはカスパール・シュトゥルムである。彼は一五二〇年にアーヘンで皇帝カール五世により帝国紋章官、すなわち神聖ローマ帝国の紋章王に任命された。もはやローマライヒの名で呼ばれることはなく、トイチュラントあるいはゲルマニアと呼ばれた。シュトゥルムが偉大な紋章専門家にして紋章蒐集家だったのは確かだが、彼の存在意義の重点は、一五二一年にゆゆしき結末に終わったヴォルムスの帝国議会へ向かうマルティン・ルターに同行した点にある。アルブレヒト・デューラーがネーデルラントへ向かう旅の途上、このシュトゥルムをスケッチしたおかげで、鋭すぎるとまではいかないが目鼻立ちのはっきりした彼の顔が今に伝えられている。その表情からは毅然として成熟した個性をうかがい知ることができる。

◉— **140**　神聖ローマ帝国紋章官カスパール・シュトゥルム
ヴォルムス帝国議会に赴くマルティン・ルターに同行した
アルブレヒト・デューラー作の銀筆画、1520年

第Ⅵ章

寓意と象徴の紋章学

――シンボル・伝説・架空紋章

1　シンボルとしての紋章

象徴的解釈の諸前提

太古の思考——存在感覚とでも言ったほうがよかろうか——はこの世界の目に見える諸関係と目に見えない諸関係に向けられていた。それらはすなわち、普通の生活——当時はおそらく存在しなかった概念である——のなかであらゆる企てと行為、あらゆる経験と体験を統べる意義深いものであり、それゆえに既存のものと、繰り返し生起するものの埒外に人間が踏み出す可能性はほんの僅かしか残されなかった。一時的な経験が旧来の確信と一致しないことがあっても、人間の世界観は微塵も変わらなかったし、人間が解放されて個性的人物になることもなかった。もっとも仮にそうなったとすれば、自分の生きる時代の社会状況で孤立し、拠り所を失う羽目になっただろう。そのようなわけで生活の地平線は多くの点で後の数世紀よりも狭いままだった。こうした形態の人間存在にとって特徴的なのは、狩猟や栽培の枠を超えた動植物との深い絆である。とりわけ動物には親近感を抱いたが、その主たる理由は、動物の力強さと敏捷さ、持久力と危険性にはっきり示されるように、動物が範とするに足りる存在だからだった。それらの優れた特性をすべて人間に転移したいと人は願った。動物の名を名乗り、動物の標号を掲げるのは、動物との共感を表現する手段である。かくして生まれた関係は、細かな差異がほとんどなく矛盾も少ない素朴な世界にあって、個人にとっても集団にとっても根本を為す重要なものとなる。現代的な意味でのシンボルという概念はまだ知られていなかったが、そうした人間と動物の関係に己のアイデンティティを見出そうとする衝動は強く、シンボルという語の根本的な意味〔異なる二つのものを合わせる、ひとつにする〕からすれば当然のことだった。

しかしキリスト教を受容するとともに、こうした生活態度は抑制されていった。人間のあらゆる行為を惹起し、監視し、評価する唯一神への信仰が、新しい世界理解での主流となる。すなわち、一切の出来事は神から発し、どのような営みにも――現代風に言えば――形而上的な根本原因があるが、それを理解する必要はなく、ただ受け入れ認めねばならないとする信仰である。こうして一切の出来事は救済史という意味でそもそも象徴を担うものとなった。

それが万物に浸透した様子が伺えるのが、たとえば幼子イエスを膝に抱えた聖母マリアが、他の聖女とともに石塀あるいは垣根に囲まれた芝生に座っている画、「閉ざされた庭《ホルトゥス・コンクルスス》」である［▼図141］。その庭に生い茂る植物と草花にはそれぞれ象徴的な意味が託され、偶然に描かれたわけではない。庭に居合わせた動物（兎、仔羊、特定の種の小鳥）も同様である。

その後、人間と世界の存在に対するこうした象徴主義的解釈は、哲学で基礎を固めた上に構築された神学を優先する知性重視の聖職者たちにより次第に放棄されていったが、それがまさに紋章の登場した時期に当たる。紋章では動物、植物、やがて人間（およびその身体の一部）さえ楯や軍旗《バナー》に描くことが必要とされ、またそれらよりはるかに集約的ながら美的効果はたいていあまり気にせずに、戦う騎士たちの兜飾りとして表現することとなった。その他の被造物が人間にとって持つ意味の表象はまさに伝統的な見解の範疇に留まり、キリスト教もこれを廃棄はせず、ましてや破壊もせずにただ変更を加え、解釈を変え、とりわけ神に関連付けるのみだった。スコラ学もまた自然とその諸現象に向き合うや否や、文字に記録されてはい

るが、それ以外の点で古代の表象とあまり隔たりのない旧来の表象を受け継いだ。

この世界像は確固たるものに見えながらも、様々な源泉を糧としている。伝統は隠すのみで、古代の学問を援用し、最後には一切を神とその世界計画に委ねる。この世界像を前にして発展したのが、新たな標号である紋章だった。もっともこの頃には従士制度、封臣の忠誠義務のような別の依属関係が存在しており、当初はこれが妨げとなって紋章をもっぱら個人的なシンボルとして受け入れることができなかった。まだ紋章とはむしろ帰属集団や共同体を表すシンボルだった。後者はいまだ一族《ジッペ》の場合もあったが、たいていはすでにより近代的な権利関係に基づく共同体だった。その際にキリスト教の伝統が今一度優位を占めるが、それには戦士としての必要条件が大いに関与した。しかし最終的に、新しいシンボル感覚はそうしたケースでも一人ひとりの騎士にまで及んでいった。このようにして紋章は疑いなく象徴的な性格を帯びざるをえなかったのである。

中世の象徴的意味を理解し追体験するのが困難な原因は、ひとつには近代人たる観察者本人にある。世俗化し、抽象的＝自然科学的な今日の世界は基本的にシンボルを嫌悪するのだ。なぜなら現代世界は因果関係で物事を把握するからであり、事物が発する直接の諸関係――それはまた神を源泉とする――ではないからである。こうしたレベルの理解に達せねば、中世人による世界の把握に近づき、そのシンボル解釈を理解することはできない。「異質の意味世界と表象世界をいわば中世に持ち込む」のではだめなのだ。だから紋章に秘儀のシンボルや古代エジプト宇宙論の図像表現を求めてはならないのである。中世の心性を「身に着ける」試みは結局のところ問題をはらむ手段であり続け、決して完全に成功することはありえない。その次に、中世のシンボル感覚に及ぼされた様々な影響を考慮することが肝要だ。そこにあるのは何よりも戦士貴族社会の伝統的な見地であり、これは次第に不明瞭さを増す過去に起原を持ち、現代的な

◉―141 「閉ざされた庭」
世間から隔絶された状況は処女マリアの純潔を、
またスズラン、アイリスは将来マリアを襲う悲しみを象徴する
花咲き、実のなったイチゴも同じくマリアの象徴である
マルティン・ショーンガウアー派の画家
15世紀末、ロンドン、ナショナル・ギャラリー蔵

意味で明瞭になることはおそらく一度もなかった。物事に対するキリスト教的な見解、世界の新たな解説はこの見地を排除せず、その上辺を飾る。しかしその影響は多くの点で表面的なもので、伝承された意識の中核に達することは実に稀だった。

かねてからキリスト教のシンボルは文字で得られた知識に依拠しており、この知識は、説教者が繰り返す言葉を通じて、またたいていは説教壇の円柱や教会の壁に描かれた図像による教えを通じて、さらに幅広い、さらに遠方の階層にもおそらく届きはするが、必ずしも本当の意味で根を下ろすことはない。怪しげなシンボルの背後に確固不動の精密な概念を認めようなどと、極端な真似は決してしてはならない。ライオンを例に取ろう。ライオンをなんらかの特徴やどこかの誰かと同一視はできない。ライオンは数学方程式の最初の項ではない。キリスト教の文献のみを参考にしてさえ、ライオンは多様なシンボル——肯定的にも否定的にも——として理解できるということだ。

さらなる問題は、シンボルとシンボル思考に不可欠な社会基盤である。紋章の形式を組み立て、それをより深い理解と結びつけ、外部から積極的に取り入れるのは、宮廷＝騎士社会である。この社会で重要な位置を占めるのはキリスト教的な美徳ではなく、威信と尊敬をもたらすシンボルであり、人々に好まれ、社会的合意を、感覚・思考・解釈において意見が一致することを前提条件とするシンボルなのだ。

こうした象徴複合体のなかに、紋章とそれが表現する意味内容は組み込まれている。ある紋章を作成、継承、移譲する際にどのような伝統が前面に出て来るかは、ほとんど確かめようがない。それに触れた歴史的文献は皆無であり、官房紋章学の時代に紋章申請書と紋章検閲の報告書で解釈に利用されたモチーフ一覧も現存しないのである。

意図と解釈

それがいかなる組合せであれ、一般的な象徴的意味を反映したものを、特定の現象や事件を意図して再現したものから区別することは大変重要である。そうした再現は紋章所有者の頭のなかでたいていごく意識的に行われている。だから楯に初めて紋章を取り付けたのは十二分な考慮の末であったろうが、その想いを我々は知らないし、時に予感できるにせよ、推定できる場合はごく稀である。楯を譲り受けた継承者は、その紋章にまず系譜学上の（あるいはもっと正確に言えば男系血族の）連帯の標号を見出し、ようやく後から紋章意匠のシンボルを伝統的な意味で理解したことだろう。だから簡素な紋章ならば、本来の意味付けがそのまま通用し続けた。しかし、中世にあっても紋章が同じ意匠であり続ける必要はなかった。子孫たちを取り巻く政治や法律の状況が変化した結果、あるいは個人的な新しい体験や新しい見地も理由となって、楯意匠の内容への解釈が変わる、それどころか別様に記述される可能性もあったのだ。楯表面で各々異なる意匠の紋章を組み合わせ、分割し、あるいは複数の紋章をひとつに組み込めば――序列の高い区画に置かれた紋章が男系血族の伝承、つまり決定的な伝承を強調するのでない限り――シンボルの価値を問う行為が時代遅れになってしまうことは理解できるように思える。

見逃せないのは、紋章学においてますます重要性を増しつつある専門家たる紋章官が紋章学複合体全般を取扱うやり方である。彼らの解釈と記述は本質的に一四、一五世紀に花咲いた騎士のアレゴリーに依拠しており、その代わりに個人のアイデンティティに関わる伝承のほうは見る間に放棄するようになった。中世末期の紋章は上辺を飾る要素のひとつ、後期宮廷社会における規則に縛られ窮屈なコミュニケーションでの遊戯の対象になる。

紋章とは、騎士の鎧兜とその発達に関連した流行の結果に過ぎないという意見に同意する者はきっといないだろう。しかし一方で、紋章所有者の誰もが己の楯に紋章を描かせる前に時間をかけて深い熟慮を重ねたとは思えない。考えられるのは、たとえば宮廷付き司祭のような知識人が請われて意匠を考案したケースである。とはいえ、紋章所有者がもっぱらキリスト教的な意味付けに満足したというのもありそうに思えない。祖先から受け付いたアイデンティティ意識への追加項目としてならば、相応しい解釈（これはその後、義務になりえた）を歓迎しないこともなかっただろう。たとえば「異教徒」（イスラム教徒）と戦うキリスト教戦士である「獅子《ライオン》の騎士」という観念は、十字軍を体験した結果であり、紋章に選んだ本来の理由ではないのだ。美的観点は皮相的な印象を与えることが多いものの、紋章学モチーフの規範へ組み込むことを強いる血族や同盟の世界では正当な根拠と見なされる。そして一二世紀以降、古代のシンボルが拡張された世界とその世界を統べる社会的グループの様式を纏うようになったことを、とにかく流行に乗じたい強烈な願いと解釈してはならない。

抽象図形の象徴的意味

さらなる問題は、具象図形だけがシンボルなのか、抽象図形もシンボルなのか、ということである。分割図形（partitions）は紋章色に関してのみ象徴的な意味を持ちうるが、幾何学図形（pièces）はそのデザインも意味を有しうる〔フランスでは抽象図形を分割図形と幾何学図形に二分する。第Ⅲ章96頁以下参照〕。もっとも横帯《バルケン》、斜め帯《シュレークバルケン》、縦帯《ブファール》、楔形図形《カイル》、Y字図形《ダイクセル》、逆Y字図形《ゲーベル》、山形帯《シュパレン》、さらにそれらの複数配置やヴァリエーションはいわば「紋章学内部での」象徴的意味しか得られない。確かに同じ数や配色の抽象図形が登場すれば、取り違える可能性も皆無ではないが、紋章所有者同士の間に封臣関係や従士関係があることはすぐさ

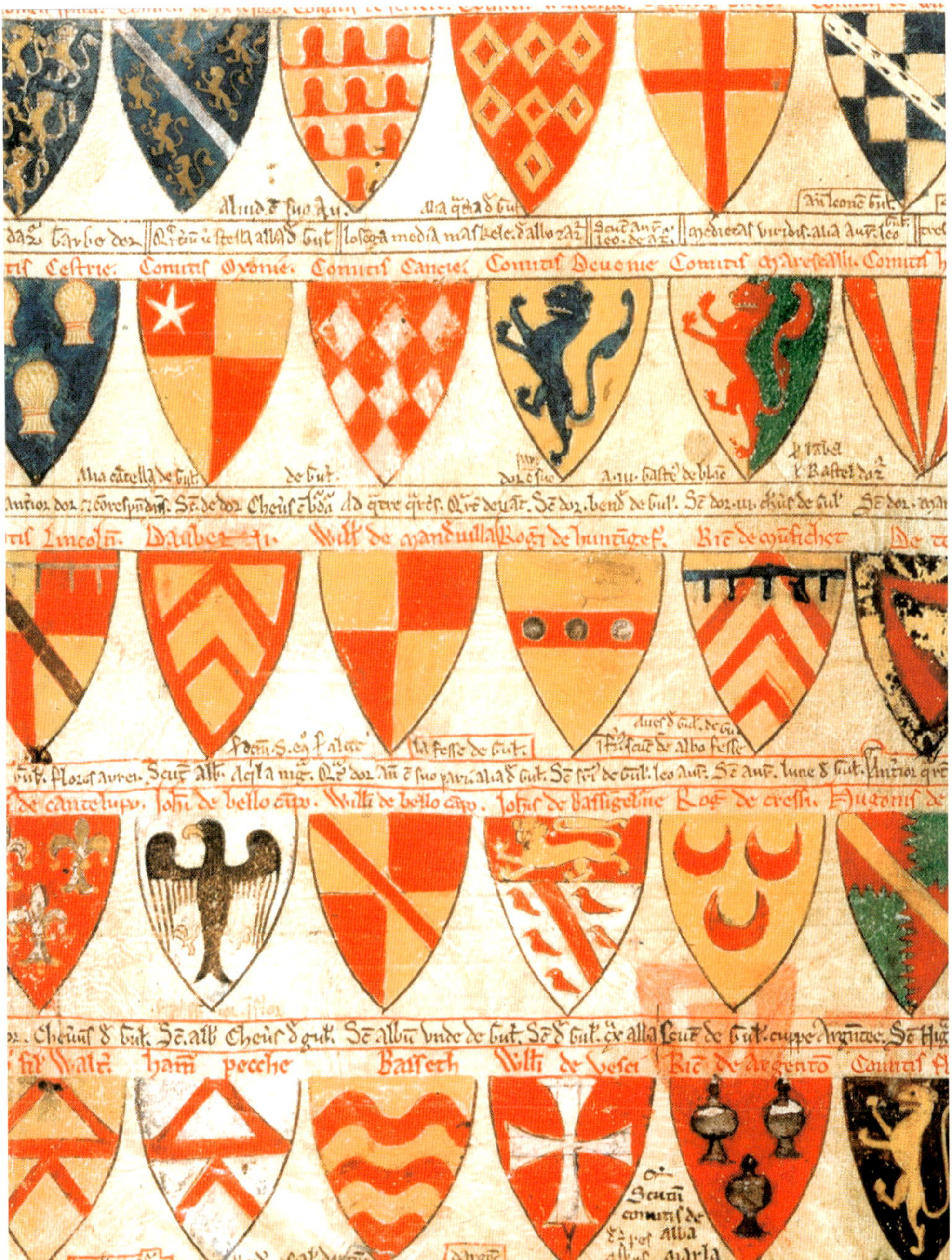

◉—142　マシュー・パリス『二人のオッファ王の生涯』より、紋章の頁
抽象図形と具象図形が入り混じって並んでいる
1250年頃、大英図書館蔵（Cotton MS. Nero D I, fol. 171v）

ま推察できる。だがそうしたことを考慮せずとも、抽象図形は——少なくとも紋章制度初期の数十年間は——敵にも味方にも、そうした関係を仄めかし、理解させることができた。

この点でしばしば引き合いに出される例が、アングロ・ノルマン貴族のクレア家（元々はクレール）の山形帯《シュバレン》であり、一一三〇〇年代に印章に使われ、その後楯に描かれた。ペンブルック伯ギルバートは六本の山形帯を示し、同名の甥ハートフォード伯は三本、その妹でリンカーン伯に昇格したロハイーズに至ってはこの独特な屋根型記号を七本使っている。この頃はまだモチーフ自体のみが家門特有であり、それを表示する数は変化し、色彩にはまだ何の役割もなかった。時が経つにつれて山形帯の紋章はド・クレア家のみならず、その血族（アバノン家、エサール家、イヴリー家、スタッフォード家）にも見られるようになる。紋章学的に疑問の余地がないのは唯一ド・クレア家の紋章、つまり金色の地に赤色の山形帯三本である。他の家系はこの山形帯モチーフの数や色彩に変化を加えることで、紋章とし

て独自性を打ち出しつつ連帯関係をも示す。それはアイデンティティの表現、系譜上の近親関係を表現したものであり、一種の内面意識であると同時に外部へのシグナルでもある。このように紋章を介して理解させる「紋章学内での」象徴的意味は、抽象図形でも表現できる。しかし外部に対しては、この種の意味付けは副次的な効果しか発揮できない。それも特定のオブジェクトが他の何かを表す（世間に認められた）シンボルとしてすでに認識されている場合である。

実際にアングロ・ノルマン貴族と、それに発するフランス北部およびイギリス貴族の紋章では、抽象的な表現、すなわち抽象図形が優位を占める。どちらも紋章分布図ではライオン紋章がもっとも多い地域に属しており、しかも当地域の紋章図形としては百獣の王が他の四足獣を数倍も陵駕しているにもかかわらず、そのライオンでさえ頻度に関しては抽象図形に及ばないのだ。ミシェル・パストゥローの仮説では、ロマンス語系諸国では抽象的な楯意匠が優位に立つ一方で、ゲルマン語系地域の紋章は生物、人工物、自然現象で占められるとされており、多分彼の意見は正しいのだろう。もっともこの問題に対して、統計学の情報のみを頼って答えを出すことはできない。まさに紋章に関しては血族や封建法上の依存関係を考慮せねばならず、そこでは必ずしも楯の標号を自由に選択できるとは限らないのだ。また紋章を類別したり境界を設定したりする場合も、今日の政治的状況を前提にしてもならない。たとえばフランドルからロワールに至る「フランス王国」は——少なくとも一二、一三世紀までは——むしろゲルマン系地域と見なすことができる。紋章の成立に及ぼした影響を軽視できないノルマン人にしても、言語的にはロマンス語化されたゲルマン民族であり、バイユーの綴織《タペストリー》が証明する通り、様々な点でヴァイキングの伝統に縛られていたのである。

◉— 143　アングロ・ノルマン貴族クレア家のアイデンティティを示す標号である山形帯
家族の成員の間で山形帯の数が異なる点は、紋章としてはまだ不十分である
右図：2代クレア卿ギルバート・ド・クレア（1117年没）を描いたステンドグラス
テュークスベリー修道院、1340年頃
左図：リンカーン女伯ロハイーズ・ド・クレア（1153年没）の紋章
紋地に7本の山形帯が見られるが、女伯の兄ハートフォード伯ギルバートは3本
彼らの叔父であるペンブルック伯ギルバートは6本である
142図の紋章一覧にも、赤色の縁帯や青色のレイブルが付いたもの（3段目）
二本の山形帯の間に横帯をおいたもの（最下段左端）など、一族のものと思しき紋章が見える

2 語る紋章——紋章と伝説

洒落紋章

シンボルを見て理解できるのが洒落紋章《アルム・パルラント》〔原義は「語る紋章」〕である。こうした紋章では、楯の標号と紋章所有者の家名との関連がすぐさま認識できる仕組みになっている。すでに言及したヴェルフ家のWelfは本来犬など肉食獣の子供を意味したが、比較的新しいドイツ語版の『フィシオログス』〔一二〇〇年頃〕にもある通り、やがて生まれたてのライオンを指すようになった〔115頁以下参照〕。「雌ライオンはその仔〔welf〕を放り投げて殺すと、その仔を〔des welfes〕三日間見守る」。

同書の公刊時期は最初の紋章が登場した時期とあまり差がなく、この頃からWelfは子ライオンと理解されるようになった。もっともWelfは特別なケースである。当初は一族《ジッペ》の特徴的個人名を示し、その後姓名制度が発達すると男系血族で幅を利かした家門の名前となり、やがていわば二つ名の象徴となったからである。洒落紋章〔語る紋章〕の場合、楯の標号はその意味内容にのみ対応する。

もっとも有名な例のひとつが、東フランク＝テューリンゲン貴族の名門ヘンネベルク（Henneberg）伯の紋章である。当初一族は古くから伝わる標号に従ったと思われる。すなわち彼らの印章は一面のチェック模様で、おそらくこれは規則正しく加工を施した楯を示唆するのだろう。だがその後一族は、定着してまだ間のない二つ名を明確に表現し、素性を迅速に特定するのに適すると思しき楯意匠のほうを好むように

●—144
マインツ大司教ベルトルト・フォン・ヘンネベルク（1484-1504）の山上に立つ雄鶏が4回繰り返された一族の紋章を含む紋章円盤
〔車輪はマインツ大司教の紋章〕
ヘッセン州立博物館（ダルムシュタット）蔵

なった。それが山《ベルク》（Berg）（紋章学的には三つ山《ドライベルク》）の上に立つ雌鶏《ヘンネ》（Henne）だ。

より古い伝承――おそらくどの家門にもあるわけではないだろうが――を考慮せずに、家門の名から「洒落」紋章を作ったケースも実際に多いようだ。このように家名と標号を単純に完全一致させるのが、一九世紀の紋章申請では習慣となった。多少の差はあれ両要素は並存し、図像シンボルは紋章学的な基準と条件という意味で形態を維持したが、その際に伝承された要素のほうは制限されたり切り刻まれたり、あるいは時代に合わせて修正された。『チューリヒ紋章鑑』（一三四〇年頃）に登場するベトラー（Betler）家は、音の響きが似ていることから、中世末期の諸都市ではお馴染みの物乞い《ベットラー》（Bettler）の姿を用いて紋章を作成した。銀色の地

に、黒い服を着た物乞いが銀色のずだ袋を肩にかけ、赤色の杖を手に握り、赤色の物乞い鉢を差し出して立っている。この紋章図形は、配色を変えた（銀色の服、黒色の鉢と袋）胸像となって壺型兜でも繰り返される。どちらの場合でも物乞いに不似合いな要素が、当世風にカールした金髪である。手入れをしていないモジャモジャの（そして何よりもブロンドではない）頭髪が期待されるところだが、金髪の巻き毛にすることで、紋章所有者は己の紋章図形とそのテーマ選択自体を疑問視するかのようである。

ケルン大司教の封臣であるドラッヘンフェルス（Drachen-fels）城伯ゴットフリート（一四二八年没）が楯に竜《ドラッヘ》（Drache）を掲げるのは実に分かり易い。翼のある銀色の怪物は、その環を重ねたような腹部が尾へつながり楯表面を埋め尽くしているので、名前の後半を再現する岩山《フェルス》（Fels）を挟み込む余地はもはやなかった。すなわち洒落紋章を創るには、絶対必要かつ具象的で重要な基本部分（名前の構成要素）さえ描けば十分だったのだ。

象徴的意味の解釈がそれよりも難しいのが、赤地に、金色の棍棒めいたものを寄せ集めて表した貧弱な山の上に立

◉— 145* 『チューリヒ紋章鑑』より
ヘルフェンシュタイン家（左）とベトラー家（右）の紋章
1340年頃、スイス国立博物館蔵

つ銀色の象である。『チューリヒ紋章鑑』によれば、この紋章はシュヴァーベン伯ヘルフェンシュタイン（Helfenstein）のものである。中世の紋章学では象はめったに姿を見せない。『フィシオログス』には登場するものの、そもそも宮廷貴族の表象には馴染まないからだ。とはいえ、基本的に未知の動物だったわけではない。ヘネンベルク伯の新造紋章から伯の本拠地名を推察するのが容易だった一方で、ヘルフェンシュタインと象《エレファント》の家名の繋がりは一目では分からない。この巨大な動物は、とりわけ詩歌では省略されて「イルフ（Ilf）」「エルフ（Elf）」と呼ばれており、ここからシュヴァーベン伯一門の家名前半の構成要素に結びつく。すなわち(H)elf(en)steinである。こうして、家名と標号の同一視が擬音語原理に基づいて果たされているのだ。家名を私的に解釈することでのみ同一視が可能で、しかも一族の成員本人の発案でなければ不可能だった。この極めて強力で巨大な動物の特性は人に感銘を与えるが、楯にはあまり登場しない。家名を正しく解釈すれば、明らかに動詞helfen（助ける）に関係するのだが、これを洒落紋章に使う可能性はどうにも問題にならなかった。第二の基本部分も紋章として示されている。すなわち象が立つ複数の小さな丘は全体として――表面的かつ図式的にのみ――一族の家祖の居城がそびえたつ「石《シュタイン》」を暗示している。すなわち洒落紋章の場合には、紋章所有者の家名と標準語の形態をベースにした楯の意匠との関係は必ずしも重要ではないのである。この種の家名の多くは、紋章の意匠を想起させるに留まるか、地域や方言での特殊な語形に立脚しており、後者の場合は他所者、あるいは事情に疎い者には意味不明のままとなる。ベトラー家とヘルフェンシュタイン家の場合は楯の意匠により疑似アイデンティティを生み出し、ドラッヘンフェルス家はおそらく古い伝承を継続し、ヘンネブルク家は選び直したのである。

だが洒落紋章は紋章所有者の解釈からも生まれ、いわば良心の呵責を感じつつ選ばれることもある。『チューリヒ紋章鑑』によれば、ポルトガル王は扉が開いた門を楯に掲げた。家名の最初の部分「門 Port(u)」

と関連付けたわけで、こうしてむしろ簡素な方法で洒落紋章を創ったらしい。しかし一四世紀中葉には、銀色の点五個を打った小型の楯《キーナス》五枚を十字状に並べた意匠がすでにポルトガル王家の紋章としてあまねく知られていたのである。紋章鑑の編者は、それに続くようにモロッコ「王」の紋章楯を紹介している。銀色の地に黒色の塔が三つ（二・一）である。これはチェスの駒「塔《ルーク》（roc）」を表しており、ここでも家名の響きのみが単純に紋章の意匠に置き換えられているのだ。

示唆紋章

その図柄が最初の作者の生涯における決定的な出来事に由来し、こうしてその故事を末代まで遺そうとした紋章のことを示唆紋章（Anspielende Wappen）と呼ぶ。すなわち楯の意匠は紋章所有者やその勇敢な祖先の誰かが行った特別な行為を物語る。しかし、所有者の主張を堅持する場合も「示唆紋章」と見なされ、紋章制度の黎明期にはこうした方法で従属関係を告知するだけのこともあった。しかし紋章所有者がごく広い意味で従属関係を示すにはしばしば別の手

◉— 146*
右：『チューリヒ紋章鑑』よりポルトガル王家（左）とモロッコ王家（右）の紋章
左：現在のポルトガル王家の紋章

段も取られ、たとえばアクセサリー（位階章）という形もあった。
家門に関わる特別な出来事を表現する主旨の紋章による示唆をそれと理解できるのは、それ以前の紋章が記憶されている場合か、その出来事が際立った図像再現で「説明されて」いる場合のみである。そのように解釈が難しい場合は、紋章学的にデザインされたものを言葉や文字で再現することも重要である。表現は様々ながらとりわけ印象深いのがハンガリー貴族キスタールカーニのディオニスの紋章である。髭を生やした寝間着姿の男性が、立ち上がった狼の鋭い牙が並ぶ上顎を左腕で押さえつけ、彼の髭に爪を突き立てた猛獣の前脚を右腕でしっかり摑んでいる。そして男性の放った剣が狼の胴体を貫いている。兜飾りではこの場景を簡略化したものが左右を逆にして繰り返される。すなわち半翼を背負った一種の飾り円板では、伸びた二本の腕で大口開けた狼の両顎を握り潰しているのだ。

この紋章は人目を惹く重大な出来事の核心場面を再現しており、物語を語るという体裁で普段は形式にやかましい紋章表現から逸脱している。紋章所有者にとって誉れ高い首尾が例外的な紋章図像で描かれているのだ。紋章の厳格な様式化と標号とい

◉— 147
ハンガリー貴族キスタールカーニのディオニスの、
意匠が物語を語る示唆紋章
これ自体は紋章の規範からははずれている
兜飾りでは簡略化されて、人間と動物の位置を逆にして
上半身のみを描く
1434年12月23日付の紋章書簡。ブダペスト、国立文書館

う性質そのものは、ひとつの情景を固定するのには不適切で、そうした情景は騎士が使わない大型の置き楯にしか見られない。一四三四年にジギスムント皇帝＝王から賜ったキスタールカーニの紋章の場合も、比較的長い物語の決定的な瞬間のみを描いている。老いた君主が軍を率いて出兵し、野営することになった。眠りから覚めたディオニスは――寝間着から彼が寝ていたことが分かる――飢えた狼がジギスムント皇帝のテントの周囲を忍び歩くのに気付いた。ディオニスはすぐさま剣を手に取ると、飛びかかってきた狼を退治した。この物語が楯に描かれ、こうして勇敢なハンガリー人の英雄的行為をとりわけ際立たせているのだ。こうしてまさに古典的な「示唆」紋章が作られたのである。

キスタールカーニの場合は明らかに実話の再現らしいが、この種の他の楯意匠の多くはむしろ一種の私的な神話であり、紋章意匠を解説したり修正したりするのに検証可能な事績はもはや不要だった。モンモランシー公家は楯に一六羽（！）の鷲を掲げていた。本来は四羽だったが、フランス王フィリップ二世（尊厳王、一一八〇―一二二三年）に仕える、極めて傑出した忠実な将軍のひとりマテュー二世がさらに一二羽を加えたと言われる。一二一四年のブーヴィーヌの戦いで、マテュー二世が神聖ローマ皇帝オットー四世から鷲を描いた軍団旗を一二本奪い取ったのがその理由らしい。同家の紋章に当初四羽の鷲《エグレット》しかいなかったのは本当なので、鷲一六羽の紋章が、当時の領主が戦場で奮った猛勇に関係する可能性も大いにあるだ

◉―148*　モンモランシー家の紋章
ヒュー・ド・ラヴァル（1618没）の墓標
モンティニー＝シュル＝アヴルの教会

ろう。だがそれは文献では証明できない。実際は、紋章が一六羽の鷲に改良されたのは一六世紀にモンモランシー家が公爵に昇格した際のことで（ただし異説もあり）、それもアレリオン（嘴を欠いた若い鷲）の姿でしか楯に描けなかった。数が増えた理由を一三世紀の出来事に関連させようとしたのは異例で、それほど時を経てから一二羽の鷲を加増されたのも意味がない。ずっと後代の、紋章改変の記憶がとっくに薄れた頃になってようやく、遠い祖先の英雄的行為を寿ぐ説明を引っ張り出す気になったのだろう。紋章意匠に関して言えば、一六羽の鷲でも紋章学的には適正である。軍旗を奪った故事は図像で表現されていないが、これは描こうにも難しかったことだろう。

紋章伝説

様々な形で流布した紋章にまつわる伝説は、一般に知られていない、あるいはすでに忘れ去られた紋章の発生あるいは由来に関する情報を提供してくれる。伝説はたいてい重要な史実と関連付けられ、実話として広まる。伝説に結びつくのは家門や（後に）一国を体現するひとりの人物の功績で、それがこの種の物語の話題となる。中世人の精神は——一切の抽象概念を嫌い——あらゆる出来事を故人の意識的・意図的な行いに関連付けた。それだから最初の紋章、新造された紋章は誰か特定の人物の事績（あるいは苦難）に由来せねば生まれなかったのだ。

長期にわたり広く影響を及ぼした紋章伝説の有名な例が、オーストリアの赤—白—赤の帯状楯、正確な紋章記述では赤地に銀色の横帯《バルケン》が生まれた理由と称される伝説である。一一九一年、第三回十字軍でアッコンの包囲戦に参加したオーストリア公レオポルト五世は英雄的な戦士としてイスラム教徒相手に激しく

20.
leupolt · der
· ugendreich

戦い、白い戦衣が敵の返り血で真っ赤に染まるほどだった。日が暮れて剣帯を外すと、戦衣の帯に覆われた部分は返り血を浴びず、白い帯状になっていた。神聖ローマ皇帝ハインリヒ六世はオーストリア公の武勇を永遠に示す標号として、赤と白の組合せを紋章として与えた、という伝説である。この紋章授与とその理由が初めて言及されるのは一三九〇／九五年にウィーンで編まれた『九五諸侯のオーストリア年代記』であり、すなわち紋章の由来となる出来事の二〇〇年後である。実際そこにはこう書かれている。「人々が語るには、レオポルト公はオーストリア国のために、赤色の地を白い帯が貫く名誉ある楯を……異教徒の土地で勝ち取った」(Ⅲ c.227)。

後代の史料編纂者や人文主義者はこの件にさらにディテールを盛りこんでいったが、多分無名ながらもウィーン宮廷に近しい立場にある年代記作者が、個々の点でより詳細でより古い物語を下敷きにしていることは、先の引用の「人々が語るには……」から読み取れる。その報告がどれほど古いものか我々には分からないし、オーストリア紋章の由来をそうした出来事に求めた理由もほぼ分からない。レオポルド五世が戦闘に長けた勇敢な領主だったことは事実らしいが、アッコン以前にそれを証明する機会がなかったのだろうか。キリスト教徒の軍はこの都市を包囲したものの、征服はしなかった。それゆえせいぜい散発的に小競り合いが起こった程度で、それでは公の戦衣を敵の返り血で真っ赤に染めるにはとても足りないだろう。この港湾都市はかなり長期にわたり包囲された後、最終的に降伏し、オーストリア公を含むキリスト教徒軍は血の海を作る必要もなく市内に入った。オールトリア公家の横帯楯が文書で裏付けられるのは、一二三〇年頃のフリードリヒ二世の治世下、アッコンの英雄の孫の時代である。しかもそれは同公の騎馬印章に描かれた楯であり、確かに図像は明確だが、色はすっかり失われている。横帯楯の真の由来と、それをバーベンベルク家が受け継いだ理由は、今日に至るまで研究者の間で議論が行われている。だがこの

●—149
アッコン近郊でオーストリア公レオポルト5世が皇帝より
新しいオーストリアの色で染めた軍旗を賜る
ハンス・パルト『バーベンベルク家系図』
1489/92年、クロスターノイブルク修道院蔵

紋章伝説は、抽象図形（幾何学図形《ピエス》）が歴史的な出来事の拠り所となり、抽象図形そのものがその歴史に由来する成果をいわば固定化したものになるという、極めて稀なケースである。

中世後期は紋章伝説の時代だった。これと直接関係するのが架空系譜学で、一四世紀に迎えた絶頂期はそのまま近世初期まで続いた。世界史や救済史の重要人物に数えられる有名な先祖が大勢いるに違いないとの思い込みに促されて、偉業により標号を勝ち取るか賜った英雄をイメージするようになった領主一族は少なくなかった。歴史とその推移は個々人の腕前と信心深さに左右されたからである。フランス王家の百合の花《フルール・ド・リス》に至っては、恩寵に恵まれながらも異教徒だったクローヴィス王を悪魔めいたガマの紋章から解放してキリスト教徒の道に導くために、一人の天使が天上からもたらしたものとされたのだった。

アラゴン王国の紋章を意味する金地に赤色の縦帯［▼図137］は、カタルーニャのバルセロナ伯ギフレー（多毛伯）に由来する。伯は西フランク王シャルル二世（禿頭王、在位八四三―七七）に仕え、サラセン人（あるいはヴァイキング）を相手に勇敢に闘い、最後は無数の傷を負って死んだ。王はギフレーの血に四本の指を浸すと、金色の楯の上から下に線を引いた。こうしてカタルーニャの紋章が誕生し、アラゴンが伯領を継承してアラゴン＝カタルーニャ連合王国が誕生した際に紋章も引き継いだのである。オーストリアの紋章伝説とは異なり、アラゴンの伝説は紋章楯の意匠を説明するためにはるか前紋章時代にまで遡る。しかし赤の紋章色を血の色と見なす点、さらに注目すべきは抽象図形が意匠となった紋章をイメージ豊かに解釈する点で、このふたつの伝説は似ている。

それとまた異なるのが、ヴィスコンティ家の有名な楯意匠の由来で、これはやがてミラノ公へと受け継がれた。幾重にもとぐろを巻いた蛇（兜飾りでは竜のようにデザインされている）が人間を飲み込んでいるように見える。十字軍から帰ってきたヴィスコンティ家のある男性は、生まれたばかりの息子が竜に食われる様を目にする羽目となり、彼は怪物に子供を吐き出すよう強要した。その瞬間が紋章図像に再現されているのであり、すなわち飲み込んでいる場面ではない。蛇（ラテン語でアングィスanguis）の表象はヴィスコンティ家が所有する最古の封土アングィラ（Anguira）に起原があり、これが蛇の名と関連付けられて、奇妙な紋章に由来する伝説で説明されたのだ。

以上の伝説すべてと対照的なのが、スコットランドのダグラス伯の紋章に赤色のハート模様が描かれる由来を語る本物の伝承である。同家のジェイムズ・ダグラスは亡くなったスコットランド王ロバート一世（在位一三〇六―二九）の心臓をイェルサレムへ運ぶよう依頼を受け、心臓はその地で聖墳墓教会に埋葬される手筈になっていた。その途上でジェイムズはムーア人たちに打ち殺される。彼の死後、弟アーチボルドはダグラス家の紋章の中央に心臓《ハート》を置くことにしたのである。

紋章の由来と採択にまつわるこれらの伝説は示唆紋章に分類するのがもっともふさわしいことが分かるだろう。中世人にとって、現象や変化は常に個々人の意識的な行為や現実の体験に基づくものであり、それらが象徴として具象化されたのである。

◉―150　ヴィスコンティ家の紋章を刻んだ石
蛇の頭部は竜のようにデザインされ、
子供の身体はルネサンス風にデフォルメされている
16世紀、聖ゴッタルド・イン・コルテ教会（ミラノ）

政治的シンボルとしての紋章

紋章に込められた政治上の象徴的意味はある君主への帰属を示威する場合に見られ、己の君主に敵対するシンボルと引き換えに手に入れるものである。それは公職者にも封臣にも当てはまる。ある党派の支持者、騎士団・宮廷騎士団や各種団体の団員も、特定の紋章を継承したり従来の紋章に加えたりすることで、自分の立場を表明できる。もっとも有名なのがいわゆる領地主張の紋章であり、領地の所有権を主張する価値があり、まだ主張し続けねばならない場合にそれを象徴する紋章である。たとえばイングランド王エドワード三世（在位一三二七—七七）は、一三二八年にカペー家の直系男子が絶えると、フランス王フィリップ四世（在位一二八五—一三一四）の娘である母親を通じてフランス王位継承権があると主張した。だが女性の相続は認められなかったため、フランスでは王家の傍系であるヴァロア家を選んだ。この争いが発端となったのが百年戦争である。エドワード三世はフランス王家の百合《フルール・》の花《ド・リス》を自分の紋章に取り入れ、イングランド王家の豹《レパード》を第二、第三の位置に追いやった。フランスの王位に対するこの権利主張をイングランド王家が実現できたのは、ヘンリー六世（在位一四二二—六一）治下の短期間のみだったが、奇妙なことにその紋章は一八〇二年まで維持された。

中世の神聖ローマ帝国では紋章を用いた政治的意思表明が頻繁に見られる。一一六〇年、皇帝派の封臣

◉—151　天使たちに導かれたボヘミア公ヴァーツラフ1世
聖人となった公は、左手に持つ鷲を描いた楯で身を支えている
ペトル・パルレーシュ作、1373年、聖ヴィート大聖堂（プラハ）

として楯に鷲を掲げていたアルザス家のフランドル伯フィリップは、紋章を「金地に黒色のライオン」に変えた。その一年前のこと、教皇選挙では意見の一致に至らなかった。神聖ローマ皇帝フリードリヒ一世(赤髭王)はウィクトル四世を推したが、枢機卿の大半はアレクサンデル三世に票を投じたのである。そこから生じた教会分裂の際、フランドル伯はアレクサンデル三世を支持して、主君たる皇帝から離反する意志を表明し、ウィクトル四世と対立する側にまわった。そして自分のこの政治的決断を、紋章学で鷲に対峙するライオンを用いて表明したのだ。同時に紋章には、金色の地に黒色の具象図形という皇帝の楯とまったく同じ配色を選んだ。このようにしてフランドル伯は単なる政治的シグナルを越えて、敵意をほぼあからさまに示す挑発的な楯意匠を作りだしたのである。

同じようにボヘミア王ヴァーツラフ一世(在位一二三〇—五三)は鷲の楯を赤地に銀色の双尾のライオンに変える一方で、兜飾りには鷲の半翼を残した。ボヘミア公国は一一九八年以降ついに王国になるものの、九二九年以来神聖ローマ帝国の封臣だった。プラハにある聖ヴィート大聖堂内のヴァーツラフ礼拝堂にはペトル・パルレーシュの手になる守護聖人ヴァーツラフ公(九二九/九三五年没)の立像(一三七三年)が飾ってあり、公は帝国の鷲を戴く楯をはっきりと示している。ボヘミア王にとって重要なのは挑発的に反皇帝派の立場を取ることではなく、支配権を求める誇り高き主張であり、自分を神聖ローマ帝国の官吏に貶める紋章はその主張と相容れないと思えたのだ。皇帝フリードリヒ二世が教皇グレゴリウス九世と対立している最中であり、この種の象徴的=政治的行動に対してたいした処置を取れない時期に紋章の変更を行うのは、政治的な駆け引きだった。

様々な君主がライオンを反皇帝派的立場のシンボルと見なしており、ブルゴー

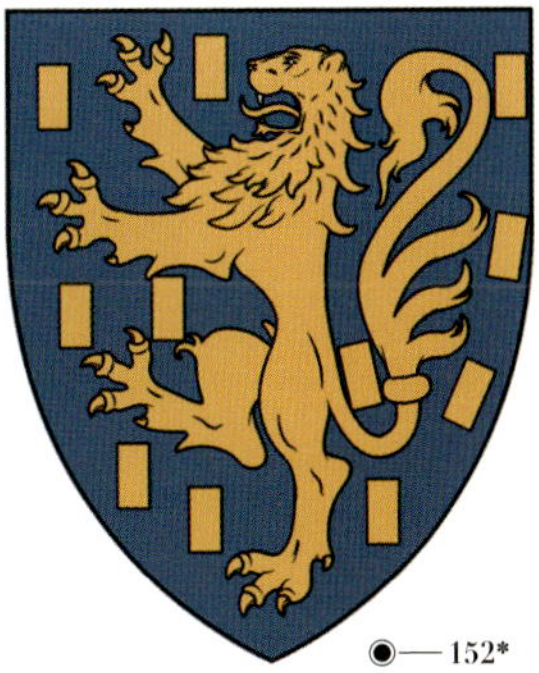

◉—152* ブルゴーニュ伯オトン4世の紋章

ニュ自由伯オトン四世もまた例外ではなかった。ハプスブルク家の皇帝ルードルフ一世が自由伯の政治計画を阻止し、一二八九年にブザンソンを包囲した結果、オトン四世はフランスに接近することとなった。結局彼はフランス王の宮廷に頼ることになり、王からアルトワ伯領を封土として賜った。この頃オトンは紋章の意匠を変更している。帝国西部の辺境で自由伯として掲げていた赤地に銀色の鷲を破棄して、縦長で金色の長方形《シンデル》が「撒かれた」青地に金色のライオンを置く意匠に換えたのである。もっとも注目すべきは、鷲を放棄したのは自由伯領を失うのと同時だったことである。その一方で、金色と青色を組み合わせた新しい紋章の配色は政治的にフランスに傾倒していることを明確に示唆している。この場合ライオンは確かに反皇帝派と解釈されるのだが、その一方で帝国南西部特有の紋章分布を考えればライオンに違和感はないのである。このように詳細に説明せねばならない事情を、一三世紀の貴族は一目で把握した。すなわち紋章およびその意匠の変更には政治的な含意も含まれるのである。

　地理的に見れば、鳥類の王たる鷲と百獣の王ライオンは根本的に排除しあうわけではないものの、どちらかの「王」に帰属する者なら誰でも相手の領地を避けるし、また実際の紋章図像には夥しい数の差異があることは見逃せない。それゆえにこのふたつの紋章図形の間には敵対関係があると認識されるに至った。本来これはおそらくある特定の紋章分布から生じた現象に過ぎなかったのに、それが様式化されて意図的な政治的対立に転じたのだろう。

　この紋章という方法で表明された対立関係は、シンボル複合体をまるごと発生させた。たとえばホーエンシュタウフェンの一族は紋章にライオンを置くが、これはシュヴァーベン貴族の家門の多くが有する紋章上の慣習に一致している。ツェーリンゲン家、ハプスブルク家、キュブルク家、そしてヴェルフ家もこのライオン紋章地域内に位置する。シュタウフェン家も長い間ライオンを維持したが、神聖ローマ帝国で支配権を得るとともに、帝国の紋章のシンボルが同家にとって重要性を増してきた。そこで貴族と民衆の合意の下で鷲がたちまちシュタウフェン家のシンボルとなったのだが、シュヴァーベン公国やその他の領地ではシュタウフェン家のライオンを同家独自のシンボルとして維持し続けた。それゆえライオンのシンボルはやがて基本的にヴェルフ家と結びつけられるようになったのである。同家の紋章獣は帝国北部と南部の印章や硬貨に登場し、シュタインガーデンおよびブラウンシュヴァイクではそこから生じる権利請求をまざまざと目の当たりにすることになった。それどころか同家のもっとも卓越した代表者は通り名としてライオンを選び、自己像のシンボルとして告げ知らせた〔ハインリヒ獅子公についてはI章41頁以下、またⅢ章115頁以下を参照〕。

一一八〇年にそのザクセン公ハインリヒ三世〔獅子公〕が追放刑に処せられて帝国政治から除外され、ヴェルフ家の権勢が一時的に後退した後、帝国北部の境界地域で紋章のライオンを用いて政治的な意思表明を

◉—153
玉座の皇帝ハインリヒ6世（在位1190–97）
楯には金地に舌と鉤爪が赤い、黒色の鷲が描かれ、
同じ図が王冠を被った壺型兜の兜飾りとなっている
『マネッセ写本』fol. 6r

したのはデンマーク王家だった。ヴァルデマー一世（在位一一五七―八二）は、義兄弟であるハインリヒ獅子公の領土拡大衝動の下ですら苦労したがゆえに、皇帝フリードリヒ一世（赤髭王）に臣従の礼を取る。クヌーズ六世（在位一一八二―一二〇二）とその弟ヴァルデマー二世（在位一二〇二―四一）は忠誠の誓いを拒み、伯父である獅子公を表すライオンの紋章をいまや無理やり掲げた。左後ろ片脚立ちのライオンがいる背景に小さな菩提樹（シナノキ）の葉模様（ハートとも解釈される）を「撒いた」。ライオンだけでも皇帝への意図的な侮辱と封臣関係の拒否を意味するに十分だったが、菩提樹の葉は反皇帝の姿勢を取るライオンの粘り強さを象徴するものだ。やがてクヌーズ六世とヴァルデマー二世の姉妹たちがこの「北方の」ライオンとそのシンボルをそれぞれ夫の許へともたらす。すなわち両王の姉ソフィーはヴァイマール＝オーラミュンデ伯と、妹リクサはスウェーデン王エリク十世と、もうひとりの妹ヘレナはリューネブルク公ヴィルヘルムと結婚した。ヴィルヘルムは領地を奪われたザクセン公ハインリヒ三世の末息子で、ライオンの紋章にはとうに慣れ親しんでいた。

一般的な象徴的意味

これまで述べてきた紋章の象徴的意味の特殊形態と並んで、一般的な、あるいは一般的であると認められた象徴性を有する楯意匠も考慮する必要がある。その背後に様々な特性、模範的な信念や生活態度の擬人化を推察できる図像表現はむしろ一九世紀の市民紋章に見られる。戦い続ける美徳と悪徳が楯に持ち込まれることはなかった。包括的な意味での善の具現化であり続けたのは聖人のみだった。しかしその聖人たちも紋章では騎士団や共同体の保護者として、あるいは聖人ゆかりの地の洒落紋章として使用されるに留まった。そしてその点でも際立つのは近世であり、一方中世はその種の紋章にほとんど縁がない。紋章記号としての聖人が騎士＝宮廷世界に訴えかけるものは皆無だった。キリスト教のアレゴリーという方向での紋章解釈はむしろ拒否すべきもので、紋章所有者の基本的態度とはほとんど無縁であろう。

哲学的な思弁、秘儀や中世における秘儀の残滓を図像に置き換えるなど、現代的な解釈の試みは中世の紋章学に関してことごとく挫折した。唯一の例外が、とりわけルネサンス期およびマニエリスム期のイタリアで暫時大流行した標語入り図案《インプレーサ》、すなわち寓意的な判じ絵だったが、これも紋章の袋小路に突き当たった。楯の象徴的意味に対する中世人の一般的な理解を問題とする際に、彼らの熟慮や解釈に過度の期待をしてはならない。騎士階級の社会的に認められた陽性の価値観との関連から多くの事柄が解説されるのであり、図像とシンボルを直接同一視することなど考えてはならないのだ。

3　架空紋章

架空紋章（Fabelwappen）とは、紋章時代（すなわち一二世紀）より前に生きた歴史的人物に帰せられる紋章である。他方、伝説や文芸作品の登場人物、異文化圏の人物にも創作された紋章が与えられたが、当然ながら現実に即したものではない。中世の人々には歴史的な思考法が欠けていたので、遥か昔に死去した人物や虚構の人物を紋章時代に連れてきて、自分たちの時代の基準に従った図像で再現したのである。過去の偉人の姿もやはり楯、兜飾り、戦衣、大仰な馬衣とセットでしか考えられなかった。根本的に不適切で誤った過去のイメージを伝えるこうした事実も、今日の歴史家が宮廷社会の心性と世界像を理解するという視点では大いに価値がある。しかしそれだけではない。架空紋章の意匠と配色には、当時の世界の代表者たちが紋章を意図的に献呈する際に配慮した政治的信条、自己像、そして最終的に歴史的状況全般が反映されているのである。

架空人物を紋章風にデザインする際に手段を選ばなかったことは、死神や悪魔、それどころかイエスや聖母マリアさえ紋章に取り込む無頓着ぶりを見れば分かる。一四世紀には死神を「漆黒の」紋章を掲げる者として思い描いており、これは誰でも思いつく解釈だろう。しかしその後、死神の楯にも様々な図形を描くようになり、その挙句に銀色の髑髏・頭蓋骨の図像が浸透するに至った。特に有名なのがデューラーの銅版画「死の紋章」（一五〇三年作）で［▼図34］、頭蓋骨が解剖学的に正確に描かれている。『ヴェルニゲローデ紋章鑑』に記載された紋章の頭蓋骨図はさらに不気味で、一連の絵画「死の舞踏」に登場する骸骨の頭部を思わせる。もっとも、死神は生気に欠ける青白さ、無色、せいぜい漆黒の闇に結びつけられるので、紋章学の豪華な色彩に関してあまり展開の余地がない。それでも、壮麗かつ美麗な現世とその快楽への対照物と理解することが可能だった。

悪魔はすでに一三世紀前半に紋章を帯びる者として登場している。もっぱら地獄の炎と永遠の夜を表す

◉—154　死の紋章
『ヴェルニゲローデ（シャフハウゼン）紋章鑑』
1490年頃、ドイツ南部、バイエルン州立図書館蔵

赤色と黒色に関連付けられたが、汚く緑色で描かれることもあり、こちらが楯に影響を及ぼした。紋章の意匠はたいていガマや半月、つまり醜く魔女めいた図形や、「異教の」イスラム教徒を象徴する図形が用いられ、その一方で一般的な悪魔の獣は（竜、蛇、バジリスク、また雄山羊も）楯には見られない。

聖母には統一された紋章デザインはなかった。有名なのは、手にした三位一体の楯をサタンに向けて突き出す聖母を描く紋章らしからぬ図像である。この楯は紋章時代でありながら前紋章期のような印象を与える。すなわち、父・子・聖霊の三位を象徴する三角形の角部にはそれぞれ丸い補強金具が打たれている。中央には「神」の文字を記した一種の楯芯《ウンボー》があり、そこに向かって三つの角部から楯の留具が連なっているのである。全体的には、三位一体に関する神学的思弁を紋章付の実践用楯として図で表現したようなものだ。この場合の紋地はシンボルを用い

◉—155
天使に励まされた騎士が「三位一体」を防具にして、七つの大罪を具象する7匹の悪魔に立ち向かう
ギレルムス・ペラルドゥスの著作、1200年頃、大英図書館蔵（Harley MS. 3244, fol. 27v-28）

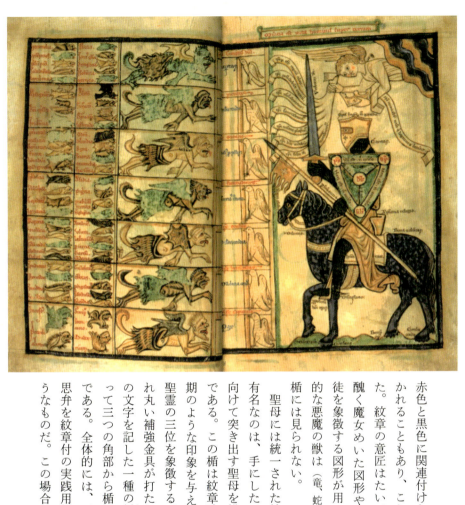

た神学的思想の象徴であり、実際には狭義の処女マリアの紋章とは見なせない。

一五世紀の宗教書写本に添えられたミニアチュールでは、キリストに紋章を掲げさせることにもひるまなかった。キリストの楯意匠にはヴェロニカの手巾が、軍旗《バナー》には神の仔羊が描かれている。キリストは甲冑ではなく踝まで届く白い衣装を着ているにもかかわらず、頭は兜で覆われている。兜飾りは十字架、拷問具、磔刑のアトリビュート（たとえば酸い葡萄酒を染み込ませた海綿がついた棒）である。しかし、兜飾りを白色あるいは銀色の鳩のみとする図像もある。

そうした図像も神への冒瀆と理解されることはなかった。これらのキリスト像を描いたのは修道僧たちであり、当時の思考法ではそれらの「紋章」により力強く表明されたのは、まさに非暴力的な態度と慈悲の心、隣人愛と敵への赦しだったのである。

暴力を拒否するイエスが自分を拷問した道具を「武器」として武装した姿を、当時唯一通用した権力と支配の表象において再現するのは、現代人の目には矛盾しているように見える。それにもかかわらず、こうした図像には中世後期における「苦難を共にする信心深さ」が十分刻み込まれており、一四世紀初期に十字軍騎士の司令官として描かれた騎士キリストとは比ぶべくもなかった。

◉— 156* キリストの紋章

歴史的人物と虚構の人物

歴史的人物と虚構の人物の架空紋章の違いは、前者の場合、史実あるいは捏造された事績の比喩的表現として、彼らの偉業にまつわる記憶をもとに紋章が創られる点である。

カール大帝は架空紋章を得るための条件をふたつとも揃えていた——西洋の現実世界における偉人であると共に、彼の名を冠するかの説話文学群の重要人物である。フランス国王にして神聖ローマ皇帝である彼は、金地に半身の黒色の鷲と、青地に金色の百合の花《フルール・ド・リス》とともに描かれた［▼図122・160］。こうして神聖ローマ皇帝の紋章とフランス国王の紋章を紋章学上適切な序列で組み合わせた。この序列は紋章誕生の三百年前に遡り投影され、カール大帝の戦衣にも表われる。かの帝国とフランス人の王国を支配する者ならば、すでに九世紀に両国の紋章を掲げたに違いない、と一三、一四、一五世紀には誰もが当然のように思っていたのだ。紋章がなければ、皇帝も国王もいない。だから紋章期の同時代人にとっては、それは疑問の余地なく正しいことに思えた。ランゴバルド王国や、一三世紀のイタリア北部・中部、カタロニア、後のハンガリーおよびクロアチアの一部など、後代に獲得した領地は紋章学にとってあまり重要でなく、関心の埒外に留まったままだ。紋章所有者の領地が積み重なったことを示すには紋章を幾重にも分割するのだが、そうしたものさえほとんどなかった。シンプルな楯こそ高貴と見なされ、それゆえカール大帝が紋章の数で権勢をひけらかす必要のない時代には、ドイツ（神聖ローマ帝国）とフランス王国だけで紋章には十分だったのだ。この偉大なフランク人は武勲詩を介してアーヘンよりもパリと結びつけられることがはるかに多く、すなわちドイツよりもフランスにとってははるかに重要な人物だったと思われるのだが、彼に割り当てられた紋章により第一にドイツ皇帝として記憶されたのだ。

時代錯誤の紋章創作のおかげで、ある支配者の生涯と業績についてどれほど多くのことが証言されるこ

とか、それが実によく分かるのがメロヴィング朝フランス王国の初代国王クローヴィス一世（在位四八一―五一一年）の架空紋章である。王の画期的な業績と見なされるのが異教からキリスト教カトリックへの改宗であり、これがヨーロッパ史にとって重大な影響を及ぼす決定だったことを際立たせる必要があった。もっとも四九六年のクローヴィスはそんなこととは露知らず、そもそもそんな意図もなかった。アレマン人との戦いではクローヴィスはまだ異教の王として進軍し、妻クロティルデの改宗の薦めにも信念を変えることはない。それゆえ王は竜の兜を被った。キリスト教の見解では悪しき悪魔的動物、まさに悪魔そのもののシンボルである。しかしアーサー王とは違い、聖母マリアの楯でバランスを取ることもなかった。クローヴィスは三匹のガマ（二：一の配置）が描かれた楯を手に戦場に赴き、この紋章図は彼の軍旗《バナー》にも繰り返されている。異教徒の王は悪魔と魔女に属する被造物で身支度していたのだ。しかしそのせいで王は災難に見舞われる。トゥールのグレゴリウス（五九四年没）の筆になるアレマン戦の記述によれば、崇める異教の神々への呼びかけも虚しくクローヴィス王は見捨てられてしまう。そこで王が敬虔な妻の信仰するキリスト教の神に向き直ると、たちまち優位に立てた。中世のキリスト教による解釈ではこの出来事は異化されて、核心部分で王の紋章が交換されることで告げ知らされる。ひとりの天使が信心深く禁欲生活を送る隠者に届けた楯と戦衣を、クローヴィス王は掲げ、着なければならない。その楯には、青色の地に金色の百合の花《フルール・ド・リス》三個（二：一の配置）が、つまり乙女にして聖母たるマリアの標号が描かれているのだ。三匹のガマを描いた軍旗《バナー》も、三個の百合の花を描いた軍旗を前に引き下がらねばならない。この表現は紋章として正確である。メロヴィング朝の王は図形のみを交換すればよかったので、ガマと百合の配置は一致しているのだ。

ほぼ負けかけた戦いの最中にクローヴィス王が改宗したことに関するキリスト教徒の解釈は、古い悪し

●― 157
父なる神が天使に百合の楯を託し、天使はその楯を聖なる隠者に渡す
百合の楯はこの隠者の手から、王妃クロティルデを経て、
それまで異教徒であったフランク王クローヴィスの許へ届く
『ベッドフォード公の時禱書』、1423年頃
大英図書館蔵（Add. MS. 18850, f. 288v）

き標号を、永遠の至福をもたらす百合の紋章に取り換えたことで根本的に象徴されている。天から舞い降りたキリスト教の楯は、かつて異教の紋章がそうであったのとまったく同じように、いまや王と本質的に結びついている。神意に適う新たな、フランク人（＝フランス人）支配者としてのクローヴィス王のアイデンティティは、もはや見る者にはすぐにそれと分かるのだが、一方ガマはこうした出来事の連関の外に置かれ、識別に役立つ効果はほとんど果たさない。それを掲げる者は、異教徒、邪神崇拝者、キリスト教の神にとっての血に飢えた狂暴な敵の群のひとりである。しかし紋章となると、こうした「クローヴィス王の物語」でさえい、ひとつの紋章にまるまる取り込まれるのだ。

インスブルックの宮廷教会に置かれた皇帝マクシミリアン一世記念碑の傍には、祖先たちの実物大ブロンズ像が二八体並んでおり、そのなかにこのメロヴィング朝の王もいる。クローヴィス王——おそらく皇帝とは時代が離れていることを表して架空の衣裳に身を纏う——の足元には一六世紀に流行した馬面楯が置かれており、垂直分割した前方〔向かって左側〕には三匹のガマ（二：一の配置）、後方〔向かって右側〕には百合の花（二：一の配置）が刻まれている。百合の花が甲冑や剣の柄にも見られるように、キリスト教のシ

◉— 158*
皇帝マクシミリアン1世墓廟のクローヴィス像
インスブルック宮廷教会

ンボルはすでに浸透し、長らく異教徒だった王さえとうに掌中に収めていたのだ。しかし楯でガマの標号が紋章学的に優位な側に置かれている理由は、一目では理解しがたい。位置が逆であれば、異教がとうに用済みで、メロヴィング朝にとっていまやキリスト教が優先されることを表現できただろう。他方、クローヴィスの改宗後にガマの居場所などあってはならないはずだ。しかし現状のようになっているのは、架空紋章が与える疑似アイデンティティに関係がある。フランスの百合の花《フルール・ド・リス》を掲げた王というだけでは、人物を特定できなかっただろう。ガマと百合、このふたつがあってこそ、間違いなくクローヴィス王だと分かる。悪魔の獣ガマが紋章学上有利な位置（前方＝右側〔向かって左側〕）を占めるのは、この場合は時系列上の意味しかない。当初は異教徒だったが、その後にキリスト教徒になったというわけである。

ここで明らかになったことはあらゆる架空紋章に当てはまる。紋章学上の一義性が必ず要求されるのだから、空想とはいえ意匠を好き勝手に選ぶことはできない。一義性があるからこそ、すぐに紋章をそれと認識することができ、解説の言葉がなくとも他の架空紋章所有者との関係で、あるいは特定の場景において人物を特定できるのである。これらの理由から、危険な状況下、困難な状況下、また後代には騎士＝宮廷人にはまったく我慢のならない状況下で、とりわけ傑出した業績を残し、あるいは模範的な振舞を示したことに関連して、それにふさわしい紋章が考案されたのである。

中世叙事文学における紋章

そのようなわけで中世叙事文学の登場人物の素性を特定するには、特徴的な示唆が必要である。そこで持ち出されるのが、特殊な出自、紋章学上はすでに名のある特定の家門への帰属、特定の枠内での武勇、唯一無比の役割などである。

詩人の作品では楯、戦衣、馬衣、軍旗《バナー》、そして一三世紀にもなれば兜飾りも実に頻繁かつ詳細に描写される。宮廷小説はほぼ一貫して騎士の戦闘や領主の華やかな生活を扱い、衣裳、装飾、甲冑、武器の流行のディテールに大いに興味を抱く社会のために編纂されるので、そうした描写が詳細なのは驚くに当たらない。そこでカール大帝、トロイア戦争、アーサー王に関する伝説は幾度も文学として創作されるなかで夥しい数の紋章解説が行われ、正確な記述が繰り返される。紋章を帯びた人物ばかりが活躍する小宇宙を描いた作品も多く、そこでは登場人物同士の系譜上の関係が判明することもある。そうした系譜がストーリーを担い、そうでなくともストーリーにとってはとにかく大変重要であり、紋章を手掛かりに記憶を助けられる聴衆にとって拠り所を提供する。一三世紀末にアーサー（アルトゥス）王の周囲には、固定した紋章を掲げる登場人物がおよそ三十名いた。たとえばランツェロット（銀地に赤色の斜め帯三本）、イーヴェイン（青地に金色のライオン）、パルツィヴァール（紫地に金色の十字が撒かれている）などである。しかしこれらの紋章はどの土地でも変わらないわけではなく、アーサー王叙事詩の主要人物たちがドイツではフランスやアングロ・ノルマン圏とは違う紋章を帯びて現われることもあった。こうした関係を認識するのは必ずしも容易ではないが、今日の読者に比べて宮廷社会は乱雑かついい加減に理解することはあまりなく、はるかに深く把握していたので、おそらく宮廷人にとっては文学理解のより高度なレベルが開かれていたのだろう。使い捨ての無価値な情報や溢れかえる図像で鈍感にされていない当時の聴衆は、標号が取り違えようのない特徴を刻んだ物語展開を現代人よりはるかに繊細な感覚で受け止めるのだ。

紋章の記述、および紋章とストーリーの相関関係で組み立てられた文学的構成という点でも傑作と呼べるのが、ヴォルフラム・フォン・エッシェンバッハの『パルツィヴァール』である。この作品では架空紋章が単なる疑似アイデンティティの創作を超えて、絡み合った人間関係を構成する要素となり、さらにそれすら超えて社会的対立および世界観の対立の元型となるに至っている。

この架空紋章のシステムが人物への単純な割り当てをどれほど超えているかは、幾つかの例を見れば分かるだろう。竜、あるいは竜の外見や本質に近い怪物を紋章に掲げるのは、パルツィヴァールの父方の叔父カイレト（蛇の頭部）、アルトゥス（アーサー）王とガーヴァーン（ガンピルーン＝カメレオン）、ラーラント、その子供達のオリルス、レヘリーン、クンネヴァーレ（竜そのもの）、パルツィヴァールの異母兄フェイレフィース（エキデモーン＝マングース）、である。カイレトと（公妃である）クンネヴァーレを除けば、その他は皆楯の意匠を兜飾りにも用いている。ここで肝要なのは、登場人物の死、一族《ジッペ》（少なくとも父系側）の絶滅を意味し、聴衆に伝えるような、あくまでネガティヴな象徴を目に見えるようにすることである。アルトゥス王の世界が外見上はどれほど陽気な印象を与えようとも、自己目的としての闘争に基づいた生活様式によって没落が運命づけられていることは、紋章を意識的に配分することで通人には明確に分かるのである。作者ヴォルフラムにとって、楯の意匠と兜飾りに具現化された表象がどれほど重要だったかは、普段は常に別の紋章を楯に掲げるアルトゥス王とその甥ガーヴァーンにカメレオン（gampilûn）を割り振ったことから分かる。本来アルトゥス王は青色地に金色の王冠三つ、ガーヴァーンは赤色（紫色）地に金色の双頭の鷲なのである。標号と標号の意味連関は、文学に通じ、当然紋章学の素養もある聴衆に向けたメッセージであり、聴衆は難なく理解できたのだ。

アーサー（アルトゥス）王やトロイア戦争の作品に比べてドナウ河流域の英雄叙事詩では、紋章ははるかに稀にしか見つからない。『ニーベルングの歌』では、紋章を持っているのはジークフリート（ジーフリト）のみである（赤字に金色の王冠）。

ART
PARZIVAL

ジークフリートの紋章は数多くの憶測を呼ぶ契機となった。これを出発点にして、叙事詩の英雄を中世初期の史実に組み込もうとする多少とも歴史的根拠のある試みが行われた。しかし「近似的再構成」の枠を越えることはなかった。虚構の人物の場合、疑似アイデンティティを生み出す紋章は決して現実や歴史的裏付けのある出来事に根付くのではなく、たいていは文学内部の因果関係を基に創作されているからである。

珍しいのは、『クードルーン』（一二四〇年頃）の第二七章で語られる束の間の紋章展示会である。ノルマン王ハルトムートは城の鋸壁から見える敵の紋章旗を読み解いて父ルートヴィヒに告げる。それはノルマン人が誘拐したクードルーン姫を取り戻そうと出征した武将一人ひとりの紋章である。

ハルトムートはまずモールラントのジークフリートについて述べる。彼の軍旗《バナー》は褐色の絹布（brûner phelle）で、そこには金赤色の糸で人の頭部が見える。黒色ではないがムーア人の頭部かもしれず、これはそれほど稀ではない。この紋章は、ムーア人〔モール人〕に繋がると誤解されたジークフリートの王国モールラントに関連付けられている。実際はメールラント〔海の国〕であり、北海やバルト海地方に位置すると思われる。その後から来るのがノルトラントのオルトヴィーンだが、彼の領土も同地方の、あまり詳しくは特定できない地域であり、あるいはノルウェーかもしれない。オルトヴィーンは（おそらく銀地に?）赤色の山形帯《シュパレン》の紋章を掲げており、ハルトムートの言葉「そこに三角形が並んでいる」でこまかく記述される。すなわち鋸歯状になった山形帯のように見えるが、これ以外ではほとんど知られていない紋章の意匠である。このまったく紋章らしからぬ形状描写が指しているのは鋸山形の横帯なのか、それには明確な答えは出せない。ヘゲリンゲン勢、すなわちクードルーン姫の父親で、すでに身罷ったヘテル王の従士と軍隊の掲げる旗は「白鳥の羽根より白く」そこに「金色の模様」が描かれている。その旗は、誘拐された

●— 159
ヴォルフラム・フォン・エッシェンバッハ『パルツィヴァール』写本挿絵
中段に、パルツィヴァールと異母兄フェイレフィースの決闘が描かれている
ドイツ南西部、1220年以降、バイエルン州立図書館蔵（CGM19）

姫の母親である王の末亡人ヒルデの名に因んで「王妃ヒルデの旗印」と呼ばれる。金色の紋章の意匠はそれ以上詳しく解説されない。銀地に金色の図形が描かれていることから、「ヒルデの旗印」は違反紋章（謎紋章）だろう。最後に挙げられるのがクードルーンの許婚、ゼーラントのヘルヴィヒ王であり、海藻が揺らめく「空色（wolkenblaw）」の軍旗《バナー》である。これはヘルヴィヒの王国ゼーラント（海の国）を示唆するが、本来紋章学上の海藻はハート型で三葉飾りの模様をしたキショウブの葉なのである。

『クードルーン』で作者がノルマン人の若き王ハルトムートに語らせた架空紋章の記述から分かるのは、この匿名作者の紋章に関する知識よりも、王の領地を紋章記述と結びつけて解説する腕前である。「ヒルデの旗印」はおそらく特殊な例、犯すべからざる力のシンボルとして強調されているのだろう。この前兆の下で、ノルマン人の支配は破滅に至る。それほどの力をもつ象徴が登場するにはもっとも価値ある配色、金色と銀色を用いるしかない。ここで姿をのぞかせるのは宮廷詩人であり、決して紋章規則に通じた人物ではない。しかし、空色地に配された色彩不明の海藻の場合は事情が異なる。空色は紋章官にとって単なる青色であり、特に色調の違いを認めない。それに対して海藻は日常的な具象図形ではなく、まさに北海地方でしかお目にかかれないものである。

ハルトムート王の紋章記述を読めば、この叙事詩人が騎士世界で日常的な紋章には通じているが、その分野の正確な知識を、ましてや特別な知識を持ち合わせているわけではないとはっきり分かる。作者にとって楯の意匠や軍旗の意匠はある意味で「洒落紋章」、あるいは文学作品のストーリーに関わるシンボルなのである。しかもそれは、『パルツィヴァール』について述べた際に示唆したように、まさにより高度な理解（「ヒルデの旗印」）という意味でもそうなのだった。

まさにここで、元来は古い第一義的なアイデンティティまで遡る一歩が踏み出せたことだろう。老将ヴァーテは他の英雄たちとは違って本人には騎士らしいところがほとんどなく、宮廷的要素に至っては皆無であるにもかかわらず、この神秘的とも呼べる標号が彼の周辺に現われることから、以下の結論がさらに本当らしく思われる。すなわち、紋章制度の只中に前紋章期的な要素が現われているのである。

4 九英傑と九女傑

九英傑

架空紋章学の頂点であると当時に、中世の秋における文化的衰退を示す現象が「九英傑」であることは疑いない（独語で Neun Helden、仏語で Neuf Preux〔九勇士〕、英語で Nine Worthies〔九名士〕、蘭語で Negen Groten〔九偉人〕）。これはあらゆる点で傑出した英雄を組み合わせた三重の三人組《トリアーデ》である。蒐集と分類、慎重な比較検討の標号であり、模範像を作る必要性そのものの標号であり、人はこれを模範に奮励し、最終的には人生の目標にさえする。それは遊戯的なるものの世界であり、そしてまた宮廷的なるものの末期形態である。すなわち現実と一線を画して高等な娯楽領域に浸り込むのではなく、その芸術的なるものさえも日常生活のほうに取り込み、偽りの現実へと持ち上げるのだ。すると真の現実がもつ粗暴さと厳しさ、そしてまた無味乾燥な陳腐さではもはやうまく対処できなくなる、そのような宮廷的なるものの末期形態なのである。

人間生活における数多くの状況や現象を対象にそうした三人組が作られてきた。たとえば宮廷騎士、名剣の主、カップル、さらに男女の巨人、小人である。それどころか、有名な紋章官にして紋章王ゲルレが

『バイエルン紋章鑑』（一四〇〇年以降）にまとめた「三偉人」のように、ライン川中流および下流、モーゼル河畔において特定のファーストネーム（ヨハン、ヴィルヘルム、アドルフ、ゲルハルト、ディートリヒ、コンラート等）をもつ最高の三人組というものさえある。この種の集団に人物を加える際に紋章官がどれほど重要で決定的な役割を果たしたかは、紋章官が戦闘での騎士たちの振舞を観察し、騎馬試合での成績を記録せねばならなかった事実から分かる。イングランド王エドワード三世は、ガーター騎士団からとりわけ目覚ましい武功を立てた上級貴族、男爵、騎士を毎年三名ずつ選び、拝謁を許した。

格別の存在であり続けたのは「九英傑（Neuf Preux）」であり、一四世紀初期から英雄を集めた三人組《トリアーデ》を三組作った。フランス語 Preux の概念は、戦闘力、耐久力、自己規律、胆力の複合体を意味する語 prouesse に由来する。世界史と救済史に関する中世後期の表象という意味で、古典古代から三英傑（ヘクトール、アレクサンドロス大王、カエサル）、旧約聖書から三英傑（ヨシュア、ダヴィデ、ユダ・マカバイ）、キリスト教＝宮廷騎士社会の模範的人物三人（アーサー王、カール大帝、ゴドフロワ・ド・ブイヨン）が選び出されたので

◉—160
九英傑の4人（ユダ・マカバイ、アーサー王、カール大帝、ゴドフロワ・ド・ブイヨン）
彼らを特徴づける紋章が戦衣と楯に描かれている
壁画、マンタ城（ピエモント）、1420年頃

ある。

この九英傑のなかで紋章時代に生きた者はひとりもいないのだが、騎士の模範である彼らを紋章楯と軍旗《バナー》なしで描くことなどできないので、紋章を与えねばならなかった。今ここで生活の指針とするために、中世末期の現在へ連れ込む必要があったからだ。その結果、九人の英傑が並び立つことになり、各々が生きた時代の衣裳、甲冑、武器で差異を付けることは決してなかった。英傑を見分ける手段は紋章のみである。すなわち英雄たちに架空紋章を与えて疑似アイデンティティを生み出し、紋章通にはすぐさま見分けがつく仕掛けとしたのである。それが一番難しいのがヘクトールで、彼の楯には冠をかぶるグリフィンめいた怪物が黒色の鞘から銀色の剣を抜く姿が描かれ、身体の

◉— **161*** 九英傑
『遍歴の騎士』、1404年頃
フランス国立図書館蔵（MS. fr. 12559, 125r）

一部が銀色の玉座で隠されている。カエサルには金色地に黒色の双頭の鷲が与えられ、皇帝の身分を仄めかしている。皇帝《カイザー》の名称が彼の名に由来するばかりか、中世の見解では最初の代表的皇帝と見なされていたからである。アレクサンドロス大王の赤色の楯には、柄の長い戦斧を前脚で持つ金色のライオンが描かれている（現代のノルウェー国章に似ていなくもない。もっとも、国章では冠をかぶっているが）。この紋章を選んだ理由は説明できないが、最初の三人組に鷲があるのだからライオンも有効だと考えた、というのがもっとも容易な推測だろう。

　旧約聖書のユダヤ人三人組を紋章ではっきり区別するのは容易ではなかった。青色の楯に金色のハープが描かれたダヴィデはまだ分かり易い。英傑ダヴィデの巧みな弦奏は「列王記」に伝えられて広く知れ渡っているからだ。ヨシュアはやや東洋風に描かれることが多く——そこで剣の代わりに刀身の反った太刀を持っている——、それゆえ銀色の地に緑色の竜という紋章が許された。キリスト教徒の英傑なら決してそうはいなかっただろう。ユダ・マカバイにも東洋との関連（ターバン）が見られ、楯には飛び立とうとする鴉が描かれている。竜と鴉はキリスト教からは忌み嫌われた動物だったが、ユダヤ人の英傑なら場違いでもないと思われたのだ。アーサー王の紋章には王冠が三つ描かれており、青地、時に赤地に金色の王冠である（楯では配置が異なる）。これは宮廷文化の模範たる王のために考案された名誉なのだが、王についての記録や物語とは無関係である。カール大帝は常に一番分かり易い。彼はドイツ・ローマ帝国の紋章とフランス王国の紋章を、両国の支配者として組み合わせている。すなわち垂直分割した楯で、紋章学で言う右側〔向かって左側〕には金地に黒色で双頭の鷲の半身を、左側〔向かって右側〕には青地に金の百合の花《フルール・ド・リス》を交互に配してある。殿《しんがり》のゴドフロワ・ド・ブイヨンを見分ける手段はイェルサレムの紋章のみである。銀地の中央に金色の大きなイェルサレム十字が、四隅に金色の小さな十字が描かれている。架空紋章はこのように整然と九英傑に割り当てられたので、人物をはっきり特定する助けになった。それにもかかわらず別の紋章を描く場合もあり、それは基本的にヘクトール、ダヴィデ、ゴドフロワ・ド・ブイヨンのみである。たとえば一五世紀後半にライン地方で作られた綴織《タペストリー》では、イェルサレムとオーストリアに垂直分割された軍旗《バナー》がド・ブイヨンに与えられている。このような場合は、人物が特定できる仲間の英傑たちの間での立ち位置しか見分ける手段がない。

対をなす九女傑

宮廷世界を強く特徴づけたのは女性たちだった。戦闘での騎士らしい振舞、高貴な生活態度で傑出した男性の英傑は、相応しい女性パートナーを持たねばならなかった。そうなって初めて、男女の接触における模範的な振舞を現実の宮廷に引き継ぐことが可能となるのであり、この点でまさに中世末期は諸規則がますます厳しくなり制限が強まっていた。しかしそれに相応

●— 162*
九英傑の4人（ユダ・マカバイ、アーサー王、カール大帝、ゴドフロワ・ド・ブイヨン）
ライン地方の綴織断片、1480-90年頃、スイス歴史博物館蔵（バーゼル）

しい女性たちも、騎士道精神の両極、すなわちしかるべき振舞と戦場での武勇をわが身に一体化し、完璧な姿を見せる必要があった。すなわち女傑（Preuses）であらねばならず、控え目な態度や礼法に熟達しただけでは十分ではないのだ。こうした模範的女性についての諸観念には、闘争的な要素が鳴り響く。女騎士（femme-chevalier）が宮廷男性の抱く理想像だったのだ。

このように美しくかつ魅力的な女性たちは結局のところアマゾン族に見出された。この女族にたどり着いたきっかけは宮廷聖職者の学識ある助言ではなく、宮廷叙事詩で極めて重要なジャンルのひとつだったトロイア戦争を主題とする物語群である。そしてここでとりわけ注目を集めたのが同族の女王ペンテシレイアなる人物であり、彼女はまさに理想的な女傑と考えられた。すなわち狂暴な女闘士であり、その甲冑は乳房を強調し、速足で歩けば兜の下で金色のお下げ髪がたなびく。彼女を手始めに、他のアマゾネスの女王たちにも視野が広がった。女王たちはその誰もが戦闘で卓越した腕前を示し、ヘラクレスやテーセウスさえも苦境に陥

◉— **163*** 九女傑の1人としてのペンテシレイア
『金羊毛騎士団小紋章鑑』、1460年頃、フランス国立図書館蔵（fol. 248）

◉── 165* 九女傑 『遍歴の騎士』、1404年頃

れ、騎士のような機敏さと不屈の精神を一身に帯びた。女王あるいはその近親者ということで、美しく望ましい女性と見なされた。彼女らがあげる鬨の声は意味不明瞭な荒々しい叫びではなく、心地よく繊細な響きと言われた。すなわちこの点で宮廷淑女の慎みある快適な話し方と戦場での振舞が一体化し、大胆不敵な諍い女たちに模範として高く評価される女性らしさをもたらすのだ。このようにしてアマゾネス基準が作られると、高圧的で権力をもち、賛嘆に値する他の女性たちがそこに加わった。たとえば著名で（悪名も高い）アッシリア女王セミラミス、ペルシア王キュロス二世を打ち負かしたスキタイ女王トミュリス、作者不詳の宮廷小説『テーベ物語』（一一五〇年頃）で有名になったテーバイ女性デイピュレ、そしてローマを相手に勇敢に闘ったイリュリア領主テウタなどだった。だが九女傑の

◉── 164
九女傑の2人、アマゾネス女王ランペートとスキタイ女王トミュリス
壁画、マンタ城（ピエモント）、1420年頃

問題は、テウタを除く全員がはるか昔の神話的な過去の人物であり、また基本的に全員がアマゾネス、あるいはアマゾネス型の女性だった事実である。さらにそのなかには、ほぼ名前のみが存在し、一般的に知られた偉業と結びつけられない女性もいた。

そしてこの点が、彼女らのために考案された紋章に影を投げかけた。架空紋章の場合、それを見れば持主をすぐさま特定できることが必須条件であり、九英傑の場合はこの目的がほぼ果たせたのだが、九女傑の紋章ではうまくいかなかった。彼女らは皆典雅な美女であり、それに加えて大胆不敵な女戦士だったが、彼女らの名を挙げればすぐさま連想できるような出来事がないのである。知名度が低すぎて、特定の紋章を手掛かりにただちに特定するのは不可能だった。いずれにせよ、彼女らを唯一無二の紋章で特徴づけ、疑似アイデンティティを与えるのには失敗したようだ。一四〇〇年頃に九女傑は写本、城の内壁や暖炉、さらに巨大なスケールで城壁に描かれたり石に彫られたりしたが、彼女らを区別するための説明書きがほぼ必ず欠かせなかった。紋章で見分ける手掛かりとして、王冠をかぶった女性の頭部が繰り返し登場し、これはとりわけ五人のアマゾネスの楯や軍旗《バナー》に描かれた。おそらくはこの五人が同族であることを示すのだろう。だがこのデザインは不動ではなく、九女傑以外の場面では「元祖女傑」ペンテシレイアの紋章が銀地に黒色の楯頭部《チーフ》〔上部三分の一〕の下に色違いのライオン、あるいは黒地に銀色の白鳥となる場合もある。スキタイ女王トミュリスは五つの花を描いた軍旗《バナー》を手に持ち、楯には花が三つ描かれることもある。これはかの女傑を特徴づけようとした微弱な試みと思われるが、死んだ王（キュロス二世）の髭面の頭部と（血が詰まった）皮袋のほうが、トミュリスのまぎれもない紋章にはうってつけだったろう。これは女王と実際に結びつく出来事への暗示であり、また彼女を確実に識別する大きな助けになったことだろう。

それに対してセミラミスは髪の毛を振り乱し、両手に櫛を握った姿で繰り返し描かれる。その由来となった伝承によれば、髪の手入れの最中に反乱の報せを聞いた女王は、乱れた髪のまま飛び出していき、勇猛果敢に反乱者たちを制圧した。この長髪の場景だけでセミラミスと見分けられるので、意匠の定まらない紋章のほうはあまり重要でなく自由に取り換えられる。結局のところ九英傑と九女傑は九という数と、九人が揃っている点が共通点なのである。

もっとも九英傑のほとんどは他の場面でひとりだけ描かれても識別できるだろうが、全体的に見て九女傑にはこれは当てはまらない。九人揃わねばとにかく意義が薄く、その場合に紋章はまったく決定的な助けにならないからである。

一四三一年、両方を合わせた一八名〔に扮した者たち〕がパリまで同行するためにイングランドの幼君ヘンリー六世をサン・ドニで迎えた際、幸運の女神《フォルトゥナ》が王に一人ひとりを紹介した。すなわち九女傑も——みずから名乗らずとも——〔その紋章を根拠に？〕区別できたのである。もっとも、押し寄せた群集はおそらくカエサル、カール大帝、あるいはダヴィデの見分けはついただろうが、九女傑は華やかな女性の仮装行列にしか見えなかったかもしれない。

mit sampt seinen gelidern.

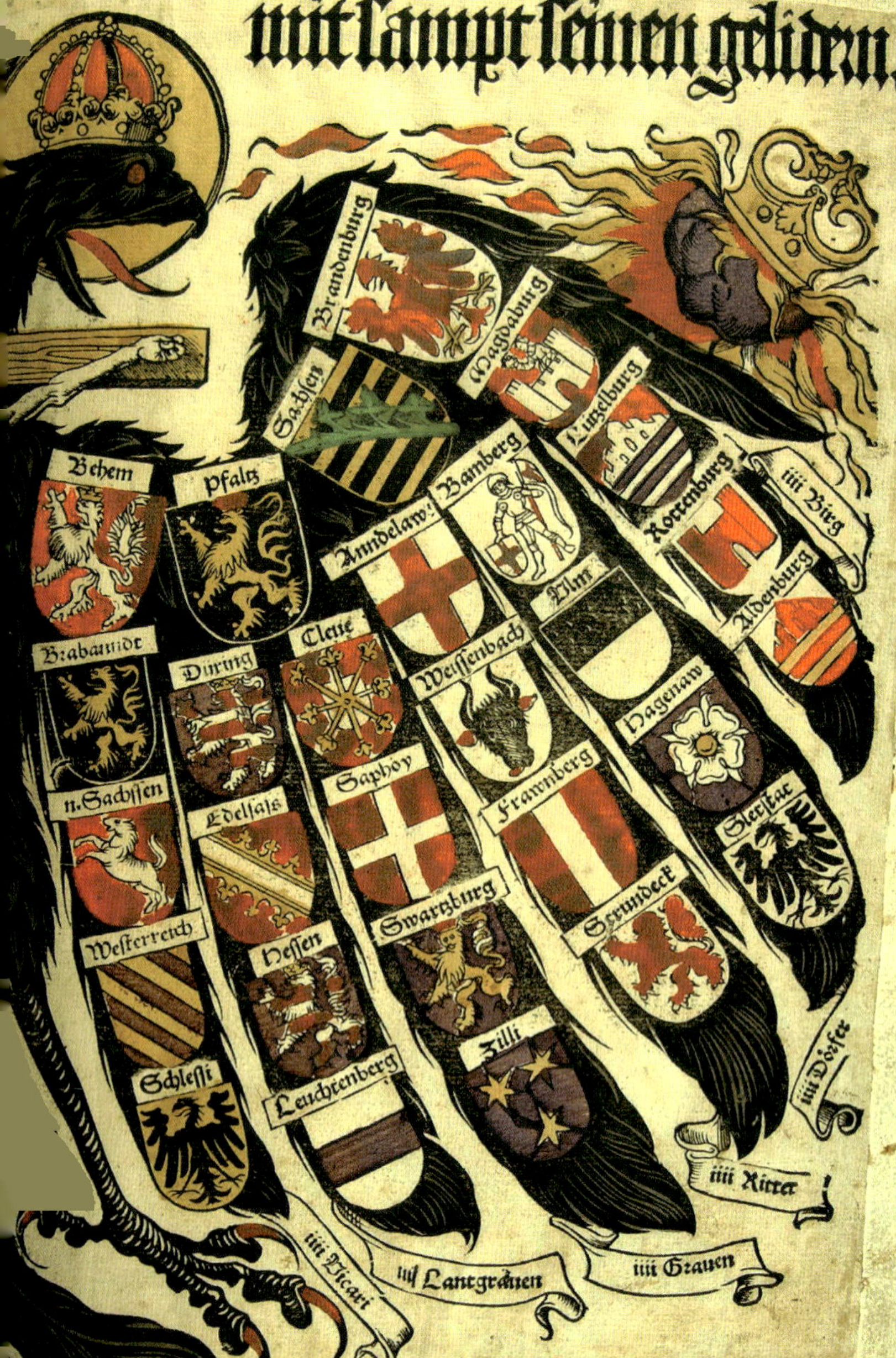

Dauide de Necker Formschneider

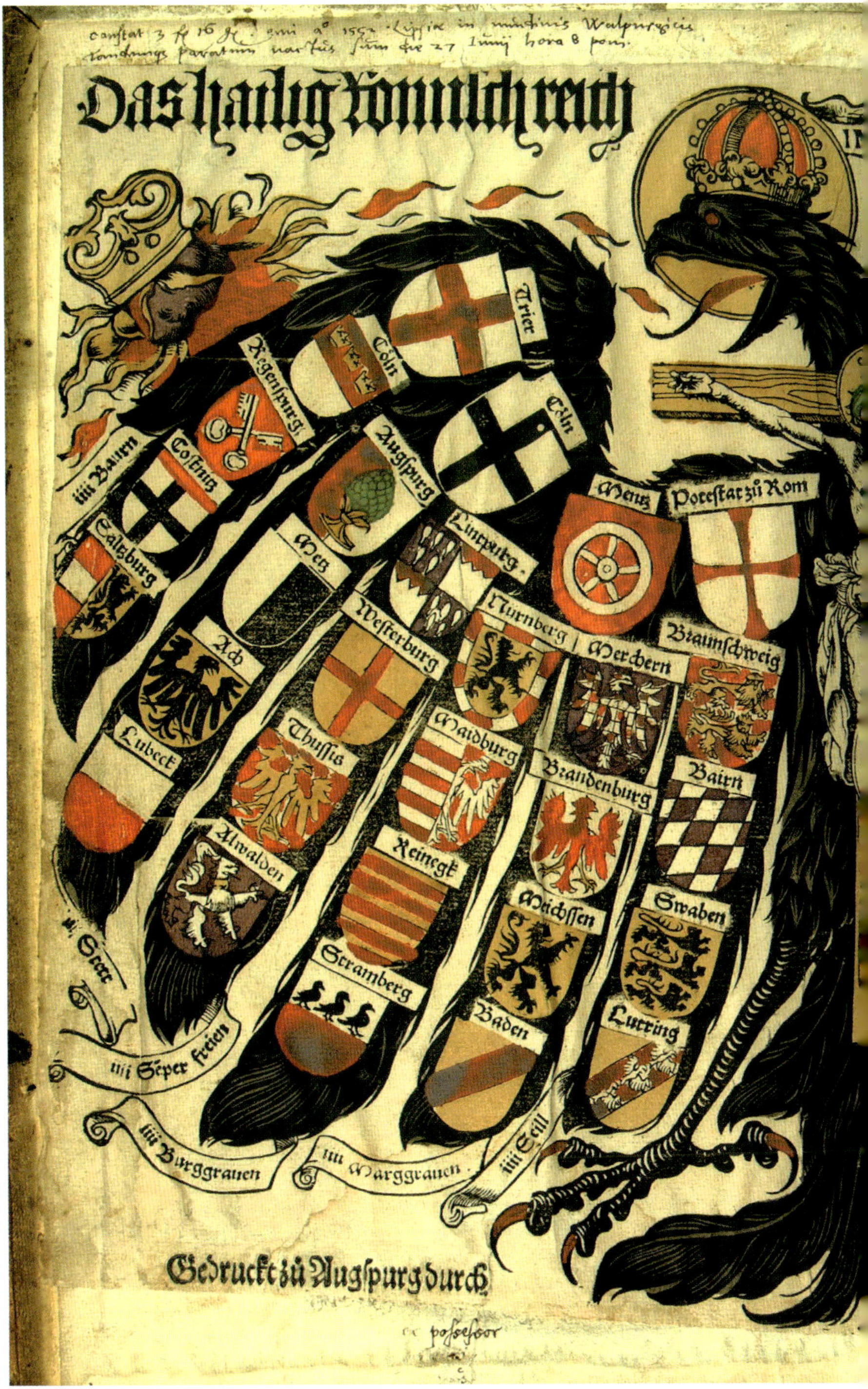

◉— 166* クヴァテルニオンの鷲

神聖ローマ帝国を構成する諸侯・都市などの紋章を四家一組（Quaternion）として両翼に配し、帝国をアレゴリーとして表現した図（図46も参照）

ハンス・ブルクマイアー（父）原画、ダーフィト・デ・ネッカー彫版、アウクスブルク、1510年

結び——紋章の行方

近世、場合によってはすでに中世末期に、アイデンティティの提示はより直接的であるがゆえに様々な意味でより印象深い別種の形態を取るようになる。法律面や実務面の文書主義は古典古代末期と中世初期を超えて、ヨーロッパ南部・南西部の都市に設けられた公証人役場（自治都市公文書）でますます広まるばかりだったが、この世界では職員が保証を請け負う一種の「公証人役場の印」を用いて処理された。そこから中世盛期にはいわゆる「公証人の書判《かきはん》」が生まれる。これは公証人一人ひとりを特徴づける印で、アイデンティティを示すトレードマークを標号とすることで公証人個人に義務を負わせる仕組みだった。文字による再現としては、すでにカロリング朝時代の早い時期に君主名の組合せ文字《モノグラム》が登場している。国王や皇帝が署名までほぼ書き込まれた書類に最後の一筆を書き加えるもので、本人が文字を書けるか否かは関係なかった。ここから発展して、中世末期に文書主義が増進するにつれて一六世紀にはサイン、署名が生まれ、これは現在に至るまで個人的なアイデンティティの証明としての意味を持ち続けている。

しかし中世盛期の証書では、権力者自身が臨席していることを具象的に解説し、そのアイデンティティに具体性を与えるのは印章だった。書判《かきはん》の記された公証人証書と、印章を押した証書が並存していた様子を理解することが重要である。アイデンディディを表明する二つの標号——一方は人間存在をすでに客体化した書判、他方は伝統的かつ直接的な絵画イメージを示す印章。もっとも印章制度は比較的短期間で社会の主要グループに——社会的出自や重要性とは無関係に——浸透した。

しかし、自分自身を描いた印章や、そこまでいかずとも人の姿や頭部を表現した印章を庶民が使うことはあまりなかった。肖像印章は上流階級の特権である。もっとも本人に似せる努力はほとんどなされず、役職や地位が認識できればよいのであり、それには刻銘が役立った。刻銘は教養人向けの証明であり、教養人が無教養人にもその意味を伝えたが、両者のいずれにせよ、印章所有者のいわば代理である印章肖像に対する義務感を自覚した。ある程度のリアリズムが造形芸術に浸透した瞬間、現実の似姿は意味を持つようになり、そのリアリズムは工芸品である印章にもあてはまった。元来同じ造形をした基本型に幾何かの修正を加えることは昔からあった。たとえば皇帝ハインリヒ四世

●—167
流行の口髭がない若き日のローマ王
ハインリヒ4世（在位1056–1106）の印章

の印章を彫る際に、髭のない姿を描く「少年図」は（口）髭を蓄えた後年の姿とは区別した。これでは肖像画レベルの本当の類似性にはまだ至らないものの、それでも印章図を君主の実像に近づけようとする試みではあった。同一性を高めようとする初期の試みだが、それが髭にしか及ばなかったということだ。ハインリヒ四世は六歳で皇帝の座に就いたのだから、本来は髭がないばかりか、子供らしい姿で描かねばならないはずだが、そのようなことは問題外だった。ようやく一四〇〇年頃になって、裕福なベリー公ジャン一世の「本人そっくりに仕上げられた」黄金印章の話が出てくる。この偉大なる芸術庇護者をカペー家特有の長い鼻で、さらにイボまで付けて描いた印章である。

肖像画

個性ある人物としてのアイデンティティを類型的な要素、期待される要素と関連して、あるいはそれらを背景として、誰でも人物が識別できるように示す革命的かつ偉大な手法が肖像画である。今では個々人にとって重要でもあり、もっぱら有意義となったこの見地が大躍進を遂げたのは一四世紀前半だった。その兆しはすでに昔からあったらしい。すなわちシュパイアー大聖堂に置かれたハプスブルク家の皇帝ルードルフ一世像をこの君主独特の姿と見なせるか否か、という議論が始まったのである。その是非に立ち入るつもりはないが、このハプスブルク家君主の身体的特徴が墓像とぴったり一致することだけは言っておかねばならない。おそらくルードルフ一世像は初期のリアリズムだったのだろう。それはフランスおよびドイツの大聖堂に並ぶ彫像やナウムブルク大聖堂の寄進者像から推測できる通りであり、皇帝フリードリヒ一世（赤髭王）の頭部像にもすでにその兆しが見られる。この頭部像は銀および金メッキを施したブロ

ンズ製で、一一六〇年頃ライン河流域で作られた。皇帝の代父カッペンベルク伯オットーにより、これがcapud argenteum ad imperatoris formatum effgiem、すなわち皇帝の顔立ちに似せて作られた品である旨、文書でお墨付きを得ている。類型的な要素と並んで、あらゆる点で写実的かつ個性的に皇帝を把握する試みがなされたことが見て取れる。技巧を凝らしてカールさせた髪形や髭が、時代に即した表現であることは疑いなく、これは君主を宮廷で流行した理想像に相応しく描くための手段なのだ。しかし上記の例は先駆的作品であり、その時代にはまだ数多くの類型的な要素や時代的な要素、より新しい様式のアイデンティティをほとんど創り出さない要素と対立した。一四二二年、フランス王シャルル六世の埋葬の際にも、王の個性は霧消し、象徴的な紋章学にすっかり浸ってしまう。すなわち至るところが青地に金色の百合の花《フルール・ド・リス》で溢れかえったのである。経帷子、枕、馬衣、兜、楯、剣が芽生えつつあった個人主義を圧倒し、個性の代わりに象徴を示す。権力者の自己理解にぴったり合致し賛同を得た新しいリアリズムは、君主の肖像画に明確に現われる。たとえばフランス王ジャン二世（在位一三五〇―六四）やオーストリア公ルードルフ四世（在位一三五八―六五）の肖像画である。

◉― 169　オーストリア（大）公ルードルフ4世（建設公、在位1358-65年）の肖像画。1365年、シュテファン大聖堂宝物館（ウィーン）蔵

◉― 168
赤髭王の「銀製」頭部、金メッキを施したブロンズ像
1160年頃、カッペンベルク修道院蔵

いまやこうした個人主義が重要なものとなった。似姿に己の本質を見出す描かれた本人にとっても、また絵画と化した他人のアイデンティティの暴力に打ち負かされる者にとっても。

訳者あとがき

本書は Georg Scheibelreiter, *Wappen im Mittelalter.* (Primus Verlag, 2014) の全訳である。

著者のゲオルク・シャイベルライター氏は一九四三年、ウィーン生まれ。ウィーン大学で法学マギスター（一九六七年）、歴史および芸術史の博士号（一九七一年）を取得し、一九七一年から七四年にかけてオーストリア歴史研究所で専門家としての育成過程を修了する。一九八〇年にウィーン大学で中世史および歴史補助学の教授資格を取得するとウィーン大学で教鞭を取りながら、インスブルック大学、米ミネソタ大学などでも客員教授を務める。一九八三年以降は学術誌『オーストリア科学アカデミー報告』の責任編集者としても活躍した。一九九七年以降ウィーン大学の員外教授となり、二〇〇八年に退職した。

歴史補助学とは各種史料の学術的分析を通じて歴史研究を補助する学問であり、それゆえ同氏の研究の重点は「初期中世、心性史、文化史、宗教史、史料編纂、聖人伝、神話学、紋章学、固有名詞学」と幅広く、これに印章学、系譜学が加わる。それぞれの分野での研究成果は本書にも反映されていると言えよう。特に紋章学に関して言えば、大学での研究活動の他に、オーストリア歴史家会議の「紋章学、系譜学および人別帳《プロソポグラフィ》」部門の議長（一九九〇年以降）、さらにオーストリア貴族の系譜学・紋章学を中心に活動する協会「アドラー（鷲）」の幹部（一九九三年以降）を務める。国際的な評価も高く、一九八九年には神聖ローマ帝国研究所（フィレンツェ）の名誉会員、一九九九年国際紋章学院（パリ）のアカデミシャン、二〇一〇年には紋章学・系譜学に関するヨーロッパ最古の専門家協会「ヘロルト（紋章官）」（ベルリン）の名誉会員となっており、ドイツ語圏を代表する紋章学者の一人と言えよう。

著書も多いが、訳者の手元にあるものに限り紹介すれば、すでに三三歳の頃に刊行した『動物名と紋章制度（*Tiernamen und Wappenwesen*）』（一九七六）では、キリスト教化以前の人間が動物に託した自己像と一二世紀の動物紋章の関連について考察している。紋章学の入門書である『紋章学（*Heraldik*）』（二〇〇六）も評価は高く、訳者もおおいに参考にさせていただいた。また『バーベンベルク家の人々（*Die Babenberger*）』（二〇一〇）では下オーストリアのドナウ地方を二百七十年間にわたり支配し近代オーストリアの基礎を築いた同家の人々を描いている。（以上著者の履歴に関しては、主としてウィーン大学ホームページの教員紹介記事、および著者が上記の紋章団体ヘロルトに迎えられた際のヘッカルト・ヘニング氏による歓迎演説を参考にさせていただいた。）

ドイツをはじめとしてヨーロッパでは至る所で——観光案内の表紙に、路面電車の先頭車両に、各種団体を紹介するサイトに——、カラフルな図柄を楯状の枠内に納めた紋章に出会う。国には国章があり、州や市、村などの地方自治体、さらに各種団体も独自の紋章を掲げているが、その源流は中世の騎士階級にある。

戦場で鎧兜に身を固めて戦う騎士は己の素性を明らかにし敵味方を識別するため、楯や兜に独自の標号《しるし》を描いた。当初これは軍単位であったり、その場限りの使用に留まることもあったが、男子直系を中心とする家門意識が形成されるとともに、一門を象徴し、他と取り違えようのない標号を固定化し、子孫に伝える意図が生じた。このように外部に対しては一家の独自性を表明し、内部に対しては結束を強める効果を持つ点で、ヨーロッパの紋章は日本の家紋と比較されることも多い。確かに武具や衣装に用いられて戦場で誇示されること、抽象的な図形や動植物などを用いた意匠なども共通し、さらに城主階級から貴族、平民へと広がり日常生活にも関わった点、省略・増加・分割などの手法によりバリエーションを作成した点も似ている。

しかし日本の家紋ととりわけ異なる点は、彼我の区別が他家に対してのみならず血族内部にも及ぶ点であり、すなわち個々人が自分特有の意匠を有することである。それゆえカラフルな配色、図像や記号の複雑な組み合わせが生まれたのだが、このようにヨーロッパの紋章には一族への帰属を示すと同時に、無二のシンボルとして自己を際立たせる機能があるのだ。因みに第I章で触れられている旗印、印章、楯装飾と紋章の関連について、『西洋中世学入門』（高山博・池上俊一編、東京大学出版会、二〇〇五）の記事に基づいて補完的に述べれば、旗印由来の領地紋章、印章由来の家門紋章が融合して紋章が生まれ、そこに楯装飾由来の個人紋章が吸収されて西欧における体系が完成した由。

日本ではとりわけ森護氏が大著『ヨーロッパの紋章』（三省堂、一九七九）をはじめとして数々の紋章学関連書を著しておられる。訳者も『紋章学辞典』（大修館書店、一九九八）には大いにお世話になった。森氏は草分けということもあり、まずはヨーロッパの紋章制度を日本へ紹介することに主眼を置かれた。騎士の国イギリスを中心として、時代は中世に留まらず、紋章が標章と化した近現代にまで及んでいる。

それに対して本書の著者シャイベルライター氏は同じく騎士階級を対象としながら、舞台はドイツ語圏を中心とするヨーロッパ大陸であり、時代は紋章制度が社会に影響を与えていた時代を中心としている。この点で我々にとっては森氏の著書を補完する存在と見なすことができよう。もっともシャイベルライター氏としては、本書を単なる紋章学の入門書に終わらせるつもりはなかったようである。

地域的・時代的な変遷や文化的事情を比較的明確に見て取れるが故に多くの頁が割かれた動物紋章で言えば、たとえばライオンがどのような姿勢で描かれているかを解説するに留まらず、何故郷土の森の百獣王である熊ではなくライオンを選び、そのような姿勢で描くに至ったのか、意匠が生まれた文化的背景を解き明かすことに興味の中心はある。やがて戦場・闘技場を離れた紋章はその機能を広げていき、貴族の政治的信条や自己像を表明し、彼らを取り巻く歴史的状況を反映する手段となり、空想の産物である架空紋章にさえも（架空であるだけにより自由に）人々の思いが映し出される。

また紋章官そのものも大きく取り上げる。平時には騎馬槍試合での紋章の検査、式次第の進行、貴婦人方への解説役などを務めるが、戦時となれば軍隊間の事前交渉、戦闘の経過報告、戦闘終了後の処理事務を任務とし、勝敗の判定さえ紋章官同士の相談で決定することもあった。卑しまれた流浪民から身を起こし、紋章制度を整備し、同業者のヒエラルヒーを形成しつつ、紋章官という官職に至る出世コースが出来上がる。政治面では公使となり、宮廷では趣味の判定者として宮廷生活の改善を図る。ここでも興味の中心は、紋章官という存在が重要な役割を果たした社会・文化の有様にある。

著者が序論で明言している通り、中世人のアイデンティティを形成した過程を、紋章、その意匠や配色を介して考察するとともに、ヨーロッパ中世の社会・文化・心性を把握しようとする試みが本書なのである。

本文でも言及されているが、紋章用語とその訳語について訳者として改めて記しておきたい。

日本にヨーロッパ紋章学を紹介された森護氏については先にも触れたが、同氏は一連の著書で紋章学の基本中の基本として以下のように解説されている。楯表面を飾る紋章図形（heraldik charges）は三種類に分類され、すなわち紋地を分割し、図を描く区画を作る①分割図形（partie）、幾何学的図形をベースとした

②抽象図形（ordinaries）、具体的な事物を描いた③具象図形（common charges）である。この中でとりわけ①と②の区別については文学作品の翻訳、英和辞典や百科事典の記述などで誤解が多く、注意を要する旨繰り返し述べられている。紋章学に関する日本国内の記事もほとんどがこの分類に準拠し、たとえば小学館の『独和大辞典』でもドイツ語として① Heroldsstücke ② Heroldsbilder ③ gemeine Figuren を当てている。

　しかしシャイベルライター氏は本書で①と②をとりわけ区別していない。同氏の筆になる紋章学の入門書『紋章学（*Heraldik*）』の記述からもそれは明らかであり、索引では Heroldsbild（Heroldsstück）とふたつを並べて同項目として扱っている。他の研究者の著書、たとえば紋章学百科事典である Gert Oswald, *Lexikon der Heraldik.* (Battenberg Verlag, 2011) もこの二つを同義語として扱い、入門書 Václav Vok Filip, *Einführung in die Heraldik.* (Franz Steiner Verlag, 2011) は①を含めて② Heroldsbilder の語のみを用いている。手近の資料のみを根拠にドイツの紋章学について断言するわけにはいかないが、紋章学専門の Heraldik-Wikipedia の記述も含めて、①と②を同一視するシャイベルライター氏の見解は少なくとも特殊な例というわけではなさそうである。

　もっとも同氏は『紋章学』で、幾何学図形の起原を巡るフランス人研究者たちの見解として、前紋章期の楯の留金具に由来する②幾何学図形（pièces）と、後代に図像として生じた①分割図形（partitions）の区別を紹介している。そのうえで「このように幾何学図形を二つのカテゴリーに分類することに歴史的な裏付けがないことは確かだが、紋章学用語には反映されていると思われる」と述べており、本書でも所々で pièces および partitions の語を用いている。

　そこで本書では①②をまとめて「抽象図形（Heroldsstücke）」、③はそのまま「具象図形（gemeine Figuren）」と訳した。またフランス紋章学の用語が用いられた場合は、カナでルビを振るか（　）内に原語を添えている。

　また図形その他の名称に関しては、森氏の著作との比較を想定して、「楯持ち《シルトハルター》［サポーター］」のように、適宜英語での名称を［　］内にカタカナで添えた。

　訳者は紋章学についての知識がほぼ皆無の状態で本書の訳出に取り掛かったため、念校に至っても大量の赤を入れる羽目となり、編集氏には大いに迷惑をかけた。専門用語の不適切な使用や文章の解釈などに少なからざる誤りもあるかと思われるが、大方の御叱正をお待ちしたい。

　紋章関連の著作といえば紋章学の基礎を解説するための図形一覧などが付き物だが、原書には数多くの図版が収録されているものの、著者が教科書ではないと明言するように、そうした基本知識に関する図版はほとんどない。そこでこの訳書では読者の理解の一助となるべく、本文に登場する紋章図形はできる限り図版を掲載し、そのほかに本文で言及された絵画、図像の変遷を示す比較表なども含めて大幅に増補した。これはすべて編集者八尾氏の御尽力によるものである。原書と原稿に入念に目を通しての適切な助言、各種資料の準備などいろいろとお世話になった八坂書房の八尾睦巳氏に心から感謝する。

二〇一九年七月

津山拓也

関連書籍のごあんない

表示価格は税別価格です

あだ名で読む中世史
—ヨーロッパ王侯貴族の名づけと家門意識をさかのぼる

岡地　稔著　2400円

赤髭王・禿頭王・短軀王・青歯王・噛跡侯・兎足王…中世の王侯はなぜ、「あだ名」とともに呼ばれることが多いのだろう？　謎に満ちた「あだ名文化」の実態と背景を解明し、命名や家門にまつわる疑問の数々に光をあてる。巻末に《中世ヨーロッパ王侯「あだ名」リスト》併録。

中世仕事図絵
—ヨーロッパ、〈働く人びと〉の原風景

ヴァーツラフ・フサ編著／藤井真生訳　3800円

農村で、街角で、工房で、書斎で、鉱山で……中世の人びとが労働にいそしむ姿を求めて、図像資料を丹念に集成。　世界遺産の鉱山クトナー・ホラ等の貴重な図像資料多数を含み、英独仏各国語に翻訳紹介された、チェコの中世史家による古典的労作。図版250点余。

中世の時と暦

アルノ・ボルスト著／津山拓也訳　2800円

西欧中世の人びとは、どのような時間を生き、どのように時間をとらえ、また時間を利用するのに、どのような工夫を重ねていたのだろう？　暦の歴史などでも素通りされることが多く、われわれにとってなじみの薄いこの時代の「時」と「暦」の実状を、ドイツ中世史学の泰斗が、鮮やかに、かつわかりやすく説き語る。

図説　西洋護符大全

L　クリス＝レッテンベック／L　ハンスマン著／津山拓也訳　6800円

西洋古来の護符＝お守り850点を詳細な解説つきで紹介。鉱石、植物、動物由来の品から、魔術で用いられる呪符の類、さらには人びとのしぐさまで、不思議なパワーが宿ると信じられ、もてはやされてきた品々と、その文化的背景を詳説した名著。

[著者略歴]

ゲオルク・シャイベルライター Georg Scheibelreiter

オーストリアの中世史家。1943年生まれ。ウィーン大学に学ぶ。ハインリヒ・フィヒテナウの衣鉢を継ぎ、初期中世史を中心に、オーストリア中世史、歴史補助学、紋章学など、幅広い分野に業績を残す。とりわけ紋章学に関してはドイツ語圏を代表する学者の一人。ウィーン大学教授、オーストリア歴史家会議の部門議長、ドイツ紋章協会（HEROLD）名誉会員等を歴任。著書も多く、紋章関連では本書の他に、紋章学の入門書として好評を博した *Heraldik*（2006）がある。邦訳紹介は本書が初めて。

[訳者略歴]

津山 拓也（つやま・たくや）

1962年、佐賀県に生まれる。1990年、東京外国語大学大学院修士課程（独文学専攻）修了。現在、東京外国語大学、早稲田大学、二松学舎大学、國學院大學、中央学院大学非常勤講師。

訳書に、ゲッツ『中世の聖と俗』、ボルスト『中世の時と暦』、クリス＝レッテンベック他『西洋護符大全』（以上、八坂書房刊）、ザフランスキー『ロマン主義』、マール『精霊と芸術』、ザッペリ『知られざるゲーテ』、ヴェルナー『ピラミッド大全』、デッカー『古代エジプトの遊びとスポーツ』（以上、法政大学出版局刊）、共訳書にブレーデカンプ『古代憧憬と機械信仰』、デュル『秘めごとの文化史』『性と暴力の文化史』『挑発する肉体』『〈未開〉からの反論』（以上、法政大学出版局刊）がある。

中世紋章史

2019年 8月 26日　初版第 1 刷発行

訳者　津山拓也
発行者　八坂立人
印刷・製本　モリモト印刷(株)

発行所　(株)八坂書房
〒101-0064 東京都千代田区神田猿楽町1-4-11
TEL.03-3293-7975　FAX.03-3293-7977
URL.: http://www.yasakashobo.co.jp

ISBN 978-4-89694-264-4

索引

＊数字のあとの＊印は関連図版（もしくはその図版説明）のある頁を示す

【カ】

【サ】

追加図版出典

原本掲載のもの以外に本書で補った図版（図版番号末尾に＊印のあるもの）の出典は以下の通り

M. Biörnstad, Bronsvimpeln från Grimsta, Stockholm 1958 **002**

C. M. Engelhardt, Herrad von Landsperg, ... und ihre Werk: Hortus deliciarum (Tafeln), Stuttgart 1818 (https://digi.ub.uni-heidelberg.de/diglit/engelhardt1818bd2/0003) **010**

S. Füssel (Hg.), Schedel'sche Weltchronik, Köln 2001 **046**

D. L. Galbreath – L. Jéquier, Lehrbuch der Heraldik, München 1978 **045, 104, 114, 125**

HEROLD (Hg.), Handbuch der Heraldik, Hamburg [19]2007 **035**

H. Hussmann, Deutsche Wappenkunst, Leipzig o. J. **115, 118, 121**

W. Leonhard, Das gloße Buch der Wappenkunst, München 1976 **028, 042, 043, 052, 054, 079**

O. Neubecker, Heraldik, München 1990 **019, 022, 033, 034, 039, 041, 061, 107, 126, 133, 138, 145, 146, 156, 162**

M. Pastoureau, Traité D'Héraldique, Paris, 1979 **047, 119, 148**

A. Payne, Medieval Beasts, London 1990. **094**

Petrus de Ebulo, Liber ad honorem Augusti sive de rebus Siculis, ed. T. Kölzer / M. Stähli, Sigmaringen 1994 **077**

S. Roettgen, Italian Frescoes. The Early Renaissance, 1400-1470, London–New York, c1996 **161, 162, 165**

G. Scheibelreiter, Heraldik, Wien 2006 **016, 051, 056, 082, 088, 092, 095, 096, 098, 102, 103**

F. Warnecke (Hg.), Heraldisches Handbuch für Freunde der Wappenkunst ..., Frankfurt a. M. 1893 **029, 064, 066, 069, 071, 076, 078, 081, 083, 084, 085, 112**

Wikimedia Commons. **014, 027, 036, 038, 045, 049, 073, 086, 087, 090, 152, 158, 166**

D. M. Wilson, Der Teppich von Bayeux, Lahnstein 2010 **004**

参考文献

Adrian AILES, The Origin of the Royal Arms of England. Their Development to 1199 (Reading, 1982).

Adrian AILES, Heraldry in medieval England: Symbols of Politics and Propaganda, in: Heraldry, pageantry ... (Woodbridge, 2003) 83–104.

Wim van ANROOIJ, Spiegel van ridderschap: Heraut Gelre en zijn ereredes (Amsterdam, 1990).

Wim van ANROOIJ, Bayern, Herolde und Literatur im spätmittelalterlichen Reich, in: 650 Jahre Herzogtum Niederbayern-Straubing-Holland, hg. von Alfons HUBER und Johannes PRAMMER (Straubing, 2005) 235 –275.

Wim van ANROOIJ, King of Arms of the Ruwieren: A Special Function in the German Empire, in: The Herald in Late Medieval Europe, ed. Katie STEVENSON (Woodbridge, 2009) 111–131.

Jürgen ARNDT, Die Entwicklung der Wappenbriefe von 1350 bis 1806 unter besonderer Berücksichtigung der Palatinatswappenbriefe, in: Herold, Neue Folge 7 (Berlin, 1969/1971), 161–193.

Nils BARTHOLDY, Die Helmzier der dänischen Könige im Mittelalter, in: Le cimier. VIe Colloque international d'héraldique, La Petite-Pierre, 9. –13. Octobre 1989 (Paris, 1989) 11ff.

Giacomo C. BASCAPÉ – Marcello del PIAZZO, Insegne e simboli. Araldica pubblica e privata, medievale e moderna (Roma, 1983).

Otto H. BECKER, Zur Bedeutung der Farbe Grün für die späteren Staufer, in: Geschichtsschreibung und geistiges Leben im Mittelalter (Festschrift für Heinz Löwe, 1978) 490–502.

Egon Freiherr von BERCHEM – Donald L. GALBREATH – Otto HUPP, Beiträge zur Geschichte der Heraldik. Die Wappenbücher des deutschen Mittelalters (Berlin, 1939; Nachdruck Neustadt a. d. Aisch, 1972).

Ivan BERTÉNYI, Fourrures dans l'héraldique du moyen âge hongrois, in: Hungarian Studies 3/1–2 (1987) 31–40.

Claus D. BLEISTEINER, Heraldik im „Trojanerkrieg" Konrads von Würzburg und ihre Reflexion des Wappenwesens seiner Zeit, in: Der Wappen-Löwe 12 (München, 1999) 5–63.

Claus D. BLEISTEINER, Der Doppeladler von Kaiser und Reich im Mittelalter. Imagination und Realität, in: Mitteilungen des Instituts für Österr. Geschichtsforschung 109 (Wien, 2001) 4–52.

Johannes Abraham DE BOO, Heraldiek (Bussum, 1973).

Johannes A. DE BOO, Der Grimbergische Krieg. Die heraldische Kunstsprache in einer mittelniederländischen Reimchronik, in: Heraldik–Bildende Kunst–Literatur. Akten des XIe Colloque international d'heraldique, St. Pölten, 21. bis 25. September 1999 (Wien, 2002) 21–25.

Emmanuel DE BOOS, Dictionnaire du Blason (Paris, 2002).

Gerard J. BRAULT, Early Blazon. Heraldic Terminology in the twelfth and thirteenth centuries with special reference to the Arthurian literature (Oxford, 1972).

Ralph BROCKLEBANK, The Use of Color in Heraldry, in: The Coat of Arms, N. S. 9 (1991) 166–168.

J. P. BROOKE-LITTLE, Royal heraldry – Beasts and Badges of Britain (Derby, 1981).

Stephanie CAIN VAN D'ELDEN, Peter Suchenwirt and Heraldic Poetry (University of Minnesota, Minneapolis, 1974).

Torsten CAPELLE, Zu den bemalten Schilden der Germanen, in: Recht und Sprache (Festschrift für Ruth Schmidt-Wiegand (Göttingen, 1988) 60–68.

L. CAROLUS-BARRÉ – Paul ADAM-EVEN, Les armes de Charlemagne dans l'héraldique et l'iconographie médié-

vales, in: Mémorial d'un voyage d'étude de la Société nationale des Antiquaires de France en Rhénanie (Paris, 1953) 289–308.
Les Chevaliers de l'Ordre de la Toison d'or au XVe siècle, hg. von Raphael de Smedt (Frankfurt a. Main, 1994).
Noel Denholm-Young, The Song of Caerlaverock and the Parliamentary Roll of Arms as found in Cott. MS. Caligula A. XVIII in the British Museum, in: Proceedings of the British Academy 47 (London, 1962) 251–262.
Rodney Dennys, The Heraldic Imagination (London, 1975).
Rodney Dennys, Heraldry and the Heralds (London, 1982).
Johann Dielitz, Die Wahl- und Denksprüche, Feldgeschreie, Losungen, Schlacht- und Volksrufe, besonders des Mittelalters und der Neuzeit (Frankfurt a. Main, 1884).
David Edge – John Miles Paddlock, Arms and Armor of the medieval Knight (New York, 1988).
Arthur Charles Fox-Davies, A complete Guide to Heraldry (London, 1969).
Julian Franklyn, Shield and Crest (London, 1960).
John Gage, Kulturgeschichte der Farbe – von der Antike bis zur Gegenwart (Ravensburg, 1994).
Donald L. Galbreath – Léon Jéquier, Lehrbuch der Heraldik (München, 1978).
Ortwin Gamber, Waffenhistorische Grundlagen der Heraldik, in: Adler-Jahrbuch. Neue Folge 3, 11 (Wien, 1983) 5–18.
Paul Ganz, Geschichte der heraldischen Kunst in der Schweiz im XII. und XIII. Jahrhundert (Frauenfeld, 1899, Nachdruck 1970).
Wolfgang Grape, Der Teppich von Bayeux. Triumphdenkmal der Normannen (München – New York, 1994).
Roger Harmignies, Apropos du blason de Geoffroy Plantagenêt, in: Les Origines des Armoiries ... (Paris, 1983) 55–63.
Bruno Bernhard Heim, Or and Argent (1994).
Paul-Joachim Heinig, Die Türhüter und Herolde Friedrichs III.: Studien zum Personal der deutschen Herrscher im 15. Jahrhundert, in: Kaiser Friedrich III. (1440-1493) in seiner Zeit ... hg. von Paul-Joachim Heinig (Köln – Weimar – Wien, 1993).
Eckhart Henning – Gustav Jochums, Bibliographie zur Heraldik (Köln, 1984).
The Herald in Late Medieval Europe, ed. by Katie Stevenson (Woodbridge, 2009).
Otto Höfler, Zur Herkunft der Heraldik, in: Festschrift Hans Sedlmayr (Wien, 1962) 134–200.
Otto Höfler, Vorformen der Heraldik, in: Genealogica et Heraldica I (Wien, 1970) 363–370.
Friedrich Karl Fürst zu Hohenlohe-Waldenburg, Über den Gebrauch der heraldischen Helm-Zierden im Mittelalter (Stuttgart, 1868).
Hans Horstmann, Die Wappen der heiligen Drei Könige, in: Kölner Domblatt-Jahrbuch des Zentraldombauvereins 30 (Köln, 1969) 49–66.
Jean-François Houtart, La rose héraldique, in: Le Parchemin 340 (Bruxelles, 2002) 241–272.
Johan Huizinga, Ruyers und Poyers, in: Ders., Verzamelde Werken 4 (den Haag, 1949) 198–209.
Cecil R. Humphery-Smith, Anglo-Norman Armory (Canterbury, 1973, 1984).
Franz Heinz von Hye, Die Helmzier in der österreichisehen Heraldik mit besonderer Berücksichtigung der Länderwappen, in: Le cimier ... (Paris, 1989) 131 ff.
Franz Heinz von Hye, Der Doppeladler als Symbol für Kaiser und Reich, in: Mitteilungen des Instituts für Österr. Geschichtsforschung 81 (Wien, 1973) 63–100.
Léon Jéquier, L'armorial Bellenville, in: Cahiers d'héraldique 5 (Paris, 1985).
Erich Kittel, Wappentheorien, in: Archivum heraldicum 85/2–4 (1971) 18–26, 53–59.
Friedrich von Klocke, Die Knappen von den Wappen als Herolde und als Rittergenossen, in: Genealogie und

Heraldik (1949) 17–20.

Johannes-Enno KORN, Adler und Doppeladler (Göttingen, 1969).

Wilhelm KRAFT – Wilhelm SCHWEMMER, Kaiser Karls IV. Burg und Wappensaal zu Lauf, in: Schriftenreihe der Altnürnberger Landschaft 7 (Nürnberg, 1960).

Lotte KURRAS, Ritter und Turniere (Stuttgart, 1992).

Hugh Stanford LONDON, Royal Beasts (London, 1956).

Jiři LOUDA, The double-queued lion of Bohemia as symbol of sovereigniey, in: L'Aigle et le Lion dans le Blason médiéval et moderne. Actes du IXe Colloque international d'héraldique, Cracovie, 4.–8. Septembre 1995 (Warszawa, 1997) 99–110.

Jean-Claude LOUTSCH, Généralités sur les brisures de bâtards. Conceptions suivant les pays d'après la littérature héraldique, Théorie et Realités, in: Les combinaisons d'armoiries ... VIII. Colloque international d'héraldique, Canterbury 31. August – 4. September 1993 (Canterbury, 1995) 7 ff.

Jean Claude LOUTSCH – Johannes MÖTSCH, Die Wappen der trierischen Burgmannen um 1340, in: Jahrbuch für Westdeutsche Landesgeschichte 18 (1992) 1–179.

Jean MARCHAND, L'art héraldique d'après la littérature du Moyen Âge. Les Origines: La Chanson de Roland, in: Moyen Âge 47 (Paris, 1937) 37–43.

Bernard MARILLIER, Le sanglier héraldique (Saumur, 2003).

Paul MARTIN, Waffen und Rüstungen von Karl dem Großen bis zu Ludwig XIV. (Frankfurt a. Main, 1967).

Achim MASSER, Die Iwein-Fresken von Burg Rodenegg in Südtirol und der zeitgenössische Ritterhelm (Innsbruck – Bozen, 1993).

Gert MELVILLE, Der Brief des Wappenkönigs Calabre. Sieben Auskünfte über Amt, Aufgaben und Selbstverständnis spätmittelalterlicher Herolde, in: Majestas (1995) 69–116.

W. MERZ – F. HEGI, Die Züricher Wappenrolle (Zürich, 1930).

Roger MILTON, Heralds and History (Newton Abbott, 1978).

Heinrich MÜLLER, Europäische Helme (1971).

Ottfried NEUBECKER, Heraldik. Wappen – ihr Ursprung, Sinn und Wert (Frankfurt a. Main, 1977).

Helmut NICKEL, Der mittelalterliche Reiterschild des Abendlandes, in: Herold. Neue Folge 4 (Berlin, 1959/1962) 11–26, 56–58, 88–93, 146–161, 188–208, 211–248.

Gert OSWALD, Lexikon der Heraldik (Leipzig, 1984).

Marvin H. PAKULA, Heraldry and Armour of the Middle Ages (London, 1972).

Werner PARAVICINI, Armoriaux et histoire culturelle: Le Rôle d'armes des „Meilleurs Trois", in: Les Armoriaux ... (Paris, 1998) 361–381.

Werner PARAVICINI, Le héraut d'armes: ce que nous savons et ce que nous ne savons pas, in: Le Héraut, figure européenne, ed. Bertrand SCHNERB (Revue du Nord 88, 2006) 460–489.

Michel PASTOUREAU, Introduction à l'héraldique imaginaire, in: Revue française d'héraldique et de sigillographie 48 (Paris, 1978) 19–25.

Michel PASTOUREAU, L'hérmine et le sinople. Études d'héraldique médiévale (Paris, 1982).

Michel PASTOUREAU, Armorial des chevaliers de la Table Ronde (Paris, 1983).

Michel PASTOUREAU, Traité d'Héraldique (Paris, ²1993).

Michel PASTOUREAU, Le bleu: histoire d'une couleur (Paris, 2000).〔パストゥロー『青の歴史』松村恵理／松村剛訳、筑摩書房、2005 年〕

Michel PASTOUREAU, L'Art héraldique au Moyen Âge (Paris, 2009).

Hervé PINOTEAU, Héraldique Capétienne (Paris, 1979).

Hervé PINOTEAU, Les origines des armoiries (Paris, 1983).

Michel Popoff, Bibliographie héraldique internationale (Paris, 2003).
Ritterorden und Adelsgesellschaften im spätmittelalterlichen Deutschland, hg. von Holger Kruse, Alfred Ranft, Werner Paravicini (Frankfurt a. Main, 1991).
Ludwig Römheld, Die diplomatischen Funktionen der Herolde im späten Mittelalter (Diss. Univ. Heidelberg, 1964).
Hans-Ulrich Freiherr von Rueppreсht, Der Mohr als Wappenfigur, in: Kleeblatt 1 (Hannover, 2001) 6–13.
Schloss Runkelstein. Die Bilderburg, hg. von der Stadt Bozen unter Mitwirkung des Südtiroler Kulturinstitutes (Bozen, 2000).
Georg Scheibelreiter, Das Tier als Symbolträger in vorheraldischer Zeit (bis ca. 1230), in: Les Origines des Armoiries. IIe Colloque international héraldique, Bressanone/Brixen, 5.–9. Oktober 1981 (Paris, 1983) 153–162.
Georg Scheibelreiter, Tiernamen und Wappenwesen (Wien, 21992).
Georg Scheibelreiter, Adler und Löwe als heraldische Symbole und im Naturverständnis des Mittelalters, in: L'Aigle et le Lion ... (Warszawa, 1997) 51–68.
Georg Scheibelreiter, Die Wappenreihe der österreichischen Fabelfürsten in der so genannten „Chronik von den 95 Herrschaften" (um 1390), in: Les Armoriaux (Cahiers du Léopard d'or 8, Paris 1998) 187–207.
Georg Scheibelreiter, Religiöse Mentalität und symbolisches Zeichen, in: Religiöse Heraldik. Akten des Xe Colloque international d'Héraldique, Rothenburg ob der Tauber, 22. bis 27. September 1997 (München, 1999) 75–85.
Georg Scheibelreiter, Heraldik (Wien, 2006).
Heinz Schröder, Der Topos der Nine Worthies in der Literatur und bildenden Kunst (Göttingen, 1971) und ergänzend in: Archiv für das Studium der neueren Sprachen und Literaturen 218 (1981) 330–340.
Gustav Adelbert Seyler, Geschichte der Heraldik (Nürnberg, 1890; Nachdruck Neustadt a. d. Aisch, 1970).
Caroline Shenton, Edward III. and the symbol of the leopard, in: Heraldry, pageantry and social display in medieval England (Woodbridge, 2003) 69–81.
Stephen Slater, The complete Book of Heraldry (London, 2002).
Gerard de Sorval, Le Langage secret du blazon (Paris, 1981).
Gebhard Spahr, Weingartner Liederhandschrift . Ihre Geschichte und ihre Miniaturen (Weißenhorn, 1968).
Andrea Stieldorf, Rheinische Frauensiegel. Zur rechtlichen und sozialen Stellung weltlicher Frauen im 13. und 14. Jahrhundert (Rheinisches Archiv 142, Köln–Weimar–Wien, 1999).
Hugo Gerard Ströhl, Heraldischer Atlas (Stuttgart, 1899).
Rolf Sutter, Gampilûn und Encidemôn – Heraldik im Parzival des Wolfram von Eschenbach, in: Heraldik – Bildende Kunst – Literatur ... (Wien, 2002) 299–310.
Christian Ulrich Freiherr von Ulmenstein, Über Ursprung und Entstehung des Wappenwesens (Weimar, 1935).
Jean Bernard de Vaivre, La probable signification politique du changement d'armes des comtes de Bourgogne à la fin du XIIIe siècle, in: Recueil de XIe Congrès international des sciences généalogique et héraldique, Liège, 29. Mai–2. Juin 1972 (Bruxelles, 1973) 293–300.
Jean Bernard de Vaivre, Artus, les trois couronnes et les hérauts, in: Archives héraldiques suisses 88 (1974) 2–13.
Jean Bernard de Vaivre, La dégénérescence du langage héraldique au XVe siècle: le blasonnement des armes du roi René, in: Archivum heraldicum 97 (1983) 17–23.
Szabolcs de Vajay, L'aigle et le lion en héraldique hongroise, in: L'Aigle et le Lion ... (Warszawa, 1997) 111–122.
Christiane van den Bergen-Pantens, Guerre de Troie et héraldique imaginaire, in: Revue belge d'archéologie

et d'hisroire de l'art (Bruxelles, 1983) 3–22.
Robert Viel, Influence de cycle Lancelot-Graal sur le symbolisme du léopard et du lion, in: Archivum heraldicum 73 (1959) 18–23, 50–52.
Anthony R. Wagner, Historie Heraldry of Britain (Oxford, 1939).
Anthony R. Wagner, Heralds and Heraldry in Middle Ages (London, ²1956).
Heinz Waldner, Die ältesten Wappenbilder (Herold-Studien 2, Berlin, 1992).
Ingo F. Walther – Gisela Siebert, Codex Manesse. Die Miniaturen der Großen Heidelberger Liederhandschrift (Frankfurt a. Main, ⁵1992).
Friedrich Warnecke, Die mittelalterlichen heraldischen Kampfschilde in der St. Elisabeth-Kirche zu Marburg (Frankfurt a. Main, 1884).
Die Welt des „Codex Manesse". Ein Blick ins Mittelalter, hg. von E. Mittler und W. Werner (Heidelberg, 1988).
Eduard Widmoser – Werner Köfler, Botenbuch der Bruderschaft Sankt Christoph auf dem Arlberg (Innsbruck, 1977).
T. Woodcock – J. M. Robinson, The Oxford Guide to Heraldry (Oxford, 1990).
Karl Zangemeister, Die Wappen, Helmzierden und Standarten der Großen Heidelberger Liederhandschrift (Görlitz, 1892).
Ales Zelenka, Der Wappenfries aus dem Wappensaal zu Lauf (Passau, 1976).
Hans Peter Zelfel, Wappenschilde und Helme vom Begräbnis Kaiser Friedrichs III. Ein Beitrag zum Begräbniszeremoniell, in: Unsere Heimat 45 (Wien, 1974) 201–205.
Manfred Zips, Tristan und die Ebersymbolik, in: Genealogica et Heraldica I (Wien, 1970) 445–450.
Manfred Zips, Wappendeutung in der mittelhochdeutschen Dichtung, in: Adler, Neue Folge 10/11 (Wien, 1976) 289ff.
Ernestine Zolda, Die gotischen Wappenbriefe in Österreich. Ihre Entwicklung, ihre Form und ihre Künstler 1400–1519, in: Adler 18 (Wien, 1996) 97–131, 153–178, 241–274, 298–319.

（邦訳参考文献）

G. オーデン『新版 西洋騎士道事典』堀越孝一監訳、原書房、2002年
C. グラヴェット『馬上槍試合の騎士』須田武郎、新紀元社、2003年
M. パストゥロー『紋章の歴史』松村剛監修、創元社、1997年
M. パストゥロー『王を殺した豚、王が愛した象』松村恵理・松村剛訳、筑摩書房、2003年
M. パストゥロー『ヨーロッパ中世象徴史』篠田勝英訳、白水社、2008年
シシル『色彩の紋章』伊藤亜紀・徳井淑子訳、悠書館、2009年
J. ブムケ『中世の騎士文化』平尾浩三他訳、白水社、1995年
A. ブーロー『鷲の紋章学』松村剛訳、平凡社、1994年
J. ホイジンガ『中世の秋』（Ⅰ・Ⅱ）堀越孝一、中公クラシックス版、2001年（特に第6・7章）
A. ホプキンズ『図説 西洋騎士道大全』松田英他訳、東洋書林、2005年
W. レオンハード『西洋紋章大図鑑』須本由喜子訳、美術出版社、1979年

池上俊一『図説 騎士の世界』河出書房新社、2012年
岡崎敦「印章学・紋章学」（池上俊一・高山博編『西洋中世学入門』所収、東京大学出版会、2005年）

鶴島博和『バイユーの綴織を読む』山川出版社、2015年
徳井淑子『色で読む中世ヨーロッパ』講談社、2006年
浜本隆志『紋章が語るヨーロッパ史』白水社、1998年
三浦權利『図説 西洋甲冑武器事典』柏書房、2000年
森護『ヨーロッパの紋章』三省堂、1979年（新版：河出書房新社、1996年）
森護『西洋の紋章とデザイン』ダヴィッド社、1982年
森護『英国紋章物語』三省堂、1985年（新版：河出書房新社、1996年）
森護『西洋紋章夜話』大修館書店、1988年
森護『紋章学辞典』大修館書店、1998年